U0140374

THE MOON

一部未来史

月球

A HISTORY FOR
THE FUTURE

OLIVER MORTON

[英] 奥利弗·莫顿 ——— 著　刘悦 陈训舟 ——— 译　　上海译文出版社

目　录

她的古老与久长，她存在于地球上世世代代的人之前及之后；她在夜间的支配地位；她作为卫星的依附性；她对光的反射性；她在所有月相下的恒定性，她升落定时，盈亏有致；她那面相被外力决定的不可改变性；她对不明确诘问那种不确定的反应；她对潮起潮落的支配力；她既能令人倾倒，又能让人心碎，既能给人以美，又能让人发疯，挑起并助长非礼和越轨行为；她的容颜那宁静的深不可测性；她傲然独立，光彩照人，或可亲近而又俨然难犯的可怕性；她预示风暴和平静的征兆；她的光彩，她的行动和她的出现对人的刺激；她的火山口、干涸的海和缄默对人的告诫作用；她在可见时的光辉灿烂；她在不可见时的吸引力。①

——詹姆斯·乔伊斯《尤利西斯》

你还会想起多少次童年的那个特定的下午，那个已经深深成为你生命一部分、没有它你便无法想象自己人生的下午？也许还有四五次。也许更少。你还会看到多少次满月升起？也许二十次。然而我们总觉得这些都是无穷的。①

　　　　　　　　　　　　　　　　　——保罗·鲍尔斯《遮蔽的天空》

　　我们去吃午饭？或者我们去月球？

　　　　　　　　　　　　——里普·范·朗克尔、罗伯特·昂·海因莱因和

　　　　　　　　　　　　詹姆斯·奥哈伦，《目的地月球》

① 引文引自阳曦译《遮蔽的天空》，江苏凤凰文艺出版社，2018 年。——译注

引　言

草莓月

2016 年 6 月 19 日，加利福尼亚州圣马特奥县

加利福尼亚州的天空温暖蔚蓝，光线明亮柔和。火车向南行驶，影子穿过干燥的草地，向旧金山湾方向拉长。我的这一天其实是从伦敦开始的，而伦敦此时已是凌晨四点。我离家有三分之一个地球那么远，感到异常疲惫。

我来硅谷参加空间与技术方面的研讨会。在准备过程中，我把头靠在车厢的窗户上，阅读了一篇探讨月球上哪些位置可以建立基地的科学论文。我并没有完全理解其中的论点，但我对它的广度印象深刻。论文中的月球是由激光、照相机和雷达测绘的，月球上环形山的阴影和山峰上的日光是由计算机模拟的，月球上的矿物是通过各个频率的电磁辐射和中子来检测的。这些数据的来源和类型各不相同，有些来自"月船 1 号"（这是印度在二〇〇八年发射的第一个月球探测器）；有些来自在"月船 1 号"之后一年发射的美国国家航空航天局的月球勘测轨道飞行器（这个飞行器在六年后向相关项目人员发送了惊人的六百三十兆数据）；有些来自更早的数据，来源包括苏联的月球车"卢诺霍德"、美国的阿波罗登月计划和为后续研究铺平道路的月球轨道飞行器任务。

论文从这些材料的范围和权重中得出了各种可能的月球基地选址的利弊，比如这里的通信中继站比那里的好，这座环形山比那座环形山更容易穿越，那里有更丰富的钍矿但并不能弥补这里更有利的太阳能条件，等等。不过，这篇论文不只是告诉人们适合建立月球基地的地点在靠近月球北极的皮里环形山边缘，而不是靠近南极的沙克尔顿环形山和斯维德鲁普环形山之间；它更像是一场表演，向一个对月球不感兴趣的世界展示了现在可以获知的关于月球的所有细节，并告诉人们，这是我们可以并且应该讨论的话题。

就在此时，我从眼角的余光中看到了升起的满月。

我没有捕捉到月亮冲出地平线的那一刻，除非计划得当，不然你很少能做到这一点。不过月亮此时仍然在天际，风景的逻辑要求我们心灵的眼睛赋予它超过我们视网膜上图像的大小。月亮看起来很大，也很遥远，被宁静的天空染成蓝色，深邃而明亮。你永远不会怀疑，月亮那光怪陆离的表面就像它下方的加州山丘上隆起的海岩一样坚硬。

后来我意识到，这趟火车其实非常适合观月。从旧金山机场到山景城的火车会经过门洛帕克，后者是美国地质勘探局新晋的"天文地质学家们"在二十世纪六十年代绘制月球地图时的必经之地。一个多世纪前，人们在汉密尔顿山上的利克天文台对月球进行了一次开创性的摄影勘测，门洛帕克的地质学家们也被派去检视他们的研究对象，他们当中有些人很热心，也有些人很不情愿。

在我的前方是美国国家航空航天局的艾姆斯研究中心，它便是我这次山景城之旅的目的地。艾姆斯研究中心的风洞曾被用于确定阿波罗指令舱准备再入大气层时的形状。曾经有一段时间，这些指令舱带回的一些岩石也放在这里。在我身后的旧金山是安布罗斯·比尔斯的家，他是美国最伟大的奇幻故事之一——《月光下的小路》的作者。许多哥特作家都曾利用月光营造超自然的效果。在比尔斯的书中，他创造了这样一个场景：幽灵般平静的月光照亮了三个看似矛盾的真相，却又仿佛没有任何真相。正如看上去丝滑的月光其实充满着矛盾那样，同一个月球也有许多不同的故事。

我们和月球的这些联系并不都是过去的事。最近，在艾姆斯研究中心外的一小群太空创业公司中，有一家名为"月球捷运"的公司计划向月球发射第一个商业有效载荷。几公里外的湾景大道上坐落着谷歌的总部。谷歌赞助了一项价值三千万美元的月球车登月奖金，而"月球捷运"等公司正试图赢得这项奖金。铁轨的另一边，在俯瞰斯坦福大学的山上，是风险投资家史蒂夫·尤尔韦特松的家。他是埃隆·马斯克的太空探索技术公司（SpaceX）的早期支持者，并已制订了属于自己的登月计划，也正是在尤尔韦特松家里的一次会议上，我此刻正在阅读的月球基地研究报告被构思了出来。

在那些山峰之下，在圣安地列斯断层的深处，太平洋板块和北美板块正在对满月的朔望大潮做出反应，月月如此。潮汐效应不会引发地震，但它们对地球强烈而执着的拉引足以让地震学家极其敏感的仪器感受到地球在潮汐的触摸下轻轻地嘎吱作响。

但是，当火车载着我沿着山谷向亚光蓝色的月亮驶去时，我脑袋空空，什么也没有想。在那个时刻，我被以两种截然不同的方式看待同一个月亮的感觉所震撼：在解读月球科学的同时惊讶于它外在的美丽，这种感觉是多么非同寻常。这不是沃尔特·惠特曼在《当我聆听那位博学的天文学家》中，将枯燥的证明和令人腻烦的数列与星光灿烂的夜晚所蕴含的寂静而威严的力量进行对比；这是一种更为深刻的感觉：看待事物有着不同的方式，而这些方式之间又相互促进，加深对彼此的理解。就像许多故事对月球的认知是一致的，都在讨论月球曾经是什么，月球可能是什么，月球渴望发生的是什么和月球上偶然发生的又是什么。

偶然发生的。月亮看似变化无常，但实则一直悬挂在天空中。月亮可以经常被人们看到，但是很少有人主动寻找它。有些时候，月亮洒在建筑物或风景上的光辉会让你渴望在天空中寻找它，那些被它的光辉点亮的云彩，也很难错过。但更多的时候，你只是偶然看到了月亮，就像我在火车上经历的那样，也像我写这篇文章的那个清晨那样：我透过阁楼的窗户惊奇地看到黎明前的天空中挂着一弯新月。如我所料，写这本书的决定让我对月球有了更多的认识，也让我更想要去寻找它。我想，你在阅读这本书的时候也是一样，至少在某个瞬间会是这样。不过我还是觉得，在大多数时候，看到月亮，与其说是有意为之，不如说是偶然，只是用眼角的余光捕捉到它。

不过，这也不错。月球在本质上是边缘性的，它很少是任何人关注的中心，就像地球上的一座山或一片海，一个人或一个国家一样。月球只是地球的一个小伙伴，远远地陪着它走过这些岁月。然而，月球与宇宙中其他更遥远的星体的不同之处恰恰是它距离我们足够近，近得足以让我们在白天看到。除此之外，月球就像星星一样遥远，是天空中不可言喻的一部分。

不过，月球不仅仅是离地球最近的前哨，它还是地球上的人类所到达过的最远的地方。月球被地球束缚着，它的脸庞被强烈的地心引力牵引，以至于它的目光无法从我们身上移开。月球离我们足够近，以至于它苍白的月光可以照亮黑夜。月球对地球的拉引足以掀起波澜，也为地球上人类或动物的疯狂承担责任。月球上的物质与我们脚下的物质相同。人类的脚在月球上踩过，就像在我们这里一样。月球定义了天空，也使得地球更为完整。

非常遥远但确实存在，独特但并非天生就如此迷人。从古至今关于月球的故事，从本质上来说，是一些非常简单的完成和放弃的故事。月球在物理方面的奥秘很少。相比地球上把积攒的沉积物和海底火山推上加州山谷的绿色山丘并进行凿刻和刨削的构造板块过程，月球表面的形成过程要简单得多。月球表面几乎没有发生过什么事情，而且可能永远都只有那么一丁点事情发生。

但至少，有些事情很快就会发生。当我开始写这本书时，地球上有五个活生生的人在月球上行走过。当这本书交付印刷时，还剩下四个。但我坚信，这个数字会被现在追随他们脚步的人所轻松超越，而且也许是几个数量级的超越。"重返月球"即将到来，与五十年前的美国先锋队相比，这个任务将由来自更多地方、怀有更多目的的人们承担。在这列南行的火车上，在我的双眼中产生了两个关于月球的影像，其中一个影像由工程学尽力分析，使月球变得真实，而另一个影像则是在天空中真实存在的、看起来却如此不真实的月亮。这两个影像之间的空间，是过去的月球和未来的月球之间的空间，是这本书的空间，是一个充满事实、猜测和离题的空间，是一个充满理想和矛盾的空间，是月球本身的空间，像迪亚波罗山的岩石一样确定，是一个由对月球外围光线矛盾的特征充满兴趣的地球思想和关注组成的空间。这个空间将被填补。

对于一个建立了基地的月球，有些人感到担忧或声称担忧，甚至是预设担忧，他们担心这样的月球会被削弱，不再令人着迷。这些人只想要悬挂在天空中的月亮，而不是由岩石组成的月球，也不是科学论文中等待人类建立基地的月球，他们需要那些奇幻的故事来反驳。也有一些人把月球看作地球的一部分，一个遥远的终点。这段旅程比地球上的任何旅程都要漫长，但它本质上和其他旅程一样，惊心动魄，或许奇特，但并没有脱离这个世界：一个有着到达和离开的站点的所在。

对于担忧建立月球基地的第一类人来说，他们恐怕会感到失望，但如果以新的方式去感受月球，他们会发现月球也许能够被重新赋予魅力。对于另一部分人来说，他们会发现月球与地球非常不同，那里没有地球上的契约和贸易，只有岩石和辐射，仅此而已。月球上是完全没有生命的。这引发了一些实际的问题，也提出了一些超出物理学范畴的议题。对于一个没有生命的地方，什么是自然的？什么是正确的？什么是错误的？这样的地方能成为一个家园吗？它能成为一个经验性的世界吗？还是说，它永远只是一个需要用技术来应对的物理环境，永远是他者，而不是地球的近亲，也不是它自己？

关于登月有两件确定的事。登月是可行的，但也是一件不能去做的事情。一旦你去了月球，就既没有什么能把你留在那里，也没有什么能强迫你回来。在一九六九年和一九七二年之间的某几个星期里，月球上短暂地存在着生命，这是非常了不起的。但是，那之后几十年来，月球上一直没有生命踏足，这一点很容易被人们忽视。对于大多数仰望月亮或展望未来的人来说，登月并不重要。对于地理政治学、世界经济或气候变化来说，登月几乎完全不重要。没有人能说"重返月球"会改变这些事实。所以，月球可能会变得重要，也可能不会。

但是，即便月球不一定是重要的，它也永远是可爱的。月亮恒常变化，因为它所处的天空永远在变化。月亮却又总是一样的，永远是你第一次看到的那个月亮，尽管第一次看到月亮时，你不可能记住它的样子，你也不会确定最后一次看到月亮时它的模样。

　　当你的注意力被一抹月光吸引住，或者更妙的是，被一个人的声音吸引，那人就站在你身边，惊呼着要与你分享此时的月色，这时候举头望月，月亮有哪一次会让你失望呢？那熟悉又陌生的感觉，有多少次会给你带来小小的喜悦？当你和那个人一起仰望月亮的时候，又有哪一次不会流露出一丝柔情？你可能不会盯着月亮看很久，但你很少会后悔，或者说基本不会后悔，在那个瞬间，你关注着天空中那一小部分的世界。

月　相

　　满月时的月球是一个简单的圆，它的每一部分都被你身后的太阳直接照亮。月球的任何不完美之处，例如月球边缘的抖动，都是由于地球大气的扭曲，而不是由于月球本身的不规则，月球是一个近乎完美的球体。如果把月球缩小到台球的大小，它也会像台球一样光滑。

　　在其他时间里，月球表面被照亮的部分介于两条曲线之间，其中一条曲线是月球的边缘，边缘内部是月球表面，边缘外部是星星。这条曲线总是一个半圆。而另一条曲线，是夜晚的边缘，是一个月球日结束和下一个月球日开始之间的分界线，天文学家称之为明暗界限。

　　在满月之夜后，明暗界限取代了月球东侧的边缘，并开始侵蚀月球。此时的月亮是凸月——小于满月，但大于弦月——并且是渐亏的。

　　明暗界限没有月球的边缘线那么鲜明，因为月球和非月球之间的差异是非常明显的，但白天和黑夜之间的差异更为复杂。山顶在其周围的洼地进入黑夜后，仍然可以被阳光照射。在咫尺之遥的地方还是黄昏时，朝东的沼泽地就已进入阴影。因此，有光和无光之间的界限总是有点不连贯。

在月球上，明暗界限变化得也很慢。在赤道上，明暗界限以每小时十六公里的速度向西滑行，在月球赤道以南和以北，明暗界限变化的速度更慢。

两周后，明暗界限将月球被阳光照耀的部分吞噬得几乎不剩。一条细长的弦月在极角之间拱起，那里是月球边缘线和明暗界限接触的地方，就像时钟的六点到九点到午夜的边缘。随着弦月渐亏，月亮的作息越来越像太阳。满月时，月亮在黄昏时分升起，在黎明时分落下，在天空中与太阳相反。但是，渐亏的弦月（下弦月）是在日出前不久升起，在下午落下。此时的月亮属于白天而不是夜晚。

最终，到了某个时刻，月亮在阳光普照的天空中显得如此纤细而渺小，肉眼再也看不见了。也许在那之后的一天，月球边缘线和明暗界限相遇，那里什么也没有了。从地球上看，月球上每一个被太阳照耀的斑点都是看不见的，月球面向地球的每一个部分都是黑暗的。此为新月。

当属于夜晚的月亮回归时，它在夜空中反向追随太阳，就像在镜子里一样。这时的弦月从中午一直持续到下午三点到六点。此时，明暗界限仍然从东向西爬行，但它现在正在驱散黑暗，留下光明，就像拖把拖过后留下的干净教室。此时，弦月慢慢变满，直到明暗界限变直，标志着上弦月的到来。然后，月亮又变成了凸月，慢慢地用从太阳那里借来的光填满自己。直到那一瞬间，月球又变成了一个持续一整天的、完整的、完美的圆。

这就是月相的变化：满月、亏凸月、下弦月、新月、上弦月、盈凸月、满月。

这个规律的周期——从一个满月到下一个满月，一共需要二十九天十二小时四十四分三秒——从第一次定义时间以来，就被确定了。在伊斯兰历中，一年总是有十二个这样的月份，每个月从上弦月第一次出现在夜空的那一天开始，这意味着一个月可以是二十九天，也可以是三十天。如果新月出现的时刻在清晨，那么上弦月可以在第二天早上看到；如果新月出现的时刻在一天的晚些时候，那么第二天一整天都可能看不到月亮，而下个月将在第二天晚上开始。被这样延长的月份是斋月，即禁食月，这个月的最后一天会很长。

一个月的长度不超过三十天，意味着伊斯兰历一年的长度比太阳年短。太阳年即地球绕太阳运动一周的时间。在同时考虑月相和季节的历法中，如中国和希伯来的历法，会采取一些措施来保持阴历年和阳历年的一致性，例如，每隔几年引入一个闰月，但这在伊斯兰教中是被禁止的。

在太阳历中，例如西方使用的格里历，月份和月相完全不一致。然而，一年中会有十二或十三个满月，除了偶尔没有满月的二月，基本上每个月都有一个。人们有各种各样的传统来命名这些满月：一月的满月是狼月，二月的满月是饥饿月。三月的斋月有时被称为虫月或树液月。如果四旬斋月在春分之后升起，那么复活节将在接下来的周日庆祝。更常见的情况是，如果春分后的第一个满月是四月的蛋月，那么复活节就在那之后的周日庆祝。五月有兔月或花卉月；六月有草莓月。

夏季的暴风雨带来了雷鸣月，也是干草月，月球在傍晚的草地上缓慢地低低升起，草地被吻成一片金色。八月带来了谷物月，随后的丰收月是最接近秋分的满月，它通常在九月升起，有时在十月初升起。在丰收月之后是猎月，然后是霜冻月。如果满月在十一月下旬或十二月上旬升起，则成为哀月。最后一个满月是寒月，然后又轮到狼月。

每隔几年左右，就会有两个满月出现在同一个月份，这种情况下的第二个满月在最近被称为蓝月，无论它此时处于哪个月份。

月亮的许多名字与一年中的其他标志物有着联系，但它始终保持着自己的节奏：满月、亏凸月、下弦月、新月、上弦月、盈凸月、满月。地球的天空中没有任何规律可与之相比。

第一章　反射

二〇〇一年六月二十四日，在夏至后的傍晚，法国南部普罗旺斯天文台的一架望远镜对准了西沉的新月，并追随着新月在夜空中移动。这是 1.2 米口径的望远镜第一次特地去收集月光，如今的天文学家不怎么关心月球了。

　　在十七世纪，月球的地貌令天文学家着迷。伽利略第一次用望远镜观月，以此得到的推论帮助天文学家改变了一些看法，包括地球之外可能存在什么，地球本身可能是什么。与宇宙中的其他天体不同，你可以绘制出月球的地貌，像绘制一座岛、一只手掌、一张脸那样，月球观测者甚至可以绘制一幅地图。

　　到一八九二年，人们绘制出了壮观的月球地图，巨大的月球仪装点着博物馆。更确切地说，是半个月球仪，因为人们只能观测到月球的一面。美国地质勘探局首席科学家、地质学家格罗夫·卡尔·吉尔伯特自豪地宣布，月球地图在某些方面可能比他所站立的地球地图绘制得更好。月球地图上没有一处像北美洲地图上精心标注的地点那样广为人知。但是，也没有一处像加拿大中部或阿拉斯加的一些地区那样，是所谓的未知之地。因为月球面向地球这一面所有能被观测到的东西都可以被记录下来。

对于像吉尔伯特这样的地质学家来说，这幅由神秘过程形成的奇特景观是一个奇迹，他承认自己"在月球的问题上有点疯狂"[①]，但也有许多人追随他的疯狂。尽管现在已经有了更遥远、更复杂、更动态的天体地图，但一些天体地质学家和行星科学家仍然被很远又很近的月球表面所诱惑。对天文学家来说，月球表面有点无聊，正如维多利亚时代的天文学家理查德·普罗克特所说："天文学的主要魅力在于研究变化，包括进步、发展和衰退……这实际上也是所有观测科学的魅力。但在这方面，月球是一个最令人失望的天文观测对象。"如果天文学家想盯着不变的岩石看，他们可以进入地质学领域，或者改行当石匠。

比沉闷更糟糕的是，月球实际上是有破坏性的。当月亮在夜晚高悬的时候，它从太阳那里借来的皎洁光辉笼罩整个天空，盖过了天文学家所珍视的那些较暗的、遥远的光。所以到了二十世纪，几乎所有天文学家都避开月球，至少在他们的职业生涯中是这样。天文学家避开月光最亮的夜晚，把他们的仪器盖住，静静等待月亮离开后的黑暗。只有业余爱好者在继续观察月球，他们的眼睛和仪器在月球起伏的地貌上巡视，纯粹

[①] 一位对资助科学家的任性行为感到不满的国会议员指出："（地质）勘探局变得如此无用，以至于其中一位最杰出的成员除了整夜望着月亮发呆之外，没有更好的办法来打发他的时间。"

18

是为了欣赏它的美丽和神秘，或者是出于一种坚定的信念，相信他们在某个时刻确实会看到一些变化。

因此，在二〇〇一年的那个晚上，用一台专业望远镜来追踪月亮从普罗旺斯的山丘上滑下的过程是非常不寻常的。更不寻常的是，几个小时后，在亚利桑那州的基特峰，另一架精密望远镜也对准了月亮。在法国，追踪月亮的望远镜坐落在吕伯隆山后。这座山脉因曾经生活在那里的狼群得名。狼群在二十世纪的大部分时间里销声匿迹，但我相信，现在它们又回来了。在亚利桑那州，月亮在民间传说中与夜行动物的角色对应，高悬在郊狼山脉的花岗岩之上。

对地球上的许多生命来说，月光是很重要的。例如，秘鲁的苹果仙人掌只有在月圆之时才会开出巨大的花朵。但据研究人员所知，狼和郊狼都不太在意月光，它们在有月光的夜晚嚎叫，在没有月光的夜晚也会嚎叫。人们之所以把它们的嚎叫和月亮联系在一起，只是因为他们先是把月亮和夜晚联系在一起，又把嚎叫和夜晚联系在一起，于是便把嚎叫和月亮联系在了一起。

在亚利桑那州成立之前，当地流传着这样的故事：郊狼对着月亮嚎叫，因为它曾经是月亮。它是从乌鸦手中接替这个职位的。在郊狼之前，人们选择的是乌鸦，但乌鸦太黑了，不适合这份工作。乌鸦则是从人们的第一选择——狐狸——手中接过这份工作的，但狐狸太亮了，也不合适。事实证明，郊狼的亮度特质优于乌鸦和狐狸，但它在天上惹了许多麻烦。郊狼会利用它的有利位置偷看女人洗澡，揭露小偷小摸，破坏一些赌博游戏。因此，人们像对待狐狸和乌鸦一样，把郊狼招了回来，并派出另一种颜色相似的动物，兔子。兔子蜷缩在月亮里，静静地躺着，没有任何不轨行为。从那时起，兔子就一直待在那里，人们抬头就能看到它，身体蜷缩着，耳朵耷拉着。

然而，月球的可见地貌并不是法国和亚利桑那州的天文学家们所感兴趣的。这些天文学家被月球上没有太阳照耀的那部分所吸引，即那些几乎看不到地貌、仅由地球反照光照亮的那部分。

就像月球将太阳的光反射给地球一样，地球也将太阳的光反射给月球，而且地球在这方面做得很好，这是因为地球比月球大，反射能力也更强。从月球上看，整个地球提供的光，几乎是满月时月球提供给地球的光的五十倍。这其中的一些地球反照光，在照亮月球的夜晚之后，又被反射回地球。

当月亮呈弦月时，有种被称为灰光的光线最容易被观测到。这时，月球位于太阳和地球之间，它朝向太阳的那一面是背面，正处于白天；朝向地球的那一面是正面，正处于夜晚。这时月球的夜晚是由明亮的地球反照光照亮的，这意味着你可以很清楚地看到整个月球。由地球反照光照亮的那部分月球看起来非常暗，但在我看来它通常只比周围的天空稍微暗一些。然而很明显的是，那里有一个完整的月球，而不是一个只有一边亮的月球。人们有时称它为"被阳光照亮的年轻月球怀抱中的年老月球"。

第一个将灰光理解为地球反照光的人是十六世纪初的列奥纳多·达·芬奇。他告诫那些将成为艺术家的人,"画家的思想必须像一面镜子",世界就在那里被反射出来。有时"这面镜子"也反射出画家自己的思想,就像月球把太阳反射到地球上一样。

月球的反射面是由什么物质组成的?列奥纳多认为,是波涛汹涌的海水。他指出,如果月球是一面真正的、光滑的镜子,地球上的观测者只会看到太阳的图像在月球表面的一点上闪闪发光。这就像阳光照射到高楼屋顶上的镀金球时,你可能会看到一个亮点。列奥纳多认为,月球表面没有这样单一的亮点,意味着月球一定是一组镜子。这些镜子将太阳光反射到略微不同的方向,就像镀金的桑葚(我喜欢这个意象)或摇晃渔船的海浪。液体似乎比水果更有可能。列奥纳多认为,月球表面一定主要是海,这一想法与月球和水之间长期存在的联系有关,因为月球既是潮汐的推动者,也是雨云的伴生者。

地球表面同样主要被水覆盖,因此,它也一定能够反射太阳光。"如果,"列奥纳多写道,"你能站在月球所在的地方。白天,地球表面包括大海在内的区域会被太阳照亮。在你看来,阳光就像是被大海反射过来的,地球表面的水中间的陆地就像月球上的黑点。类似地,当人们从地球上看月球上的黑点时,会觉得这就像地球在可能存在的月球居民眼中的样子。"夜间的月球是由地球上的海洋反射的光照亮的,就像地球的夜晚被月球的海洋照亮一样。这是文艺复兴时期的艺术家们经常讨论的"次生光"现象的一例。在没有可见光源的情况下也会有光，就像光线从阳光充足的房间墙壁反射到没有窗户的隔壁房间那样。列奥纳多采用了艺术家们对室内绘画的思考方式，并将其应用在比地球还大的空间尺度上。

伽利略首次使灰光及其解释引起公众的注意。他和列奥纳多一样，对绘画技术颇感兴趣，事实上，伽利略曾教授过这方面的课程。不过，伽利略也有列奥纳多所缺乏的兴趣。他想让公众相信，宇宙并不像他们所想象的那样。灰光对实现这个目的起到了至关重要的作用。

伽利略的《星际信使》是一本篇幅虽短但影响深远的书。伽利略在书中所写的大部分观测内容都是他当时通过望远镜得到的。这是一台崭新的望远镜，伽利略在前一年就开始用这台望远镜观察月球和其他天体。在当时，由于望远镜很少见，伽利略的大多数读者只能通过他的文字和插图来理解他所看到的一切，而这些插图显示出伽利略一度想要借此扬名的艺术天赋。不过，要看到和理解灰光并不需要望远镜这样的高科技，伽利略向他的读者保证，当弦月在空中低悬时，站在被烟囱或墙壁遮住的狭长地带，就可以很容易地看到灰光。灰光也就很自然地被理解为先从地球反射又从月亮反射的光，就像阳光到达隔壁的房间一样。

对于伽利略的大多数读者来说，这种对灰光的解释一定是一个奇怪的新想法。但是对于图宾根大学的天文学家迈克尔·马斯特林和他的学生约翰尼斯·开普勒（当时是神圣罗马帝国皇帝鲁道夫二世的宫廷天文学家）来说，《星际信使》对灰光的这一介绍并不令人惊讶，因为他们在不需要望远镜的情况下也得出了同样的结论。威尼斯的一位牧师和政治家保罗·萨比也是如此。伽利略认识保罗，并且可能与他讨论过这个问题。并非巧合的是，这些人和伽利略一样，都是一小群观月者中的一员，他们认真考虑波兰教士尼古拉·哥白尼在半个多世纪前发表的观点：地球绕太阳运行。

将灰光理解为地球反照光这一观念与地球绕太阳运行的观念没有直接关系。地球把太阳光反射到月球的能力与谁绕着谁转无关，这种能力只要求地球和太阳有时处在月球的两侧。与开普勒和伽利略同时代的人都认为地球是万物的中心，他们可能会用同样的方式来解释那颗几乎不发光的弦月。但就目前所知，在那个时代认为地球是万物中心的人都没有这样做，只有哥白尼学派注意到了这一点。

为什么这种理解月球被地球照亮的方式符合人们解释宇宙的一种观念，却不符合人们解释宇宙的另一种观念呢？因为要理解月球被地球照亮的方式，首先要理解月球和地球具有相同的反射能力，这需要把月球和地球看作同一类东西。这也是哥白尼思想的一部分：月球和地球是行星，就像其他围绕太阳运行的行星一样。这对其他人来说是一个很大的观念障碍。中世纪的人们一直追随亚里士多德的观点，认为地球的组成物质与月球或其他围绕地球运行的天体是根本不同的。地球由普通的物质构成，其他天体由水晶、火或其他稀有物质构成。地球在变化，但其他天体没有；其他天体会移动，但地球不会。

然而，人们看待月球被地球照亮的方式与看待地球被月球照亮的方式完全一样，是与上述观点相悖的。用伽利略的话说，地球被拉进了"星星的舞蹈"之中。地球和月球这种精心设计的伙伴关系和谁绕谁转的细节一样，是哥白尼革命的一部分。根据这种理解，地球变成了一颗行星（这里的行星是指"游荡的星星"这一原义），而那些行星都变成了地球，都和你周围的世界一样真实，并且上面很可能有人居住。这些人把那些行星视为自己的世界，对他们来说，地球是一个在遥远的地方移动的点。必须如此，不然上帝创造无人居住的世界有什么意义呢？正如艺术和科学史学家艾琳·里夫斯所写的那样，"次生光理论、哥白尼世界观和对地外生命的信仰之间出现了一种几乎不言自明的联系，至少在大众心中是这样的。"

从那时起，外星生命的问题就一直与天文学共舞，就像地球与月球和太阳共舞一样，有时人们对这些问题的看法是对立的，有时又是一致的。在过去的二十年里，外星生命和天文学处于一种引人注目的结合状态，而现在，大量天文学研究被公众认为是在寻找地外生命，并让公众心甘情愿地为之买单。

这就是为什么在忽视了月球长达几十年后，普罗旺斯和亚利桑那州的天文学家们在本世纪初如此专注地观察着由月球反射的地球反照光，他们希望通过借此了解从远处看地球上的生命迹象会是什么样子。

一九九五年，在经历了几十年的错误预报之后，天文学家们开始发现那些在其他恒星周围的行星。来自这些"系外行星"的光是如此微弱，以至于只能通过它们在恒星面前经过时的影子或它们在恒星光谱中引起的微小变化，来间接地探测这些天体。但那些对宇宙生命感兴趣的人相信，随着时间的推移，更大、更好的望远镜会让他们直接看到一些系外行星，到那时，他们就可以寻找生命的迹象了。这些人将成为天体生物学家。

系外行星的光来自它所绕转的遥远恒星，恒星的光进入行星的大气中，然后被反射到太空中，最后经历漫长的旅程，来到地球上。这个过程的最后一段要经历很多年的时间，对光却没有任何影响。但是在系外行星的大气中，当这些光从其云层或表面上反射，即使持续时间不到一秒，也会留下明显的痕迹。这是因为系外行星大气中的分子对某些特定波长的光吸收得比其他波长要多。如果天文学家能够通过光谱仪把系外行星的光按波长大小逐个散开，像庄家把一盒扑克牌在绿色桌毯上散开一样，就能看到这种效果，其中有些牌会丢失，因为有些波长的光已经被系外行星大气吸收了。

那么，大气化学怎样提供生命存在的证据呢？这个问题的答案是将地球和地球附近其他行星的大气作为参考。在火星和金星上，大气中的化学反应纯粹是由太阳光驱动的，火星和金星的地表上不存在任何物质可以将气体排入大气层中，并使其相互反应。在地球上，各种各样的生命体在无休止地制造新的气体，并且地球大气层中充满了相互反应的物质，比如甲烷、氨、一氧化碳和氧气，等等。在二十世纪六十年代，英国科学家和发明家詹姆斯·洛夫洛克认为，这是有生命的星球的一个基本特点。任何与地球上生命类似的生命体，都必须利用其星球的大气层，将其作为生命体必需的原料来源，以及排放生命体废弃物的地方。生命体从大气中拿出来的东西和它放回去的东西是不一样的，因为它只拿出它需要使用的东西，而当它放回去的时候，被它使用的东西已经改变了。因此，在没有生命的星球上会看到大气层处于平衡的状态，而生命的存在使星球的大气层无法进入这种平衡状态。地球大气层中的甲烷、氨和氧气利用太阳的能量不断转化，这是物质在生物圈中流动的证据。生物地球化学循环将有生命和无生命的物质编织成一个生动的世界，生命以这种方式使大气层处于不平衡的状态。这一见解是洛夫洛克后来提出盖亚假说的早期想法。盖亚假说认为，生命通过创造这种不平衡，在保持行星宜居方面发挥了根本作用，这就像蹬自行车以保持自行车的平衡一样。

詹姆斯·洛夫洛克关于盖亚假说的那些观点并没有被广泛接受，不过，他关于生命在行星大气中创造化学不平衡的想法已经被人们所接受。理论家们现在把天体的大气化学不平衡看作在天文距离上寻找生命的最佳方法，但人们并不知道这样的观测结果是否能在实际环境中发挥作用。毕竟，目前只有地球这一颗已知有生命的行星可供研究，而且在地球之外还没建立任何能用来分析地球光谱学的天文台。

因此，普罗旺斯和亚利桑那州的天文学家们在二〇〇一年那个冬至日的夜晚进行了观察。天空所能提供的最接近于观察另一个生命世界的经验就是，观察这个世界从遥远的黑夜之镜——月球——反射回来的世界。

月球反射的不仅有太阳光，还有地球上的土地和环绕着土地的大洋的影像，这一观念可以追溯到古希腊，那时这种观念被毕达哥拉斯的一些信徒所接受。认为事实显然并非如此的观念可以追溯到几乎同样久远的年代。比如，公元一世纪的柏拉图主义者普鲁塔克在《论月面》一书中就强烈主张，月球上看到的地貌就是月球本身的地貌，而不是地球地貌的反射。这是第一篇关于月球的论文，也是一部因具有深刻见解而被人们阅读了一千多年的著作。月球上被认为是海洋的地貌，与地球上环绕大陆的海洋的形状并不相同，而更重要的是，月球从每个角度看都是一样的，不像是镜子里的图像。

尽管如此，月球反射的是地球表面地貌的观念仍然存在。在十七世纪初，开普勒的赞助人鲁道夫二世显然认为这是真的，因为他相信自己可以在月球上看到意大利、西西里和撒丁岛的形状。大约两个世纪后，亚历山大·冯·洪堡记录道，受过教育的波斯人仍然持有这种观点："这是一张地球地图……我们在月球上看到的就是我们自己。"

月球的表面是没有地球地图的，但人们在看月球时，看到的景象确实在很大程度上反映了他们自己，包括他们的成见和理论，梦想和恐惧。在科学和小说中，月球都被用于反映或投射这些内心想法。月球的历史是一部关于月球观念的历史，正是从这些观念中，月球的未来将得到发展。月球总是被边缘化的，它很难拥有自己的意义，它满载着从漆黑的天空中照耀下来的光明世界的关切。

二十世纪下半叶，世界被战争即将到来的情绪所笼罩，科技使战争变得比以往任何时候都可怕。在这种时刻，月球反映了冲突和竞争，它被重新想象成战场，也被想象成胜利者在战争后可能获得的战利品。但是，这几十年的冲突和竞争也使月球成为一个更纯粹的反思对象。

就在一九四六年一月十日的午前，一台用于远距离探测敌机的三千瓦雷达发射机，从新泽西州的蒙莫斯堡向正在升起的月亮发送了一个无线电波脉冲。两秒半之后，脉冲信号返回。在这种情况下，光或无线电波在两秒半的时间里可以往返三十八万公里。这些发射脉冲的工程师成为第一批接触月球的人类，至少在他们自己看来是这样的。

在一九四六年，原子弹灿烂的光芒给未来投下了新的阴影。在专家们看来，在此时收到从月球返回的信号似乎是一件美妙的事情。正如贸易杂志《广播新闻》在一篇欣喜若狂的社论中所说：

雷达已经把我们带出了这个世界，把我们带进了无限

28

的宇宙。我们用无线电脉冲的矛向宇宙发起挑战。这根长矛刺向月球，打开了人类精神活动的新闸门。失败主义者再也不能告诉我们：人类必须静下心来，充分利用我们身处的小小世界，接受世上不再会有令人振奋的期望的现实……正如无线电是缩小我们自己世界的重要工具一样，它也打破了束缚，把我们带去更远的世界。

然而，由于月球的边缘性质，这次试验在某种程度上其实是美国陆军"戴安娜计划"的附带物。电离层是地球上层大气中的一层带电粒子，它弯曲并反射无线电波。无线电运营商依靠电离层来使信号传播到很远的地方。因此，更好地了解电离层具有很大的实用价值，而让无线电波穿过电离层，再反射回来，有望提高人们对电离层的了解。远程火箭和核能的出现使许多人认为太空旅行将成为可能，更重要的是，如果太空旅行成为可能，确保旅行者能与他们离开的星球保持联系将是很重要的事情。

事实上，无线电通信不仅仅是支持太空旅行所必需的技术，它可能还是太空旅行的目的。在"戴安娜计划"前不久，一位在战争期间曾从事雷达工作的年轻英国电气工程师——亚瑟·C.克拉克，写了一篇关于"地外中继"，即通信卫星在提供全球广播和电视覆盖方面可以发挥的作用的论文。通信卫星，特别是地球同步卫星，需要二十四小时环绕地球，它们看起来像是固定在天空中的一个特定位置上。"我们目前还没有直接的证据可以证明无线电波会在地球表面和外部空间之间传播，"克拉克指出，"（但是）如果有足够的发射功率，我们也许可以通过探索月球的回声来获得必要的证据。"我不知道参与"戴安娜计划"的人是否知道克拉克的开创性论文，但美国海军的同行们知道，一些媒体也知道。一九四六年二月三日，《洛杉矶时报》在头版刊登了一篇关于这个想法的文章，指出"美国陆军通信兵刚刚完成了克拉克提出的月球反射试验"。

因此，"戴安娜计划"既表明了通信卫星的可行性，也表明了月球可以发挥通信的作用，其中前者是最重要的部分。在后来的冷战期间，一些军事项目在与远方的设备部件保持联系时，都使用了从月球上反射的信号，而不是从电离层反射的信号。但是，一旦克拉克的通信卫星面世，它们就会取代地球的天然卫星。

并非所有来自月球的无线电反射都是人们有意为之的。一九六○年，当美国格陵兰岛的一个预警雷达的显示屏突然显示出意外的返回信号时，人们感到惊愕，月亮突然在雷达的波束中升起，并将信号反射回雷达。与一些说法相反，这突如其来的返回信号看起来并不像导弹袭击，因此不足以造成真正的错误警报，但它确实导致美国空军重新编写了计算机程序，以忽略任何延迟超过两秒的雷达回波，从而确保月球不能干扰美国空军的进一步行动。科学家们则利用这种反射来进一步了解月球的表面。

后来的雷达工作并非都是科学的。二十世纪六十年代，大概是为了校准最新、最强大的导弹和卫星跟踪雷达，苏联故意将跟踪雷达的波束对准了月球。这样的校准有时一次要持续半小时，这就给美国提供了进行天体间谍活动的好机会。后来成为美国国防部长的电气工程师威廉·佩里领导了一项秘密计划：利用斯坦福大学的射电天文天线接收从月球散射回来的信号，并以此来研究苏联雷达。美国当地出租车公司调度员的信号使用了和月球散射信号相同的波长，而要过滤掉这些信号是一个令人头疼的问题，但美国人最终设法侦测到了苏联的雷达，并得知了这些雷达还不具备复杂到可以瞄准反弹道导弹的防御系统。

　　据我所知，现在的间谍活动已经不再这样利用月球了。人造卫星提供了比天然卫星更好的通信渠道，它们可能更符合这种窥探的需要。出于科学目的，雷达波束偶尔还会被反射回来。其他辐射也被发送到月球，然后再返回：阿波罗任务在月球上留下了小镜子，各种各样的天文台定期观测月球的反射激光光束，以精确测量镜子的距离和后退的速度。

　　如果说人造卫星剥夺了月球在无线电反射业务中的专业地位，那么在业余水平上，月球仍可与人造卫星竞争。除了让无线电信号从月球反射回地球之外，无线电爱好者没有办法将信号传得更远。由于有些无线电爱好者是通过通信距离来衡量自己的能力的，因此，在EME（地球-月球-地球）通信方面的卓越表现是某些人引以为荣的标志。但要在这方面有卓越表现，就需要大天线、好设备和足够的耐心。[①]

　　艺术家也使用了月球的无线电反射。二十世纪八十年代，前卫作曲家和音乐家保利娜·奥利维罗斯在多地举办了名为"来自月球的回声"的活动。奥利维罗斯把舞台上发出的声音通过电话线传给业余无线电爱好者，后者会把这些声音送到月球上，接收月球的反射，然后略微失真地播放出来。第一次实验后，保利娜·奥利维罗斯认为煤气管哨子和西藏钹的声音表现得特别好。在后来的演出中，奥利维罗斯通过月球演奏了手风琴。在某些演出中，观众也可以发送自己的声音，来回传送。有一次，这个节目是用比尔·佩里窥探俄罗斯人的斯坦福天线实现的。观众们都很喜欢这种方式的表演。

　　二〇〇七年，另一位艺术家凯蒂·帕特森将贝多芬《升C小调第十四钢琴奏鸣曲》第一乐章《月光奏鸣曲》的音符翻译成摩尔斯电码。她让这些圆点和破折号从月球上反射回来，然后把反射回来的信号翻译成自动钢琴可以读懂的乐谱，由此EME（地球-月球-地球）装置产生的作品非常壮观。各种各样的科幻小说家都曾想象过在月球上演奏《月光奏鸣曲》，但没有人想象过这首乐曲会以这样的方式通过月球被演奏，并通过月球不完美的反射被重新诠释：一些音符消失了，另一些音符被改变了。音乐庄重的进程和均匀的节奏突出了传递过程中丢失的音符留下的空洞。这种破碎使没有演奏者的钢

---

① 然而，利用阿波罗逆反射器反射激光对业余爱好者来说并不是一种合理的消遣方式。《生活大爆炸》中名为"月球反射"的一集在这方面是有误导性的。

琴原本完美的技术变得个性化。乐曲通过月球表面的反射，以随机缺失的方式呈现出来。所有通过月球表面的反射都有损失。

　　"阿波罗8号"的宇航员没有带去任何音乐，也没有带回任何音乐，因为盒式磁带收录机直到"阿波罗8号"发射后的第二年才被允许带上航天器①，而且"阿波罗8号"的宇航员也没有真正接触到月球。但在一九六八年的圣诞节期间，"阿波罗8号"的乘组人员弗兰克·博尔曼、吉姆·洛弗尔和比尔·安德斯成为第一批沿着地球反照光和"戴安娜计划"的道路前往月球并返回的人。他们被包裹在指令舱的蜂窝状铝和钢中，享用包装好的食物和瓶装空气，用磁带录着音，在火箭发射器的推动下，自由漂浮，有时眩晕，有时失眠，无休止地遵循指令，完成他们的工作，远离尘器，挤在一起，保持团结，体验着，观察着，变化着。

　　阿波罗计划后来的指令舱都有自己的名字："软姆糖""查理布朗""哥伦比亚""扬基快船""奥德赛""小鹰号""奋进号""卡斯珀"，最后是"美国号"。"阿波罗8号"的宇宙飞船除了任务本身的名字外，没有其他名字，它当地时间二月二十一日7∶49从肯尼迪角起飞。"土星5号"运载火箭在不

────────────

① 布莱恩·伊诺的专辑《阿波罗》是纪录片《为了全人类》的原声带，据他所说，这是对登月经历的崇高冥想。在带磁带去月球的宇航员中，只有一人带的不是乡村音乐和西方音乐。这也是布莱恩的作品使用钢吉他的部分原因。

到十二分钟的时间内将"阿波罗8号"宇宙飞船升入轨道，然后乘组人员开始检查飞船的系统。

好的，这是录音机测试。

一，二，三，四，五，六，七，八，九，十；

九，八，七，六，五，四，三，二，一。

地球在他们下方以每秒八公里不到的速度掠过，有蓝色、绿色、白色，是巨大的。

我是说，让我们舒服点。

这将是一段漫长的旅程。

三个小时后，

你检查冗余组件了吗，比尔？

仍与指令舱相连的"土星5号"的三级火箭再次启动，

三，二，点火。

随后，"土星5号"将"阿波罗8号"宇宙飞船抛离地球。三天后，宇宙飞船赶在月球之前经过月球轨道，就像一只老鼠在一列快车前掠过铁轨。当月球在宇宙飞船后面几百公里处快速掠过时，它庞大的身躯切断了宇航员与任务控制中心的联系。宇航员们准备好飞船的发动机，使其燃烧四分钟，

天啊，四分钟？

这四分钟用来将宇宙飞船送入绕月轨道。氦气迫使燃料和氧化剂从推进剂罐中排出，进入发动机。此时没有来自地球的指令告诉他们何时应该点火。在他们看来，地球是不存在的，眼前只有空旷的空间，和一个阻止他们落入更远空间的引擎。

我度过的最漫长的四分钟。

直到此时，宇航员们都还没有看到月球。"阿波罗8号"宇宙飞船朝向另一个方向。不过，一进入轨道，他们就把宇宙飞船调整过来。他们看到一堵黑暗的墙，边上是一圈星星，他们在黑暗中盘旋了十分钟，

我要把我的眼睛移开，
因为太阳随时会从这里探出头来。

然后面前的地平线越过了明暗界限，世界恢复了光明。

"阿波罗8号"宇宙飞船绕月球飞行了三圈，宇航员们注视着月球以每秒两公里的速度从他们的舷窗下经过，

　　　　　　　　　　它看起来像一片巨大的，
　　　　　　　　　　它看起来像一片巨大的海滩在下面。

真实得令人不安，但又奇妙地模糊不清。宇航员们在日光照射的区域度过四十分钟，试图辨认下面那片从侧面看到的、光线奇特的陆地的地貌。

　　　　　　　　　　嘿，你知道吗，
　　　　　　　　　　它是灰色的，是吧？

然而，这种辨认经常失败。几个月后，这些地貌特征将指导"阿波罗11号"登月舱"鹰号"上的战友们进行第一次着陆。在持续四十分钟的夜晚，宇航员们转而照顾自己和飞船的需求。

　　之后在第四圈，当"阿波罗8号"宇宙飞船的方向发生变化时，宇航员们看到了那将使他们的任务被永远铭记的景象。从黑夜转到白天后不久，一个明亮的、五颜六色的复杂天体经过月球边缘，进入视野，

　　　　　　　　　　哦，我的天啊！

看那边的景色!

是地球追上来了。

哇,可真漂亮。

生命回到了这个世界。

　　他们带着游客般的兴奋争先恐后地拍了照片。博尔曼声称
是第一个捕捉到这个场景的。在他的照片里,地球的明暗界限
是黑白的,就在月球边缘上方。安德斯

　　　　　　　　把那卷彩色胶卷递给我,好吗?

在地球升得更高时抓拍到了照片。地球的白色、蓝色、绿色和
赭色与它下方月球的灰色荒原形成了鲜明的对比,这是一个矛
盾的场景。

　　这张照片被称为

　　　　　　　　噢,那是一张美丽的照片。

二十世纪最重要的图片。只要你有眼睛,生活在有书本或屏幕
的世界里,就肯定看过那张照片,就像我肯定你看过天上的月
亮一样。

　　从字面上讲,反射就是弯折回去。那张彩色照片把一件因

它的目的地而被认为重要的东西，变成了一件因它的出发点而被认为重要的东西。一个无与伦比的成就变成一个转瞬即逝的平台，在那里可以欣赏到真正的宝藏，即留在身后的景色，地球。

这张照片最初发布时，像一堵墙一样的月球表面在右侧，而一片黑暗中的地球在左侧。这种朝向使它们都成为太空中的哥白尼天体。在九年后的《星球大战》中，当死星环绕雅汶星球进入视野时，乔治·卢卡斯采用了相同的朝向。这张照片之所以令人回味，部分原因是它看起来如此奇怪。

当这张照片登上《时代》杂志封面，引起作家们的思考时，它已经被旋转了九十度。月球变成了一处有地平线的风景，黑色的空间是太空，地球正升入其中。这是斯坦利·库布里克在前一年的《2001：太空漫游》中拍摄类似镜头时使用的朝向，这种朝向比左右排列更有宇宙感，也更个人化。通过唤起人们熟悉的太阳或月亮升起的景象，这种朝向定位了观看者。通过这种朝向理解这幅图，你会融入其中[①]。事实上，这张照片以一种前哥白尼的方式，使你仿佛处于图片的中心。

[①] 不同的镜头取向会引起不同的共鸣，这是来自电影的构图法。戏剧倾向于水平移动，即屏幕上的移动使你在时间上向前推进。当死星（一个很容易与月球混淆的空间站）从雅汶星球后面移动出来时，死星从左到右的揭示本质上是具有情节性的，卢卡斯用它来建立叙事的张力。垂直移动镜头意味着停顿或永恒。镜头一旦向上移动，就提升了基调。因此，库布里克的地球、月球和太阳的排列似乎超越了情节或戏剧，呈现出了一种更崇高的感觉，即只由浩瀚和视角定义的宇宙。

这样展示的《地出》画面有三个要素。首先是黑色背景，没有彩色，没有特征。你不需要把《地出》看作对卡西米尔·马列维奇标志性的《黑色方块》的呼应——艺术家宣称这是第一幅与任何现实世界主题无关的图画，并把它看作是一种不可超越的否定。

显然，《地出》照片在画面的下半部分叠加了一个明亮的水平区域，无明显地貌却纹理丰富。一九六九年，在《地出》进入文化领域之后，马克·罗斯科在他最后一幅无题画中使用了同样的一分为二的结构：上面是黑色，下面是有纹理的灰色。他说，这是一幅关于死亡的画。在灰色、黑色或它们并列的区域中，是否可以找到死亡？马克·罗斯科没有回答。

《地出》的第三个要素是它黑暗的上半部分中的次级光亮。黑暗中发光的部分是地球的亏凸，地球略多于一半的表面在太阳的照耀下，它的明暗界限呈现出松弛的弓形，俯瞰着灰蒙蒙的月球。这不是死亡，这不是虚无，这是生命，骄傲而锐利。

就在夜色的边缘，几乎是圆盘的中心位置（因此或多或少是地球上离相机最近的地方），坐落着阿森松岛，在这个距离根本看不见的火山岩上，在拍摄照片的那一刻，被称为“恶魔灰坑”的跟踪站的天线正监测着“阿波罗8号”的无线电传输。

人们曾经想象过这种从月球上看地球的景象，但艺术家们描绘出的景象几乎都是错的。在这些想象中，从月球上看到的地球几乎就是一个教室里的地球仪，由人类熟悉的大陆轮廓所主导，这是一个人类绘制的世界，一个人类所熟知的世界。然而，就地球本身而言，它不是一个世界，而是一颗行星，陌生而多变，地貌几乎无法辨认，但特点不会弄错。地球不是象征，而是一个真实的存在。

在《地出》中，北极在圆盘的右边，在明暗界限的下面，处于冬至，是看不见的。南极则在明暗界限的左上方闪耀着仲夏的光芒。事实上，整个地球的边缘都发出白色的光芒。海面上的云层之下，隐藏着巴西海岸，这些云层就像南极的冰一样明亮，与远处的黑色形成了绝对鲜明的对比。

在地球完整的白色边界内，这个圆盘最明显的特征是弯曲的天气锋面。它们在南大洋上空顺时针盘旋，在北方的大西洋上空逆时针盘旋。天气锋面不断的运动表现在它们曲线的形变上。地球表面更永久性的特征，即地貌，很难辨认。在地球左边，就在夜幕的边缘，是纳米布沙漠的阳光海岸，如果不告诉你要找什么，你很难发现它。在地球右边，最显眼的是西撒哈拉的明亮沙漠，唯一清晰可辨的地理特征是北非海岸一个独立的拐点，名为努瓦迪布海角。一四四一年，在阿波罗任务试图以自己的方式效仿的欧洲探索之旅开始时，来自亨利王朝的水手努诺·特里斯唐成为了他的同胞中第一个驶过努瓦迪布海角的人。在这次航行中，努诺·特里斯唐也成为了第一个从西非海岸带走奴隶的欧洲人。时至今日，努瓦迪布海角后面的海湾已经成了废弃船只的墓地。①

地球的陆地比云层暗。与列奥纳多的期望相反，海洋更暗，除了一个中心点。这个点处于明暗界限和地球边缘之间的一半多一点的地方，以它自己的方式闪耀着。这是南大西洋的一部分，在这个特定的时刻，对于这个特定的几何形状，海面真的变成了列奥纳多认为的桑葚镜。下午的阳光以恰到好处的角度打在海面上，并被直接反射到东边天空中升起的月球上。这种波浪式反射的高光，在光学上被称为镜面反射，与云顶的特征不同，它是铮亮的，像金属一样的光亮，而不是像雪一样的光亮。

但照亮地球陆地和云层的是同样的光。"阿波罗8号"上的宇航员们与地球离得太远，看不到非洲城市里任何人类的灯光。那时的非洲城市是最暗淡的小火苗。当时，整个尼日利亚的用电量比美国一座小城市的用电量还少。宇航员们看不到火、火山、闪电，他们看到的关于地球的一切，都是被阳光照亮的。

然而在《地出》中，两个同样受到阳光照射的天体看起来是多么不同：它们一个是复杂的、结构精细的天体，活力满满

---

① 一个奇怪的巧合是，努瓦迪布海角也是世界上购买月岩的最佳地点之一。后来的阿波罗任务带回来的石头，根据官方说法，没有一块掌握在私人手中。但在坠落地球的陨石中，约有千分之一最初来自月球。一般来说，陨石在沙漠中最容易被发现，因为干燥使陨石不会被风化，因此它们在沙漠中显得与众不同。而且沙漠开阔的地形使陨石很显眼，而沙漠中的居民又往往目光敏锐，心思细腻。努瓦迪布的市场是购买陨石的最佳地点之一，包括撒哈拉游牧民族收集的月球陨石。

而又从容，它的静止纯粹是快门的功劳，就像一个舞者在半空中的快照；另一个则是一片可能一直延伸下去的灰色区域，不平滑但柔和，看起来像涂了漆，处于静止中。它似乎是一个未完成的天体，却早已被遗弃，需要做些什么，却什么也做不了。

月球只反射了它从太阳接收到的光的百分之十二，剩下的光就像沙漠里的柏油路一样，被月球吸收了。在长达三百四十小时的白天里，靠近月球表面的岩石会升温到一百摄氏度以上。在持续三百四十个小时的夜晚中，太阳传递给岩石的能量以热量的形式回到宇宙中，岩石会冷却，到了深夜，岩石的温度会降至零下一百五十摄氏度。但这种巨大的热波动几乎没有产生任何影响。太阳的热量只会渗透到灰尘、瓦砾和岩石之中一米左右的地方，而对于更深的地方，太阳的热量并不会引起任何变化。能量从天而降，又回到天上，在这之间没有什么值得一提的变化。

地球从太阳吸收的能量，每平方米比月球少百分之二十，而地球能够用阳光做的事情却多得多。

在月球上，能量的流动只是加热了一层薄薄的岩石表皮，而在地球表面，能量的流动却推动了永恒的变化。每一秒钟，地表都会有一千六百万吨的水被太阳蒸发，并升到天空中。在温度较低的高度，水蒸气凝结成光滑柔软的云，凝结成高塔状的暴风雨云，凝结成鹰、锯子和鲸鱼形状的云，凝结成微小的云滴和肥大的雨滴，凝结成坚硬的冰雹，凝结成漂浮在高处的冰，凝结成天空的每一种明暗、柔软和坚硬。水分蒸发时会从阳光照射的地表带走能量，这些能量通过水的凝结过程释放到天空中，形成了温度和压力的梯度，无休止地搅动空气。

海洋也会转移热量，它将大量的热量从热带地区运送到两极，这一过程同样被科里奥利力扭转，就像《地出》中云的卷曲在北方朝一个方向，在南方朝另一个方向。这些流向极地的洋流重新分配了大约百分之五的太阳传递给地球的能量。水的热量，水流的运动，以及由太阳驱动的空气的搅动，形成了风暴、风和巨大的波浪，同时也形成了突然的急剧静止的时刻，像冰一样脆的清澈的夜晚，静止几天不动的雾。而这一切的发生仅仅是因为它可以发生，很简单，因为海洋和大气的存在允许这一切发生，事实上，是要求它发生。

不仅如此，生命为地球提供了与大陆面积一样大的树叶面积。加上我们不太熟悉但同样重要的由藻类和细菌组成的光合膜，这些叶子吸收约千分之一的入射阳光，并利用它将空气中的一些二氧化碳和在空气中上升或下降的水转化为氧气和生物质。

这是一种使大气保持不平衡的转化，这是地球作为一个有生命的星球的基本转化。地球上几乎所有活着的东西都得益于这种转化，所有通过吞食其他生物获取的能量最终都来自阳光。肌肉的每一次抽搐和神经的每一次火花所需的能量也自阳光。

看过《地出》的人很少会详细地了解这些气候、海洋和生物地球化学的动态变化，但几乎所有的人都明白图片传递的意思：他们看到的球体是不同的，是变化的，是动态的，是一个活生生的世界，处于柔和暗淡的月球世界的上方。《地出》传递的双重信息很简单：地球就在那里，在天空中，活着；活着的人，在天空中，看到了地球。

本世纪初在普罗旺斯和亚利桑那州的天文台所做的地照观测是《地出》的再现。天文学家们利用从月球上返回的地照，获得了看待地球生命的另一个新视角，他们和随后的研究都捕捉到了这个星球失去平衡的动态，尽管是以数字而不是图片的方式获得。

以下是月球的灰光所能揭示的地球特征。詹姆斯·洛夫洛克首次将化学不平衡视为生命的标志，这可以从大气层的光谱中看出。要使氧气和甲烷这两种急于相互反应的气体存在于光谱中，就要求这两种气体有持续的供应，而我们知道供应是由生命驱动的。从"阿波罗8号"的乘组在南大西洋看到的那些闪光中，可以推断出海洋的存在。这种镜面反射使光线产生偏振，而这种偏振可以在远处测量到。

地照揭示的不仅仅是海洋和生命的存在。海洋是暗的，大陆是亮的，因此陆地和海洋的分布可以从亮度的规律变化中计算出来。显然，以二十四小时为周期的波动本身就揭示了一天的长度。更微妙的是，这些波动中的大量噪音提供了地球享有多少云层以及判断云层如何随时间变化的信息。事实上，正是为了测量地球的云层总量，并寻找全球变暖带来的长期变化，科学家在二十世纪九十年代开始系统地测量来自月球的地照。

植物的存在也可以通过一个被称为"红边"的有趣特征被看到。植物中的色素几乎吸收了所有可见波长的光，为光合作用的巨大转化提供动力。大多数植物唯一不需要的可见波长是绿色的，它们会反射这些波长，这就是为什么叶子看起来是绿色的。然而，在可见光波长之外，植物会呈现出另一种颜色。树叶能有效地反射波长比可见光稍长一些的红外辐射。这不是偶然事件，这是进化的必然。如果叶子吸收了所有照射到它们的红外能量，以及大部分的可见光，它们就会变得太热。因此，当我们从山顶往下看森林的树冠时，它们在我们的眼中是黑暗的，但它们实际上因被它们反射的红外线格外耀眼。

树叶在地球表面很常见，以至于整个地球的光线都显示出这种效果。当你的探测从红色波长的光转到较长的红外光时，地球会急剧变亮，光谱会有一个"红边"。有人认为，这样的特征不能仅仅用矿物来解释。只有已经进化到会利用某些波长的光、同时谨慎地拒绝其他波长的光的地表，才能提供这样一个阈值。如果在一颗系外行星的反射光中看到这样的"红边"，这将是证明那里存在类似的生命进化的指标。

因此，地照让天文学家们了解了应该如何找证据证明遥远的系外行星像地球一样是有生命的。这被广泛地视作天文学家目前面临的最大挑战。通过使用一个天文学家在大多数情况下都不屑一顾的天体所提供的被动的、没有生命的镜子，他们发现了可以找到几光年之外的地球的替身的办法。

讽刺远不止于此。伽利略、开普勒和他们同时代的人对月球上暗淡的地照的理解支持了哥白尼革命的一个关键部分——地球不是宇宙的中心。地球并不那么特别，它只是众多行星中的一颗，围绕着众多恒星中的一颗运行而已。从那时起，天文学届就有了一些谦虚的自夸。天文学家夸口说，看看我们是如何娴熟而有力地展示自己是多么不特别。随着天文学家科学视野的扩大，他们开始研究整个星系和星系团，开始回溯宇宙大爆炸本身。他们的观测是精心设计的，以便将进行观察的人类在宇宙中的重要性降到最低。

自从《地出》问世以来，也许正是因为《地出》，我们才有可能看到这种观测趋势的逆转。地球并没有恢复成天文学家的宇宙中心。但是，一种关于地球具有生命的特殊性，在某种程度上也是宇宙中心的感觉已经越来越强烈。就像"阿波罗8号"一样，向外看是最重要的一种回望方式。重要的是出发点，而不是目的地。

因此，越来越多的人，尤其是天文学科普者，认为天文学是通过宇宙了解人类和地球的一种方式，而不是了解浩瀚的非人类宇宙的方式。了解人类和地球的其中一种方式是专注于探究起源。探究宇宙的起源就是探究"我们从哪里来"，这并不被看作一个老生常谈的话题——我们还能从哪里来？——而是对人类自我认识的真正补充，使对大爆炸量子波动的进一步信息的探索变得奇妙地个人化。这种对难以言喻的浩瀚和古老的研究，与其说是揭示人类的渺小，不如说被视为，或者被兜售为，深化我们与宇宙的联系。

就像最近一架新型太空望远镜的发售说明书上写的那样，同样的联系感"从宇宙的诞生延伸到有生命的地球"。现在，在非专业人士对天文学的描述中，寻找拥有生命的其他行星是仅次于了解宇宙起源的优先研究项目，而且可能超过了了解宇宙起源。公众所接触到的天文学，以及越来越多由公众资助的天文学，越来越少地与恒星有关，而越来越多地与系外行星有关。这门学科的主要目的不再是寻找那些离地球越来越远、表明地球越来越不重要的事物。这门学科是要在无尽的星光中筛选出像地照一样的辐射，在星系的某个地方找到像地球一样特别的天体，找到一些可能会回头看我们的生命。

在月球上可以看见地照这件事，在著名的地球去中心化中发挥了作用。现在，这件事在反哥白尼式天体生物学对生命的重新中心化中也发挥了作用，从而又对如何看待地球产生了作用。这是不存在生命的月球告诉地球什么是生命，以及如何看待生命的一种方式。

月球或许还能教给我们其他类似的课程。在月球上生活，或者想象在那里生活，然后奇怪地发现月球从影响了它的星球上带走生命，并反过来影响那个星球。为了走出这种相互影响的无尽流，我们需要把这些想象留在身后的天空中，接受一种纯技术、纯人类的生活，靠薄薄的人造墙来不断远离死亡，去了解月球的未来在多大程度上是过去历史的延续，在多大程度上是与过去历史的决裂，或者月球的未来是死路一条。在陌生的夜晚，你站在一片灰蒙蒙的、狭窄的平原上，赋予你生命的世界的光投射出了你的影子。

月球仍然可以提供新的观察方式。

月球的大小和外观

月球的质量约为七千三百万吨，是地球海洋质量的五十倍，但仅为整个地球质量的 1.2%。如果你在地球南纬五十五度的位置，也就是穿过南美洲南端的平行线，把地球切成深八百四十公里、宽七千公里的鸡蛋帽的形状，这块形状的质量与月球大致相同。

月球的质量比太阳系任何一颗行星的质量都要小，它的质量是火星的十分之一。木星的三颗卫星，木卫三、木卫一和木卫四的质量比月球还大。土星最大的卫星，土卫六的质量也比月球大。但是这些卫星只占它们所围绕的巨大的行星质量的一小部分，大约是千分之五，而月球的质量是地球的八十分之一。

月球的质量是矮行星冥王星的五倍多，是小行星带所有小行星质量总和的二十五倍左右。

岩石至少占了月球质量的百分之九十五。这些岩石中的一小部分形成地壳，平均厚度约为四十公里，其余部分形成了地壳下面的地幔。月球如果有铁核的话,其质量将不到所有岩石质量的二十分之一。月球铁核的宽度不超过三百公里,大部分,也许全部,都是固体。月球的铁核不像地球的铁核。地球的铁核占了地球质量的百分之三十,而且大部分是熔融的。不管月球的铁核可能产生什么磁场,都不值一提。

如果月球的大气层被加热并被加压到地球表面的条件,也只能填满一个教区的教堂。可以说,月球根本就没有大气层,在月球上也没有任何实际情况需要大气层。

月球的表面积为三千七百九十万平方公里,约为地球大陆面积的四分之一。也就是说,月球的表面积比亚洲小,比非洲大一点,比其他所有大陆都大得多。如果在月球两极之间挖一条直线隧道,它将有两千四百七十四公里长。以非洲为例,这个长度与从开罗到内罗毕的隧道长度相同。围绕月球赤道的公路将长达一万零九百二十一公里,相当于从开普敦开车到亚的斯亚贝巴再返回。想象一下,非洲被拉长、剪断、缠绕、填塞、缝合,形成一个围绕开罗-内罗毕轴线的球体,你就会对月球的大小有一些了解。

大约百分之十七的月球表面是黑暗的低洼平原,被称为maria,在拉丁语中是"海"的意思。几乎所有这些平原都位于面向地球的月球正面。在月球正面的西部,最大的区域是风暴洋,即风暴之海。它的面积大约只有撒哈拉的一半,其上方是雨海,面积约二百万平方公里,大致相当于刚果盆地的面积。

在雨海以东，这些月海的名字便没有那么多的航海色彩，更多是引用典故命名的。在这里，我们看到的不是雨水和风暴，而是宁静、安详和肥沃。向东走，**澄海**大约有尼日利亚那么大；接着直接进入稍大的**静海**，大约有乍得共和国那么大。另外有两片不太圆的月海从**静海**分支出来，它们的名字分别是**酒海和丰富海**。对于那些从月球上看到兔子的文明来说，这些海洋之间横卧的 Y 字是一对横着的耳朵。

危海，危机之海，孤零零地坐落在其他月海的北部，像一只被明亮包围的黑色小眼睛。在盈月之初，阳光照射在月球表面，**危海**是第一个清晰可见的地貌。当月球渐亏时，**危海**是最先消失的。在以月球为背景的小说中，罗伯特·海因莱因的《月球是个苛刻的女主人》是有史以来最具影响力的，其背景是月球城，就在**危海**之下的洞穴和隧道中绵延。

在月球背面，即地球看不到的那面，只有两个小月海：**莫斯科海和巧海**，即莫斯科之海和聪明之海。它们覆盖的面积略大于新西兰的两个岛屿。

月球上较亮的部分被称为高地。月海不是海，只是平原，而高地在大多数情况下海拔是高的。在高地与月海相接的地方，通常有一些山脉，大多是以地球上的同类山脉命名的：在雨海附近的是阿尔卑斯山脉、汝拉山脉、喀尔巴阡山脉、高加索山脉和亚平宁山脉。其中，长达四百公里的亚平宁山脉可能是最令人印象深刻的，它的山峰高出非雨季的平原五公里，与东非的鲁文佐里山脉相似。鲁文佐里山脉在古代被称为"月球之山"。

月圆之时，最引人注目的高地地貌是第谷环形山，位于月球正面的南部高地。它是明亮的线性"射线"的联结点，遍布半个月球半球。在月海区也有一些明亮的环形山，比如在雨海以南的哥白尼环形山。位于风暴洋的阿利斯塔克环形山是最明亮的。

第谷环形山是月球上最年轻的主要地貌，大约有一亿年的历史。它的历史可以追溯到地球上的这个时期：形成大西洋的裂缝刚刚开始将南美洲从现在的贝宁湾拉出来。哥白尼环形山大约有八亿年的历史，这使得它比地球上所有的动物化石都要古老。但哥白尼环形山在月球地质学上仍然只是一个新近形成的地貌。大多数月海的年龄比哥白尼环形山要大四倍。月球高地的年龄更大，远远超过四十亿年。

除了地球上最古老的岩石之外，其他现存岩石都比月球上最年轻的地貌还要年轻。

月球上那些肉眼可见的明亮的巨大环形山和黑暗的月海，在人类观察它们的漫长时间里，没有任何变化。每一个生来可以视物的人，只要活得足够长，能在夜晚走出门，把视线投向空中，他看到的月亮和今天所有人看到的月亮都一样。与宇宙中任何其他固体相比，总有更多的人惊叹地注视着月球的表面。

第二章　月面

大阿尔伯特属于中世纪的亚里士多德学派，他是一位伟大的学者。在观察月球表面的图案时，大阿尔伯特看到了一只头朝西的野兽，野兽背上的东西像一棵树。在树的东边，有个人正倚在树上。有人把这个东边的侏儒看作第一个杀手该隐，或是加略人犹大。也有人说这个侏儒被逐出地球是因为他从某些领主的土地上砍伐了他无权使用的木材。

　　在《仲夏夜之梦》中，莎士比亚送给罗宾·斯塔维尔林的狗和荆棘灌木，很可能指的就是大阿尔伯特眼中月球表面的兽形地貌（风暴洋和附近更小的月海）和树冠地貌（雨海）。但也很难说，因为就目前所知，西方世界没有人真正画出过他们观察月球时所看到的地貌，更不用说保存和标记这些地貌了，当然也没有人给它们起过固定的名字。

　　在那样一个充斥着图像的时代，却没有人画出过月球表面的地貌，这似乎很不寻常——当我第一次知道这样的情况时，我就是这么想的。不过，当时没有人注意到这一点。月球有蛾眉月这样一个象征形象，似乎就完全足够了，而且这个形象运用得很普遍，特别是在盾徽和伊斯兰教的旗帜上。如果需要将月球人格化，就再加上鼻子和脸。与月球的形状不同，记录月球表面地貌的图片是没有的。如果你想知道月球上的斑点是什么样子，完全可以抬头看看月亮，为什么要记录所有人都能看到的、无关紧要的东西呢，又没有人会将月亮与其他东西混淆？

这个问题的第一个回答似乎是这样的：因为记录真实的世界本身是很重要的。这可能也是你期待从科学家那获得的答案。事实上，文艺复兴时期的佛兰德斯画家凡·艾克用行动，而不是语言，给出了这个问题的答案。在文艺复兴时期留存下来的画作中，有五幅画——确定性不一——被认为出自凡·艾克之手。在这些画中，月亮装饰着白天或黄昏的天空，其中最清晰、最感人的是一四二〇年至一四二五年间的一幅耶稣受难画。一轮凸月低悬在下午的天空中。月海的黑色斑块是清晰可见的，明暗界限则很模糊。

凡·艾克与同时代人不同的一点是，他致力于记录他的世界里的具体内容，即使一些细节的出现是偶然的。他所记录的石灰石的纹理显示出逼真的风化模式；他的山峰在拓扑学上是明确的；他的云彩通过了气象学的检验。凡·艾克画的月亮和他画的石灰石、山峰、云彩一样，是世界上的一件物品，不是作为寓言或图标被呈现，而是作为一个真实存在被呈现。

不过，凡·艾克画里的月亮不像是下午的月亮。在下午，也就是耶稣死的时候，可以看到的应该是渐盈凸月，而不是像凡·艾克画中那样的渐亏凸月。[①] 这一疏忽似乎说明了凡·艾克对作为天体的月亮缺乏兴趣，他只是想记录它的样子。凡·艾克可能是在早上画了一张预备的草图（当时天空中挂着的是渐亏凸月），之后，他就以此为基础进行了创作。如果对你来说重要的是捕捉事物本身的外观，那么月亮就是月亮就是月亮就是月亮。

那为什么要画月亮呢？也许和我们许多人一样，月亮只是凡·艾克喜欢的一种景象，也许凡·艾克把画月亮看作一种技术挑战。不过可能还有另一个原因：一直以来，月亮总是与死亡联系在一起。在《论月面》中，普鲁塔克认为"灵魂的实质被留在了月亮上"，在那里，它"保留了生命的某些痕迹和梦想"。普鲁塔克把看不见的月亮背面称为"极乐世界"，把月亮正面称为"珀尔塞福涅反地球平原"。灵魂可以通过长长的"海湾"从一侧旅行到另一侧，或在"赫卡忒之室（可能是雨海）"中受苦。

更浅显的说法是，月亮有着像骷髅头般苍白的颜色，还有着像骷髅头般黑色的眼窝。在凡·艾克的耶稣受难画中，月亮靠近基督左边那个不知悔改的盗贼的头，并且和他的头一样大，这不可避免地会让人想起二十世纪最伟大的一幅月出照片——安塞尔·亚当斯的《月升》，摄于新墨西哥州的赫尔南德斯。画中，傍晚天空中月亮的亮度与地面的山区公墓中仍被

---

① 满月总是在日落前后升起。在满月之前的几天可以看到的渐盈凸月，会在日落前升起。渐亏凸月在日落后升起，因此可以在日出后的早晨看到。

夕阳照耀的十字架相呼应。

　　尽管这种呼应跨越了几个世纪，但凡·艾克并没有掀起描画月球表面地貌的潮流。据了解，下一个画出月球表面地貌的艺术家是列奥纳多·达·芬奇，他根据自己未发表的关于地照的笔记画出了月球的草图，但他认为没有必要将月球的面孔纳入任何成品艺术中。在望远镜出现之前，现存仅有的月球表面地貌的图像是由伊丽莎白女王的御医威廉·吉尔伯特和居住在罗马的德国艺术家亚当·埃尔斯海默所画。

　　吉尔伯特的图画可以追溯到一六〇〇年，这既不是草图也不是艺术品，而是一张相当粗糙的地图。这张地图画在网格上，清楚地标出了各种月海，并简单地进行了命名（"南部大陆""北部岛屿""中月海"等）。原则上，只要有人愿意仔细观察月球，并用让其他人能够对同一地貌进行参考的方式记录他们所看到的东西，他在任何时候都可以画出这张图。但在吉尔伯特之前，似乎没有人这样做过。

　　吉尔伯特对月球地貌的空前兴趣，就像伽利略、马斯特林和开普勒对灰光的兴趣一样。他和他们一样，是当时相信地球和月球都是运动着的天体的少数人。吉尔伯特得出的结论是，月球和行星并不在固定的球体上，它们不像大阿尔伯特等亚里士多德学派学者所教导的那样。它们与地球有着共同的、物质的、可知的、多变的本性。吉尔伯特（正确地）怀疑，月球在其轨道上有轻微的摇晃，有时向地球多展示一点它的东半球，有时则多展示一点它的西半球。这种变化本身就足以证明，月球被牢牢地固定在一个以地球为中心的水晶球里的说法是错误的。正是为了寻找这种变化和其他变化，吉尔伯特绘制了月球地图。他感兴趣的不是月球的地貌，而是这些地貌或观察这些地貌的视角可能随着时间的推移而改变。事实上，吉尔伯特并没有为自己是第一个绘制月球地图的人而感到自豪，而是哀叹之前没有人这样做过。如果他们这样做了，月球过去的变化可能已经被发现。

吉尔伯特看待宇宙的方式为他提供了一个近距离观察月球地貌的新理由。我认为埃尔斯海默也是如此。埃尔斯海默的《逃往埃及》（一六〇九年）是自凡·艾克以来第一幅绘有明显的黑暗月海和明亮高地的作品。埃尔斯海默与意大利猞猁之眼国家科学院的思想家们有联系。后者对自然界的细节有着浓厚的兴趣，从名字也看得出来，因为猞猁的眼睛非常敏锐，后来伽利略也加入了国家科学院。有些人认为埃尔斯海默的画是基于伽利略望远镜的观测，甚至可能是基于其他人的观测，但这种说法是站不住脚的。不过，即使不通过望远镜观测，埃尔斯海默的画也像吉尔伯特的地图和伽利略的观测一样，具有哥白尼式的意图：它显然把月亮看作一个世俗之物，而不是一个天体。

这种看待问题的方式迅速传播，很快就蔓延至那一小群谨慎的学者之外，而观察月球也即将成为一种观察世界的新方式。

伽利略不是第一个通过望远镜看到月球的人，但《星际信使》让他成为一个用望远镜改变其他人看待月球方式的人。就像在地照问题中，重要的是伽利略对光照画家式的关注，特别是对阴影的关注。

人们常说，伽利略用望远镜对月球进行的研究，揭示了月球具有与地球相似的地貌。约翰·弥尔顿在一六三八年与伽利略相识。在他的《失乐园》中，"托斯卡纳艺术家"伽利略"透过光学玻璃"看着月球，试图在月球那布满斑点的球面上看到

> 新的土地，
> 新的河流或山脉。

但这种说法不完全正确。伽利略并没有发现月球有类似地球的地貌，但他发现月球上像地球上一样存在着地貌。在这里重要的是，地貌存在的物理事实，而不是这些地貌里有特别像地球的地貌。

说明这一点的一个迹象是，伽利略对绘制月球地图没有表现出兴趣，他仅仅展示了月球被斜照的部分圆盘，并且伽利略从未命名过任何地貌。伽利略的目的是证明月球表面存在明显的高低起伏，所以他的图画和分析都集中在明暗界限上，因为在那里，太阳升起或落下的阴影会使得月球表面的起伏最为明显。

由于月球的地形起伏以环形山为主，所以环形山在伽利略的分析中占主导地位。伽利略提醒读者注意，在明暗界限上，环形山的边缘被太阳照亮，产生了刺穿黑夜的光角。伽利略的图画极大地夸大了这种效果，使得环形山看起来比实际更大。他这样做是为了引导读者，让他们的眼睛注意月球表面的起伏，而不是为了单纯地描摹天空的景色。

　　伽利略在《星际信使》中特别强调了一些洞穴内的黑暗持续到白天的方式，这表明它们是低洼地。他说，这就像是山上的清晨，刚刚升起的太阳首先照亮了山谷的西面，随后阳光会渐渐下滑到谷底。直到太阳升到很高的时候，阳光才会到达东边的山坡。[①] 但伽利略并没有说这些环形山是山谷，也没有说它们的边缘是山。他更喜欢用那些与地形关系不大的术语来描述这些地貌，如凸起和凹陷。

　　伽利略也没有说现在被称为月海的"巨大而古老的斑点"是海。他只是说，阴影显示出它们比明亮的月球表面更光滑，"就像一块磨砂玻璃一样"，它们被嵌入月球的表面，并且比月球的表面更低。[②] 但这并不能说明这些"巨大而古老的斑点"真的是海洋，只能说明，如果有人试图"复兴毕达哥拉斯学派的古老观点，即月球是另一个地球……那么，月球表面明亮的

---

① 不过在白天，东边的山坡会变得不那么黑，这要归功于来自明亮的西边山坡的次生光。

② 直到那不久以前，人们还认为地球上的大洋远离海岸，高于陆地，因此有了"公海"（high seas）一词。但在伽利略的时代，低和矮的状态似乎强烈地暗示着水的存在。

部分可以很恰当地代表陆地的表面，而深色的部分则代表广阔的水域。"

伽利略的这部分分析使得他与吉尔伯特和列奥纳多等人对立起来，吉尔伯特和列奥纳多将月球看作天空中的一个天体，认为月海是与海洋相对应的明亮部分。伽利略认为他们错了，他们之所以会看到如此明亮的大海，是因为他们被镜面反射弄得眼花缭乱。当你向阳光下的大海望去，变幻的海面上像是有无数面镜子正对着你，展示着清晰的太阳图像，并且彼此间可能靠得很近。但当你的眼睛从地平线上往上升，并且越升越远时，太阳的图像就会融合成一个越来越清晰的光带。然而，在光带的两边，表面会更暗，只反射出空旷的天空，从海面上方和远处看，这种黑暗才占主导。

在我看来，伽利略提出这一观点的段落是整个著作中最特别的一段。"我从来没有怀疑过，在阳光照射的时候，如果从远处看地球，地球表面的陆地部分会显得更亮，而水面的部分则相对更暗。"不过，谁会去思考从很远的地方看到的地球的样子，并用这种问题困扰自己呢，更不用说从中得出毫无疑问的结论了？

因此，伽利略教导他的读者把月球的立体感当作月球是由普通物质构成的证据，而不是用其证明月球实际上是另一个地球，并具有类似地球的地貌。在这一点上，伽利略自称为不可知论者。在展示了月球平凡的本性之后，《星际信使》和它的作者就把目光转向了其他的事物，伽利略也从此再未发表任何关于月球的进一步观测。

这堂课的第一部分很快就引起了大家的注意。两个英国人，托马斯·哈里奥特和威廉·洛尔，在阅读《星际信使》之前，都曾用望远镜观察过月球，但没有理解他们所看到的是什么。在向哈里奥特描述他的观察时，洛尔写道："她看起来就像我的厨师在上周给我做的馅饼。这里是亮的，那里是暗的，到处都是混乱的。"在读过伽利略的著作后，哈里奥特和洛尔知道了如何分辨他们所看到的东西：高地和洞穴，粗糙和光滑。

然而，人们在学会像伽利略那样看待月球后，也开始用伽利略没用过的方式来描绘和谈论月球。人们根据地球上的类似物来解释月球的地貌，给它们命名，并在地图上标记出来。不过在这一步，人们遇到了问题。这是因为月光是具有欺骗性的，甚至是会自相矛盾的。

月球表面破碎的岩石中含有大量的小玻璃碎片。这些小玻璃碎片更倾向于将光线反射回入射方向，而不是让光线照射到另一侧。同样的效果也被用于制造电影屏幕。这解释了为什么月球在满月或接近满月时比其他时候要亮得多，不仅仅是因为此时有更多的月球表面被照亮，也是因为此时的月球是被越过地球的太阳光照亮的，这种照亮方式使月球比其他时候更具有反射性。

这些逆反射微粒在月球上随处可见，但是它们的分布并不均匀，而且它们的分布并不能反映它们之下的地形。在从年轻的环形山中延伸出来的"射线"中，如第谷环形山，以及在从我看作洛尔的"明亮物质的藤蔓"延伸出来的"射线"中，这种逆反射微粒特别密集，因此月球在月圆时非常醒目，而在其他时间，这种微粒几乎无法被分辨出来。这些逆反射微粒是纯粹的月球表面地貌，不是山脊或沟壑，因此没有投下任何阴影。它们与它们所在的表面的地形没有任何关系，就像吻痕与脸颊的轮廓没有关系一样。

这就是月球在无影和满月时与它在被斜照时的样子如此不同的原因。制图者必须调和这些方面，才能绘制出既能显示月球阴影的高低起伏，又能准确反映满月在人们眼中的样子的图像。实现这两个目的所用的方法是不同的。天空中的月亮在每个人看来都是一样的，但是当它被转移到纸上时，就有了独特的个性。

然后是命名的问题。首先，不同的天文学家根据不同的方案来命名这些月球地图上的地貌，但是，如今使用的命名系统是一六五一年耶稣会天文学家乔瓦尼·里奇奥利在《新天文学大成》中建立的。尽管教会对哥白尼主义的物理真理有所保留——从更深刻的层面上来看，主要是对在这些问题上定义真理的权力掌握在别人手上，而不是掌握在自己手上——但教会中也有许多优秀的天文学家。

里奇奥利和在伽利略之后的几乎所有观察者一样，把月球上较暗的部分解释为有水的地区，用海（mare）、海洋（oceanus）、海湾（sinus）、湖（lacus）和沼泽（palus）来区分，并给这些地区加上与海洋、月球或两者相关的术语。因此，除了风暴之海（风暴洋）和宁静之海（静海），还有露水之湾（露湾）和彩虹之湾（虹湾），腐烂之沼泽（腐沼）和梦想之湖（梦沼）①。与此同时，对于明亮的地区，里奇奥利以地形来命名，但只以与海洋的关系来定义：陆地（terra）、海岸（littus）、岛屿（insula）和半岛（peninsula）。不过，里奇奥利命名法的后一部分并没有保留下来。

最引人注目的还是里奇奥利给环形山起的名字。实际上，里奇奥利把《新天文学大成》的参考书目变成了他地图上地名的来源，一份古代和现代天文学家和哲学家的名单。开普勒发现行星轨道是椭圆形的，不是圆形的，为牛顿的万有引力理论奠定了基础，于是，开普勒得到了一座明亮的环形山；丹麦天文学家第谷·布拉赫的细致观察使开普勒的发现得以证实，因此，第谷得到了一座更明亮的环形山。

第谷提出了里奇奥利和当时教会所赞成的天文系统，即月球、太阳、木星和土星围绕着静止的中心——地球——旋转，而水星、金星和火星则围绕太阳旋转。这符合伽利略的发现，即金星和月球一样，也有相位，而且它的盈亏消长只有在金星绕着太阳旋转时才能解释。哥白尼学派将此作为行星普遍绕太

① 负责此类事务的国际天文联合会将海洋命名的范围扩大到了水的特性和思想状态。当苏联坚持要将"月球3号"探测器在月球背面发现的月海命名为莫斯科海时，国际天文联合会展示出外交上的灵活性，通过了这个决议，当时给出的理由是"莫斯科是一种思想状态"。

阳运行的证据。第谷的天文系统与当时的天文观测结果自洽，一起描述了这样一个世界：尽管有些行星绕太阳运行，但地球是始终保持静止的。

虽然里奇奥利偏爱第谷，但还是给了哥白尼一座独有的灿烂环形山。天文学家尤恩·惠特克在月球制图史上做出了非常有价值的工作。事实上，尤恩·惠特克认为在里奇奥利的命名体系中，开普勒、哥白尼以及最值得注意的亚里士多德（首次提出地球环绕太阳运行的古希腊人），都被赋予了突出的地位。这反映了一种隐秘的哥白尼主义，里奇奥利无法在文本中宣布，但至少可以在地图中暗示。[①] 这一看法充其量只是尤恩的一种直觉。不过，即使没有任何隐藏的目的，这幅地图从表面上看也显示出了那个时代是多么具有革命性。一位天文学家用像他一样的学者的名字，而不是大贵族或牧师的名字，来命名月球的地貌，这是对知识权威的大胆要求，并且，这位天文学家正当地实现了这一要求。鉴于这些学者中的许多人，尤其是冠名了最壮观的月球地貌的大多数人，都是现代人，而不是古人，这种主张就显得尤为重要。里奇奥利的月球是对现代人的新知的庆祝。

---

① 伽利略呢？里奇奥利也给了他一个突出的地貌，但是后来的观测者发现，以伽利略命名的地貌实际上并不是环形山，而是一个具有特殊亮度的射线状斑片（根据后来的命名规则，现在这一地貌被称为赖纳尔伽马旋涡）。当人们意识到这一点时，所有的大环形山都被命名了。现在以伽利略命名的环形山非常之小，甚至小得有些尴尬。不过作为补偿，人们把伽利略发现并以美第奇家族命名的木星的四颗最大的卫星，统称为伽利略卫星。

在里奇奥利用天文学家的名字绘制月球地图时，其他人正在用假想的月球居民来填充这幅图景。上帝不会浪费他的任何创造，这个神圣的经济原则使许多人得出结论：如果有其他的地球，那么上面一定有生命。这就是约翰·威尔金斯在一六三八年出版的《发现月中世界》的内容。这本书试图证明月球既适合居住又有人居住，并且如果那里有人居住，就一定存在许许多多的故事。因此，对于哥白尼学派的支持者和他们的同伴来说，关于月球的小说就像月球的图画一样，成为一种扩展月球世俗性的方式。同时，关于月球的小说也证明了地球的行星性质：在月球上望向天空，地球会盈亏消长。

在关于月球的小说里，地照的奇迹是一个经常出现的主题，它是一个丰富的象征，表明地球之于月球犹如月球之于地球。开普勒在他的《梦》中谈到了这一点：地照缓解了月球正面持续十四天的昼或夜所造成的恶劣气候。弗朗西斯·戈德温的《月中人》与威尔金斯的作品同年出版。在戈德温的作品中，主人公冈萨雷斯发现，大多数月球居民的生活只在地照下进行。当地球和太阳都在天上时，这个世界对月球人来说太亮了，因此除了那些最高大和最高贵的居民，其余月球人就在这漫长的日子里睡觉。

戈德温所描述的月球人身材高大，智慧又虔诚，这让冈萨雷斯感到非常欣慰。当冈萨雷斯喊出"耶稣"和"马利亚"时，月球人纷纷跪倒在地。冈萨雷斯为他们在基督教信仰中的亲近关系感到欣喜。亚当·罗伯茨在他的《科幻小说史》中指出，在一个崇尚上帝的宇宙里，类地月球的存在使人们提出了紧迫的新问题：月球人得到救赎了吗？他们可以得到吗？在一个比经院学派的宇宙要宏伟得多的宇宙里，基督的牺牲意味着什么？月球上的居民必须领受圣餐吗？[①]

不过，那些纯洁的灵魂可能原本就是人类，就像哥白尼学派所描述的那样，在物质上，月球可能与地球相同，但月球处于更高的精神层面。威尔金斯认为，月球可能是一个"处于天国的地球，正如我所设想的那样，与经院学派的天堂相呼应……这个地方没有被洪水淹没，因为这里没有罪人引发诅咒"。西哈诺·德·贝热拉克在访问月球时，发现伊甸园连同锁、动物和苹果都被运到了月球。他还和当地向导——先知以利亚——开了一些关于裤裆和蛇的下流玩笑，以使气氛不那么严肃。

这种看法中有普鲁塔克和他眼中充满着被净化的灵魂的月球的回声，还有着与死亡有关的回声。不过，还有一个关于基督教的复杂因素，那就是在史前的过去，以及在某个人的未来（人们这样希望），都可以找到一个纯净灵魂的世界。因此，在把月球当作新世界的早期历史故事中，月球也变成了一个旧世

---

① 如果是这样，月球人可能已经陷入了困境。路德派神学家约翰·安德烈亚斯·施密特在《爱的恩典》（《月球人，或被神的恩典禁止的月球》）中对此进行了论证。约翰指出，月球的气候对葡萄园来说太恶劣了，而没有葡萄园就没有圣餐，没有圣餐也就没有救赎。因此，月球上不可能存在有灵魂的人，只能有怪物。

界。这种二分法本身是古老的，但对人类来说是很新鲜。从那时到现在，二分法一直是月球小说的一部分。

这些古今矛盾将月球带入一系列地球上的著作中。月球并不是那个时代的想象中唯一的"另一个伊甸园，半天堂"。欧洲的发现之旅经常把陌生的岛屿解读成新的伊甸园。在海洋中航行，就是从充分开发过的、熟悉的地方，航行到全新的、未受污染的地方，比如马德拉"树木繁茂的岛屿"，或加那利群岛绿色花园般的"幸运岛"。月球在很大程度上是作为这种岛屿主题的变体，进入那个时代的文学的，并成为了常规的奇幻航行和不寻常的桃花源文学的一部分。这类文学作品包括托马斯·莫尔的《乌托邦》（一五一六年）和莎士比亚的《暴风雨》（约一六一〇年）。在这些作品里，月球是一个完美但奇怪的地方，有魔法，也有畸形的月球人。在《梦》中，普鲁塔克明确地将月球看作一座岛屿。戈德温笔下的冈萨雷斯是一个从圣赫勒拿岛出发、到月球历险的探险家。圣赫勒拿岛当时是英国人对伊甸园的代名词。戈德温作品的影响力可以从笛福、斯威夫特等人随后出版的一系列荒岛历险作品中感受到。

值得注意的是，在几乎所有这些故事中，都是地球人去了月球。对于地球上的大部分地区来说，十七世纪不是探索时代，但那确实是一个地球被欧洲人探索的时代。不过，书写月球故事的是欧洲人，他们当中很少有人会想象自己成为被探索的对象。几个世纪后，当他们开始这样做的时候，入侵地球的对象是火星，而不是月球。

因此，月球成了那些由沉思和狂欢组成的群岛中最遥远的天体，并且这个地位保持了几个世纪之久。这都是些虚构的幻想。月球是否真的适合居住，它到底是什么样子，这些困扰着威尔金斯和开普勒的问题，在几十年后，相对来说已经没有多少人感兴趣。威尔金斯一直在用散文宣扬的哥白尼式革命，已经通过其他方式取得了胜利。到十七世纪末，月球代表着一种看待宇宙的新方式，人们对月球提出的问题，已经从生活在那里是什么情形，或者月球看起来是什么样子，变成了支配月球运动的力量。

一六八七年，牛顿的《原理》将月球和地球联系在一起，不是因为地月相似性，而是因为引力。开普勒发现行星围绕太阳做椭圆形轨道运动。在随后的几十年里，开普勒发现卫星也围绕着有幸拥有它们的行星做同样的运动。他还发现，在数学定义明确的情况下，轨道上的天体在靠近其所绕行的天体时，会比在远离这个天体时，移动得更快。根据这些经验定律，牛顿提出了质量如何被质量吸引的理论。这个理论中的引力的大小取决于物体之间距离的平方。太阳对地球，地球对月球，地球对苹果都存在这样的引力。这是一种将宇宙和家常联系在一起的万有引力，就像从厨房窗户看到月亮一样。

这种天空与地球的结合，在潮汐中表现得最为明显。为了理解引力是如何产生潮汐的，我们可以想象地球完全被水覆盖，而处于月球正下方的水位将高于平均水平，因为那里的水更接近月球，比其他地方的水更受月球的吸引，因此月球会将它们拉离地球。

有点反常的是，与月球正相反的地球那一端的水位也同样升高。这是因为这些水离月球最远，对月球的吸引力最小。但在这一几何体系中，这些水感受到的最弱的吸引力是把它们拉向地球的吸引力。因此，把水拉离地球的最强引力和拉向地球的最弱引力的净效应基本相同，其结果就像一个排球状地球被包裹在指向月球的橄榄球状水球中。

太阳也引发潮汐，其方式大致和月球相同：向阳的地方有一个凸起，反向的地方也有一个凸起。不过，它们都是较小的凸起。尽管太阳的质量是月球的三千万倍，但它与地球之间的距离要比月球远四百倍，而牛顿引力的作用方式意味着距离对引力的影响比质量对引力的影响更强。① 当地球、太阳和月球排成一条直线时，也就是月球在天空中非常接近太阳或正对着太阳时，这两个凸起就会对齐，这就是与满月和新月有关的朔望大潮。牛顿的理论解释了朔望大潮的存在和振幅，这是把宇宙带到地球上的最令人印象深刻的方式之一。

实际上的潮汐要比这复杂得多。地球和它表面的水每天都在旋转。在地球上，正对着月球的点每月只转一圈，正对着太阳的点每年只转一圈。因此，当坚实的地球在其中旋转时，海水会无休止地试图保持住潮汐力规定的形状。地球上海岸和海

---

① 虽然引力随着距离的平方递减，但潮汐效应随着距离的立方递减，四百的立方比三千万更大。

床的地形变化意味着潮汐的范围、频率和精确时间都会因地而异。在太平洋中部，由于没有陆地的干扰，潮汐的范围不到一米。在英吉利海峡，凸起的潮水每隔十二小时就要从大西洋流到北海再返回，潮汐的范围可以达到七米左右。

令牛顿烦恼的是，起初他并不能从他的理论中推导出潮汐的所有微妙之处。因此一个多世纪以来，潮汐表一直是根据经验计算的。但万有引力的出现确实标志着世界观的决定性转变。在这种世界观中，宇宙具有物理过程的特征；在这种世界观中，哥白尼主义是不可避免的；在这种世界观中，学习具有新的力量。这样一来，月球也摆脱了它必须得"像地球"的要求。此前，当月球作为地球行星性质基本理论的一部分时，曾吃力地迎合过"像地球"这一要求。而在这之后，月球可以自由地做自己了，但它似乎越来越不好客了。

结果正如吉尔伯特所怀疑的那样，他计划记录的月球表面的变化被证明只是月球表面可见部分的微小变化，开普勒定律和牛顿理论精确解释了这些变化。但是，从月球表面上是看不出有什么变化的。没有随季节变化的天气模式。没有雪。仔细观察月球表面，"海面"上布满了小痕迹，不是完全平坦的。可以这么说，"海面"上是奇怪的水。

月球上没有空气。在威尔金斯提出"月球上有一个世界"的论点时，月球上具有一种月球人可以呼吸的大气层，这一观点至关重要。事实上，威尔金斯的作品第一次在现代意义上使用了"大气层"这个词。在这之前，地球上没有大气层这一概念，只有空气，这是一种处于陆地和海洋之上的元素。只有成为另一颗行星上存在生命的必要条件时，空气才发展出一种行星式的存在方式。空气就像一个信封，可以包裹任何足够大的物体。一旦大气层成为理解其他地方空气存在状态的一种方式，也就成为理解地球上空气的一种方式。

不幸的是，威尔金斯关于月球大气层存在的证据，即月球表面地貌的模糊性，实际上是地球大气层存在的证据。到了十七世纪末，人们对当月球在天空中移动时被它遮住的一颗遥远恒星的研究，似乎证明了这一点。那颗遥远恒星接近月球边缘时不会褪色或闪烁；如果那颗恒星越来越深地进入月球的大气层，它本该如此。但它就这样消失了。[①]

月球大气层的缺失证实了人们对月海的观测结果：月海是干涸的。知识机械化转向的关键发现之一是，尽管自然界可能厌恶真空（正如亚里士多德所教导的那样），但机器，即"气泵"，可以创造真空。当机器创造真空时，无论温度如何，真空中的液体都会沸腾、蒸发。一个没有空气的月球一定也是一个没有海洋的月球。因此，月球似乎成为一个越来越没有生命力的星球。

这些观测结论都没有贬低月球作为投机和斯威夫特式讽刺

---

① 后来的天文学家进一步提出了这个论点。他们认为在足够稀薄和稳定的月球大气层中，凌月的恒星不会被扭曲，但是其视位可能会因为光线通过大气层发生的折射而改变。乔治·艾里爵士和其他许多人都观测到了这一现象，并因此开发出一种技术。这些技术后来被用来在日食期间寻找广义相对论的影响，并被认为是爱因斯坦广义相对论的第一个得到证实的证据。

场所的价值。不过，这些观测结论为这种讽刺提供了一个新的对象：只顾着关注月球上高大上的问题而忽略了日常事务的充满幻想的科学家。因此，在塞缪尔·巴特勒的《月球上的大象》(约一六七〇年)中，天文学家绘制了月球表面的地图：

> 给她所有的财产都列个清单
> 包括不动产，和个人财产；
> 做一个准确的调查
> 包括她所有的土地，以及土地是如何分布的，
> 就像爱尔兰一样，
> 狡猾的测量员偷走了一个郡

月球表面不仅有成群的小生命，还有一头非常大的大象，

> 这是一个很大的品种，
> 似乎比非洲象的任何品种都要大。
> 由此我们可以有把握地推断，
> 月球似乎是个果实更丰富的地方。

然而，当天文学家们赶着去纠正他们的论文时，一个仆人只是望向望远镜，而不是透过望远镜，就看到了真相：

> 他发现一只小田鼠

被装在空心望远镜里，

关在两个玻璃窗之间，被紧紧束缚着，

被放大成一只大象。

　　军队是蚊蚋，是强大的怪物，是低等的害虫。与其说天文学家用他们的仪器颠覆了宇宙，不如说社会秩序被聪明的仆人和愚蠢的主人颠覆了。类似的情绪塑造了阿芙拉·贝恩的戏剧《月球皇帝》（一六八七年）。在剧中，巴利亚多博士拒绝把他的女儿和侄女嫁给地球上的男人，因为他认为巨大的望远镜向他表明，月球上的男人更先进，因此更可取。巴利亚多博士显然读过琉善、威尔金斯、戈德温和其他很多作家的书，但学习并没有使他变得聪明。"我们可以叫他疯子，这不会违反良好的礼仪教导，"仆人斯卡拉莫什说，"因为他总是去月球旅行。"

　　巴利亚多博士希望两位年轻女士被月球人求婚。于是，他的女儿和侄女让斯卡拉莫什和他的同伴哈利昆设了一个骗局，好令巴利亚多博士相信她们的追求者唐·钦蒂奥和唐·查曼特正是月球人，并且是月球的皇帝和他的兄弟——雷地的国王。开普勒和伽利略也作为证人登场，随之而来的是一连串搞笑的事情。和很多壮观的场面一样，这部剧的舞台所用的机械在当时是最先进的。把观众带到月球上的可能性带来了新的对精微的大场面的狂热。乔治·梅里爱的《月球之旅》（一九〇二年）也是如此，他利用电影的新魔法将月球展示为一个不同于其他地方的领域。一九〇三年在科尼岛开放的露天游乐设施，"月

75

球之旅",是一个轰动一时的项目,它使世界各地的游乐场和游艺厅都开始被称为月球公园。还有库布里克的《2001:太空漫游》。在这部影片中,失重的航天器优雅降落在野蛮的空虚之中,对这种空虚的设计比之前的任何想象都要精心。

在《月球皇帝》中,舞台的机械奇观与自然的机械奇观有某种共同之处,这并非巧合。贝恩最近将一部非常受欢迎的关于地外世界的法语作品,即丰特奈尔的《关于世界多元性的对话》(一六八六年),翻译成了英文。在月光下的花园里,通过哲学家和贵族夫人进行的一系列对话,丰特奈尔阐述了他对哥白尼式宇宙及其可能的居民的想法。无论是在天文台上,还是在舞台上,世界上的奇迹都有其隐藏的机制,并且很少有人能用必要的专业知识来看待它们,巴利亚多博士当然也没有。这是《月球皇帝》和《关于世界多元性的对话》共同的主题。正如丰特奈尔的哲学家对侯爵夫人说的那样:

> 大自然是一个伟大的场景,或者说是一种象征,很像我们的歌剧。因为从你坐着看歌剧的地方,是看不到舞台的真实情况的……移动和平衡机器的轮子、砝码都被隐藏在我们的视线之外。在整个剧场中,只有一个工程师为如何管理这些夜晚而烦恼……夫人,您不能不猜测这位工程师与哲学家别无二致。

罗伯特·胡克的《显微术》(一六六五年)是英国皇家学

会出版的第一本书，它以探索隐藏的世界而闻名。书中展现了前所未有的壮观生命图像：一粒花粉、一只苍蝇的翅膀、一只虱子，并把它们放大到一页纸那么大。但是，作为牛顿的敌人、约翰·威尔金斯的朋友，胡克对更大、更遥远的世界的启示性放大也感兴趣。《显微术》中收录了一幅喜帕恰斯环形山及其周围环境的图像，其卓越之处不仅在于极其精微的细节，还在于这是最早拍摄月球某一特定地貌，而非整个月球的图像之一。

这种特殊性来自胡克对环形山的兴趣。他认为环形山并不是月球不完美性质的证据，而是一种现象：他想知道，是什么创造了这些地貌？开普勒曾提出，环形山可能是土方工程，即月球人建造的居住场所，以便让月球居民从漫长早晨的东方阴影中转移到漫长下午的西方阴影中。但胡克认为环形山不是跨越地表的运动，而是穿越地表的运动：要么有东西进去，要么有东西出来。

通过实验，胡克发现，如果他"让任何重物，如子弹一样"落入那些"非常柔软的烟斗黏土和水的混合物中……重物会在坠落点周围喷出混合物，在一段时间内会形成一种表象，与月球上没有什么不同"。或者，如果"煮沸的雪花石膏……被喷发的蒸汽还原成一种黏稠的液体……将它小心翼翼地移到火旁……整个表面，特别是最后一些气泡冒出的地方，将遍布小坑，形状与月球表面的小坑完全一样"。

至于月球表面环形山形成的原因，胡克选择的是第二种，即内部原因。把东西扔进浇过水的烟斗黏土中，产生的飞溅水坑是短暂的。而雪花石膏凝固后，起泡的凹坑依然存在，这是对胡克他们有利的迹象。雪花石膏在斜光下所展示的细节，是另一个对他们有利的迹象："在一间宽敞的黑屋子里，举着一支点燃的蜡烛，从不同的位置照向雪花石膏的表面，你可以准确地再现环形山在月球上的表现形式，它们都或多或少地被太阳照亮。"

胡克意识到他的类比可能会产生误导，但他的模型所表明的现象被观测证实了。比如冰岛、加那利群岛和新西班牙的火山，它们顶部"像一个盘子或盆子"，周围升起了"大量的陆地"，胡克认为这支持了环形山内部起源的说法。至于子弹落入混合物时会产生飞溅的情况，胡克认为当时的天文学没办法推测出任何可能击中月球的物体。

在接下来的三个世纪里，胡克关于月球的火山学说一直主导着这个领域，并且在维多利亚时代的实业家詹姆斯·内史密斯的作品中达到了最充分的理论化和最精美的阐释。内史密斯的父亲是一位著名的风景画家。在内史密斯小时候，当他们在家乡爱丁堡周围散步时，内史密斯从父亲那里了解到，火山是使这座城市拥有壮丽景色的主要原因。内史密斯的名字来自他父亲的朋友和赞助人詹姆斯·霍尔爵士。后者是第一批试图模拟火山的科学人士之一，他将岩石加热到熔点，看能制造出什么熔岩。

内史密斯人生中的大部分熔炼都是在铸造厂里完成的——

至少在他的职业生涯中是如此——但他与岩石世界的联系丝毫没有消失。一八四〇年，在参观欧洲各造船厂和兵工厂——它们都使用内史密斯公司制造的蒸汽锤和其他机器设备——时，内史密斯利用休息时间登上了维苏威火山。后来，他回忆说，在近距离观察火山口中心的喷口后，"我把布里奇沃特造船厂的名片系在一小块熔岩上，扔了进去，以示我们对工艺之首，火神的恭敬"。在四十八岁时，内史密斯富有地退休了。此后，他继续投身于自己以前在业余时间从事的月球研究。内史密斯所期待的"宁静的享受，是研究造物主在打理他的世界的物质时最强大的力量之一，即火山的力量带来的"。

《月球：一颗行星、一个世界和一颗卫星》（一八七四年）是内史密斯在他的朋友、天文学家詹姆斯·卡彭特的帮助下，根据自己的研究写成的。书中系统地对副标题中月球的三个特征进行了描述。其中，最让内史密斯着迷的是第一部分，月球作为行星的性质。

正如天文学家理查德·普罗克特在差不多同一时期所写的那样，"进步、发展和衰亡"的议题是"所有观测科学的主要魅力所在"。普罗克特认为缺乏这些变化是月球的缺陷。内史密斯和卡彭特在月球的过去中寻找这些变化。他们试图用在维多利亚时代的科学中发展起来的概念理解月球的进步、发展和衰败：进化论——包括但不限于达尔文的自然选择的概念，以及热力学——关于能量、热量和功的新生科学。月球经历了"从一个阶段到下一个阶段的不断发展……是一个形式和性质永恒变化"的天体，月球发生了演化。对这种演化的理解让人们可以以新的方式解释其他星球的历史，最重要的是解释地球的历史。

内史密斯的作品遵循了伟大的法国天文学家皮埃尔-西蒙·拉普拉斯对太阳系起源的描述：由于牛顿引力，一个由尘埃和气体组成的星云坍缩。在这个过程中，大量势能被释放。热力学第一定律指出，能量不会凭空消失。于是，这些势能变成了热能。正如热力学第一定律的提出者之一，尤利乌斯·冯·迈尔所言，星云的坍缩是一个"强大到足以融化世界"的热源。因此，地球和月球被认为在诞生时是熔融的，并且从外向内凝固。[①]

月球比地球更快地从熔融状态冷却下来。这是因为月球更小，而小物体比大物体冷却得快，也因为月球没有大气层，所以没有温室效应[②]的保暖作用。内史密斯的铸造经验使他确信，固体地壳的密度一定小于它下面的液体。因此，随着地壳的增长，它挤压了下面的熔融层。最终，地壳下面的压力变得很大，以至于无法再容纳当中的液体。于是，熔融的熔岩冲上地表，进入地壳之上的空间。极端的压力、低引力和缺乏空气阻力，这些条件"最有利于火山活动以最高程度的暴力形式表现出来"。

这些喷发的熔岩并不会只从山的周围流下，它在回落到地

---

① 二十一世纪对这一起源的描述，包括熔融的世界，见第四章。
② 这个概念的名字虽然和现今不一样，但在当时已经被科学家接受了。

表之前，会飞溅到几十或几百公里之外的空间。这种喷发就像抛物线状的喷泉，水从水池的中央喷出，然后围绕着水池的边缘回落。因此，喷发的熔岩形成了巨大的环形墙壁，而不是单独的山峰。

这一理论解释了为什么地球上的火山口位于山脉之上，而月球上的火山口内部往往低于周围的平原：大量熔岩从地下深处喷射到天空中，随着周围熔岩的积聚，喷口被破坏的地表开始下沉。这也解释了为什么许多火山口的中心有孤峰：它们是火山爆发的最后喘息。爆发后期，火山口不能再把熔岩喷到几十公里外，但仍能以更温和的方式建造一座具有地球风格的山。

将月球表面看作月球历史造就的结果，以这种方式理解月球表面，会为我们思考地球提供一种新的方式。内史密斯那个时代的地质学是一门"均变论"学科，坚持认为过去和现在非常相似，通过对当今世界的侵蚀、沉积、火山作用等过程的理解，可以解释所有需要解释的过去。而月球提供的宇宙视角表明，过去和现在可能是非常不同的，地球、月球和太阳系都被嵌入一个因物理规律的作用而改变的宇宙中。

然而，除了认为月球是宇宙中的一颗典型行星外，内史密斯和卡彭特还认为月球是地球的卫星。他们认为这种关系是由月球的作用所决定的。把月球当作卫星意味着要提出问题：月球对地球居民有什么作用？

作为光源，月球备受冷遇。但在历史的迷雾中，对大多数人来说，这无疑是月球最大的重要性：月亮给夜晚带来光明，使有些夜晚比另一些夜晚更亮。但在先进的维多利亚时代，街道被煤气灯照亮，房间被蜡烛照亮，月光已经不像一个世纪前那样重要了。上一代的实业家、发明家以及伯明翰月球协会的成员们会选择在满月时聚会，因为这样更容易骑车回家。对内史密斯来说，月光对诗人、画家和农民来说都是美好的。的确，月光应该激起"我们最热烈的赞美"。但月光并没有真正达到要求，它是多变的、无常的、片面的、不完善的，而且是次要的。对于实干家来说，潮汐才是衡量月球的标准。

这位忙碌的维多利亚商人说："休息和停滞充满了祸患。地球上各种元素的运动和活动似乎是创造产生的主要条件之一。"太阳通过驱动风来提供这些非常理想的运动和活动。月球对地球上的海水也起到同样的作用，这种作用清理了泰晤士河和默西河等河口的污染，是我们强大而活跃的"卫生专员"。

潮汐不仅能带来清洁，还能促进商业发展。落潮为离港的船只和驳船提供了额外的升力，每年为伦敦这样的城市节省数千，甚至是数百万英镑。随着时间的推移，潮汐将提供更多的能量。书中称为"瓶装阳光"的英国煤炭终将耗尽，而潮汐的机械能可以转化为电力，通过电线输送给需要电力的工业。因此，潮汐可能成为这个国家新的主要能源。

照明和卫生不是卫星提供的唯一服务，卫星的导航和计时功能也备受关注。尽管内史密斯有严谨的商业头脑，但月球的用途并非都是功利性的，还有一些更为崇高，比如月球上死寂的环境让我们更加珍重宜居的地球。而且，月球以其他任何事物都无法做到的方式，揭示了宇宙早期的真相。铸造师的眼睛在月球身上看到了这样一个星球，"所有的火成岩地基都保留着刚从宇宙之火中诞生时的样子，月球那粗铸的表面处于原始状态，它将宇宙之火和模具的痕迹暴露在我们面前"。科学家为这一景象而欢欣鼓舞。

詹姆斯·赫顿的《地球理论》（一七八八年）是英国地质学的两份奠基文件之一，也是均变论思想的奠基文献之一。那些关于爱丁堡峭壁的巡回研讨会大量提及这位伟人的名字；与内史密斯同名的詹姆斯·赫尔是赫顿的首席弟子。赫顿的《地球理论》中最有名的一句话是其最后一句，其中包含了对山脉不断崩塌，海床慢慢地回升、直冲云霄的展望："因此，我们目前研究的结果是，我们没有发现开始的痕迹，也看不到结束的前景。"然而，内史密斯和卡彭特写道："原始的纯净没有被玷污，月球上的每一个痕迹都是锋利和明亮的，和它刚离开万能的造物主之手时一样。"在行星演化的早期阶段，月球就冻结了。因此，月球可以向它的学生展示被侵蚀的地球所不能展示的一切。关于开端的痕迹，在地球上消失了，却被保存在天空中，古老而又崭新。

《月球：一颗行星、一个世界和一颗卫星》的观点很吸引人，语言风格和旁征博引也常常令人愉悦。但内史密斯的作品最令人难忘的不是文字或观点，而是插图，特别是当中的照片。

令人惊讶的是，内史密斯作品中的照片几乎没有一张是月球的照片。尽管天文学家在十九世纪六十年代就开始使用摄影技术，但他们拍摄的月球照片，尤其是那些展现内史密斯最关心的月球地貌的照片，并不是非常好。然而，摄影为真实地再现和记录世界设定了新的标准。照片记录的是当下的时刻。因此，内史密斯按照他的想象拍摄了月球。

内史密斯的父亲在画好户外风景的草图后，会回到自己的工作室，根据草图和记忆制作他所看到的风景的泥塑模型。他的儿子因此学会了将建模作为一种思维方式，一种让手与眼的技巧和经验为理性和类比服务的方式。这就是内史密斯让世界看到他的月球的方式。他画草图，制作模型，并为此专门掌握了摄影技术。随后，他在强烈的斜光下拍摄了月球模型，就是胡克观察他那坑坑洼洼的雪花石膏时用的斜光。用这种方式，内史密斯可能比从伽利略到二十世纪六十年代之间的任何人都更深刻地影响了人们对月球的看法。

内史密斯在职业生涯早期绘制的月球既漂亮又受到广泛赞赏，他曾亲自向维多利亚女王展示过这些图画。但他的月球模型照片的清晰度远远超越图画，特别是在阴影深处。在许多照片上都能直接看到月球的特定地貌，有些照片甚至被误认为是真实的，比如内史密斯拍摄的西奥菲勒斯环形山、西里尔环形山和凯瑟琳环形山[①]。在新月后五天左右，当明暗界限经过这

① 值得注意的是，在月球一千六百多座有名字的环形山中，只有不到三十座环形山是以女性的名字命名的。凯瑟琳环形山是以亚历山大的圣凯瑟琳命名的。

些环形山时，这三座大小相似的大环形山被完美地衬托出来，乍一看会被误认作真实的环形山。

内史密斯还有一些照片是间接"拍摄"的，或者是从站在月球平原上的观察者的角度来拍的，其中一张照片显示了被地球遮蔽的太阳，照片里太阳的大气层是一个鲜红的环。另一张照片则转换了视角，以与月球图片相同的垂直视角展示了那不勒斯湾，更好地将月球环形山与坎皮佛莱格瑞火山和维苏威火山作了类比。必须承认，这些环形山在内史密斯的模型中比从轨道上看起来更像月亮。

内史密斯的另一些照片则是纯粹的类比。他认为，地球表面的冷却速度比月球慢，会产生褶皱。对于这一观点，他用一张摄有摘下很久的苹果和一只老人的手（他自己的）的照片来生动地说明。一颗玻璃球会因微小的膨胀而破裂，内史密斯认为，第谷环形山和其他明亮的环形山发出的射线就是由这种机制形成的。

儒勒·凡尔纳的《环绕月球》（一八七〇年）是《从地球到月球》（一八六五年）的续篇。在《环绕月球》中，探险队队长巴比康从轨道上好奇地俯瞰第谷环形山的射线。随行的诗人米歇尔·阿当说，它们看起来就像被抛出的石头在玻璃上造成的裂缝，这种情况也许是彗星造成的。不过巴比康否定了这个想法，他认为这种力量一定是来自月球内部的冲击。这不仅是巴比康受过教育的眼睛所能看到的，也是"英国学者内史密斯的观点"。

"那个内史密斯不傻嘛。"诗人赞同道。

这只是凡尔纳笔下的月球符合内史密斯的月球的一个方面。这样的月球上有连绵的环形火山，崇高的、不可逾越的堡垒，几乎没有其他东西。特别是，月球上没有空气，没有溪流，没有树林，没有生命。凡尔纳的作品第一次讲述了人类发现月球无人居住的故事。阿当看到一些他认为是被摧毁的城市和引水渠的东西，月球上可能曾有人居住。但现在，旅行者们一致认为，月球上的人肯定几乎都死光了。

如果月球是死寂的，那还有什么趣儿呢？答案是：抵达月球。凡尔纳这部独特的作品第一次讲述了这样一个关于月球的故事：探险者所用的技术比他们的目的地更有趣。凡尔纳说，拥有抵达月球的能力，标志着人类已经成为一种真正具有行星意义的力量。将阿当、巴比康和尼却尔送上月球的九百英尺大炮的发射过程，被明确地比作火山爆发，内史密斯无疑会欣赏这种方式。可惜我不知道内史密斯是否读过这本受他影响的书：

> 一个在地平线之外的什么地方漫游的野人，也许会认为在佛罗里达的腹地正形成一个新的火山口，尽管那里既没有火山爆发、台风、风暴，也没有自然能产生的任何可怕天象。不过，那里有人类产生的红色蒸汽，像火山一样的巨大火焰，像地震一样的巨大震动，像飓风和风暴一样的回响，是人类的手，将整个尼亚加拉的熔融金属沉入自

己挖出的深渊中！

发射更加壮观：

> 紧接着传来了一声令人震惊的、离奇的爆炸声，这种
> 声音是任何已知事物发出的声音都无法比拟的，甚至连雷
> 声的轰鸣和火山爆发的爆响都无法比拟！任何语言都无法
> 描述那声音的可怕！巨大的火光从地底射出，如同从火山
> 口喷出那样。大地隆隆作响，几位观众好不容易才在火光
> 冲天的蒸汽中瞥见射出物胜利劈开空气的一幕！

凡尔纳告诉我们，这些旅行者"跨越了造物主对地球生物
施加的限制，将自己置于人类的范围之外"。这样看来，如果
工业使这种跨越成为可能，人类的力量就不再需要与地球本身
的力量区分开来了。

内史密斯认为月球是理解地球演化的关键，这种看法仍然
是正确的。内史密斯对行星的看法也是如此。他认为行星就像
蒸汽机一样，是由巨大的能量流以及这些能量流所遵循的功和
热的定律形成的。内史密斯还说对了一些了不起的细节。细菌
在当时是以"病菌"的概念存在的，这是一个非常新奇的概
念。他提出，所有其他形式的生命都不能在太空中生存，但细
菌也许能够在太空生存。内史密斯提出，从月球上看地球，地

球的外观将由不断变化的云带所主导，而不是由大陆所主导。他还提出，潮汐冲击可以产生大量的电力。但内史密斯对月球本身的理解是大错特错的，无论是他对月球的一般解释还是具体设想。

先说第二点，内史密斯对月球的具体设想。为了产生他通过望远镜看到的那种阴影，内史密斯把他的月球山脉画得非常陡峭和参差——人们不禁会想，这可能是为了满足内史密斯自己对崎岖地貌的偏爱——就此为未来对月球的视觉再现建立了模板。二十世纪伟大的美国太空艺术先驱切斯利·博尼斯泰尔在为《生活》《科学美国人》和《科利尔》等杂志绘制月球，或为电影《目的地月球》布景时，也把山脉画得同样陡峭。那些以博尼斯泰尔的作品为蓝本的人同样如此。例如，比利时漫画家埃尔热把他的记者丁丁送到月球时，就是这么做的。月球上的山脉怎么会不是崎岖而宏伟的呢？月球上没有风，没有雨，没有冰川侵蚀它们，它们就应该是原始而锋利的。

但事实并非如此。内史密斯和他之后的大多数人都低估了[①]斜照对地形起伏夸张的放大效果。自伽利略以来，人们一直在解读的尖锐的阴影是由柔软、圆润的山脉投下的，这些山脉远不如安第斯山脉或阿尔卑斯山那么棱角分明。它们是山肩，不是碎片。即使月球的重力和地球一样大，月球上也几乎没有一座山坡是难以攀爬的。即使月球上有什么可以被称为悬

---

① 法国天文学家、艺术家和插画家吕西安·吕多（Lucien Rudaux, 1874—1947）是一个明显的例外。

崖的地貌，目前也还没有被发现。

　　这是因为，尽管没有风、雨和冰，但月球的山脉确实在被侵蚀。它们不断受到以轨道速度移动的尘埃颗粒的撞击。撞击并不强烈：即使每年有一千八百吨的尘埃以超过每秒十公里的速度移动，其能量也远远低于几分钟的雨对地球的影响。但是这种比雾霾更薄、比子弹更快的撞击是无休止的，没有任何峭壁能抵挡十亿年。

　　这种关于侵蚀的误解，道出了内史密斯更深、更大的错误。月球遭受轰击的来源并不限于灰尘，还有大小如同体积较大的小行星的天体。这些天体可以提供非同寻常的能量，足以在短短几秒钟内重塑月球上规模最大的地貌。

　　美国中西部实业家拉尔夫·鲍德温年轻时曾是一名天体物理学家。一九四一年，他在芝加哥菲尔德自然博物馆等待一场演讲时，被一张月球照片上明显的奇特沟壑震撼了。这张照片上的沟壑不是第谷环形山发出的那种表面射线，而是阴影投射出的沟壑，显示出了真正的凹凸不平。鲍德温想，看起来好像有什么物体以极快的速度和巨大的力量穿过了月球，而不是进入或离开月球。怎样的过程才能创造出这样的沟壑？

　　鲍德温对此很感兴趣，他研究了其他图片并观察了月球本身。他发现引起他注意的沟壑有一个放射状的结构，从雨海的中心点向外扩散。鲍德温于是得出结论：这个"雨海结构"是由一次巨大撞击所抛出的碎片形成的，并由此推断，界定雨海边界的弧形山脉是一座环形山的边缘，其直径超过一千公里，会使第谷环形山或哥白尼环形山相形见绌。深色的熔岩使雨海区域变成了月海。这些深色熔岩是撞击后月球地表喷发的结果，它们填补了一部分撞击留下的巨大空洞。

如果雨海的大圆环是以这种方式形成的，那么其他较小的圆环肯定也是如此形成的。月球上的环形山，无论大小，都是由撞击形成的。

这种想法已经存在了一段时间。胡克坚决反对这个想法，部分理由是因为他无法想象能产生这种撞击的天体是什么。普罗克特在十九世纪就漫不经心地思考过这个想法。十九世纪的美国地质学家格罗夫·卡尔·吉尔伯特对月球的研究有点狂热，他认为月球的环形山和月海是由行星形成过程中剩余的"行星碎片"在早期坠落月球产生的。二十世纪初，通过仔细观察太阳系中不断增加的小行星和彗星数量，爱沙尼亚天文学家恩斯特·奥匹克和新西兰天文学家查尔斯·吉福德都独立得出了同样的结论。

但月球上的环形山都是由撞击形成的想法，并没有真正对人们产生任何吸引力。这在一定程度上可能是运气不好和偏见所致。虽然吉尔伯特很有名，他关于月球的论文却发表在一份特别不知名的杂志上。天文学家们并没有去爱沙尼亚和新西兰寻找下一个大发现，更没有去密歇根州大急流城的奥利弗机械公司寻找拉尔夫·鲍德温的身影。但抵制这个想法还有一个更深层次的原因：如果月球曾这样被撞击，那么它的邻居，地球一定也有一段灾难性的过去。

地质学家信奉均变论，非常不喜欢灾难。天文学家也不太钟爱灾难。在《环绕月球》中，当阿当认为是一颗"受诅咒的彗星"造成了第谷环形山的明亮射线，巴比康温和地嘲笑了他，这是在附和弗朗索瓦·阿拉戈，凡尔纳和内史密斯的天文学家朋友。阿拉戈认为彗星不是不祥之兆，不应该被想象成碰撞厄运的媒介。他把说服愿意倾听的人并让他们认同这一观点作为自己人生使命的一部分。阿拉戈认为彗星应该被看作天空中不具任何威胁性的奇迹。

改变这种情况的人是一位名叫吉恩·休梅克的地质学家。他既为现代地质学对月球的理解建立了框架，又在让人们认识到地球上确实发生过撞击灾难这一事实上，发挥了关键作用。休梅克拥有非凡的科学想象力，致力将地质学的学科范围扩展到地球以外的地方，并且，休梅克拥有强大的人格魅力。他的同事们在办公室聚会的小品中，把休梅克戏称为"梦中的撼月者"。休梅克还拥有另一样被证明至关重要的东西：对核爆炸的经验。

内华达州的两次地下核试验形成了人造陨石坑 Jangle U 和 Teapot ESS。休梅克对其进行的研究表明，这两个陨石坑具有不同于由火山活动形成的坑洞的独特特征。其中最明显的特征是，这两个陨石坑的岩石边缘是卷曲的，且其中的岩层是自己折叠起来的。爱德华·泰勒在一篇未发表的论文里提到，休梅克在此时已经开始了解产生这些陨石坑的冲击波的力量。

一九五七年，休梅克带着这双训练有素的眼睛参观了另一个陨石坑：巴林杰陨石坑，又名流星陨石坑，位于亚利桑那州弗拉格斯塔夫以东约七十公里处，直径略超过一公里。巴林杰陨石坑的主人巴林杰夫妇及其家族几代人都相信巴林杰陨石坑是由一颗巨大的流星撞击地面形成的。这其中的部分原因是，在陨石坑附近发现了许多金属陨石。巴林杰夫妇认为陨铁一定埋藏在火山口的地面之下，投入了大量的资金和精力，试图找到它。地质勘探局则认为巴林杰陨石坑是一个"低平火山口"——一种地下熔岩蒸发含水层时产生的特殊火山口。巴林杰夫妇指责地质勘探局平淡的解释吓跑了投资人。作为这个被讨厌的机构的雇员，休梅克花了一番功夫才获得巴林杰夫妇的信任。

故事中有一种惊人的讽刺意味。宣布陨石坑为低平火山口，并招致巴林杰家族敌意的勘探科学家，正是吉尔伯特本人。吉尔伯特听说了这个陨石坑以及和它相关的陨石，同时又相信月球上的环形山是由撞击造成的。于是，他非常热衷于研究巴林杰陨石坑，并将其作为一个可能的地球样本，因为他通常只能通过望远镜来研究月球上的环形山。不过，在亚利桑那州，吉尔伯特没有发现撞击的证据，也没有证据表明有任何东西被埋在陨石坑的地面下。更重要的是，吉尔伯特认为，从陨石坑抛到周围高原上的沉积物，似乎与陨石坑本身具有相同的体积。那么，撞击物的残余在哪里？尽管吉尔伯特很想找到一个撞击坑，但他无法说服自己相信巴林杰陨石坑实际上是一个撞击坑；巴林杰陨石坑是一个低平火山口，附近的陨石只是巧合。

休梅克指出，吉尔伯特关于撞击坑的判断是错误的，就像巴林杰夫妇错误地认为在陨石坑下面会发现大量贵重金属一样。巴林杰陨石坑确实是由一大块地外金属造成的，但这块金属几乎什么也没留下。直径只有五十米左右的金属体，与陨石坑的大小相比非常小。但如果这个金属体以足够快的速度撞击高原，释放出的能量将是 Teapot ESS 陨石坑和 Jangle U 陨石坑的小型核爆炸产生的能量的一万倍。能量以两个冲击波的形式出现：一个向前撞向高原的石灰岩；另一个则向后撞向撞击物。正向冲击波造成了陨石坑，就像内华达试验场核爆炸产生的冲击波造成的陨石坑，同时把一个陨石坑大小的抛射物抛到周围的高原上，使陨石坑的边缘以休梅克能够辨认的方式翻转。而反向冲击波使撞击物蒸发了。丹尼尔·巴林杰一直没有找到形成陨石坑的陨石，因为它已经自爆了。

休梅克并不是第一个将原子弹的破坏力与月球表面的环形山进行类比的人。在阿波罗计划实施之前的几十年里，罗伯特·海因莱因与亚瑟·C. 克拉克是两位最伟大的月球作家。罗伯特·海因莱因的第一部月球小说《伽利略号火箭飞船》（一九四七年），也是他为战后儿童和青少年准备的后广岛世界的第一部科幻小说。几十年后，在十岁或十一岁时，我在一个教堂书摊上买到了这本书。它讲述了一位核物理学家面向全美招募三个少年进行首次月球之旅的故事。

罗斯脸朝下漂浮着，凝视着外面的荒凉。他们正在……接近分割光明与黑暗的日出线。阴影长时间笼罩在他们脚下贫瘠的荒原上，山峰和巨大的环形山因此显得更加可怕……"我不确定我是否高兴来了。"

莫里抓着他的胳膊，显然是为了缓和自己的情绪，但也是为了获得坚实的人类同伴的安慰。"你知道我是怎么想的吗，罗斯？"莫里盯着无边无际的环形山，开始说，"我想我知道它是怎么变成这样的。那些不是火山口，这是肯定的，也不是陨石造成的，是他们自己造成的！"

"嗯，谁？"

"月球人。他们自找的。他们自我破坏。他们自我毁灭。他们打了太多场核战争。"

"嗯？天哪——"罗斯瞪大眼睛，回头看了看月球表面，仿佛在解读那里的可怕之谜。

核武器让海因莱因得以想象巨大的能量如何瞬间制造出直径数公里的环形山，瞬间改变地貌。海因莱因对陨石的低估是错误的，但他对破坏的彻底性和规模的判断是正确的。制造月球环形山的能量并不是铸造的能量，而是爆炸的能量。

二十世纪五十年代，当比尔·哈特曼还是个孩子的时候，他热爱科学和艺术，就像詹姆斯·内史密斯一样。哈特曼常常制作月球环形山的石膏模型，试图了解从侧面看，而不是从上面看，月球环形山会是什么样子。二十世纪六十年代，哈特曼在图森市亚利桑那大学读研究生时，研究了一种与内史密斯相反的观测方法。他让人们可以像从上方俯视月球。这种观察方式揭示了月球不仅受到撞击的影响，而且似乎只受到了撞击的影响。

比尔·哈特曼的老师、行星科学的先驱杰拉德·柯伊伯采购了一个直径约一米的白色半球，好让他和他的助手可以在上面投射月球正面的望远镜图像。一般来说，如果你把一幅图片投射到一个球体上，会使图片变形，它会像拉长的太妃糖一样从两侧流下来。但是，如果你拥有的图片拍的是另一个球体，而且投影恰到好处，那原来的扭曲就变成了矫正。半个球体的二维图像投射到一个半球形的屏幕上，会产生一个三维的图像。

因此，柯伊伯的技术使他和他的学生能够从新的角度看到月球的正面：左右剖面。比尔的工作是为柯伊伯正在制作的《月球修正图集》拍摄投影照片。从地球上看，东方海①是月球西侧一个模糊、倾斜的斑点。在考察鲁克山脉及其南边的东方海时，比尔经历了后来被他称为"顿悟"的时刻。鲁克山脉不仅仅是一排山峰，而是一个双环结构，环绕着东方海黑暗的

---

① 为什么东方海在西部？在地球上，行星旋转的方向和明暗界限移动的方向是相反的，行星向东旋转，明暗界限向西移动。而在月球上，这两个方向是一致的。早期的天文学家将月球旋转的方向定义为它的东方，根据这一惯例，东方海被恰当地进行了命名。但这种惯例也让明暗界限向东移动，这让今天的科学家和宇航员感到震惊：太阳真的不应该从西方升起。因此，科学家颠倒了月球上东西方的定义，但留下了东方海这个不合适的命名。

玄武岩中心。鲁克山脉周围的景观被来自月海的"复杂的放射状山谷和条纹"所切割，就像鲍德温和他之前的吉尔伯特在雨海周围看到的沟壑一样。

在休梅克取得突破后的几年里，月球遭受过重大撞击的说法已被广泛接受。这个说法解释了像阿尔卑斯山和亚平宁山脉这样的弧形山脉坐落在雨海周围的原因。鲍德温认为黑暗的月海是一大片玄武岩，在大型撞击形成了盆地的数亿年之后，玄武岩从盆地中喷发出来。这一观点已经得到普遍认同。

比尔发现这种说法不仅解释了月海，还解释了一些环状盆地里面几乎没有玄武岩的原因。他对月球的修正投影观察得越多，发现的类似的特征就越多。所有大的月海盆地周围都有撞击的痕迹，没有玄武岩的大盆地也是如此。

比尔所看到的一些东西从前曾被零散地描述过，但是当比尔学会了如何寻找盆地，他立即发现整个月球地表开始以一种全新的方式组合在一起，即新的格式塔，正如他后来所说的那样。从碗状的小坑到直径几公里的简单环形山，再到有独特中央山峰的大环形山，以及有多个环和更复杂的内部山峰的盆地，其中一些最大的盆地充满了月海岩浆，撞击解释了这一切形成的原因。月海一点也不乏味，但它们只是附带现象。月球上所有大规模地貌结构都是由撞击造成的。

在随后的几十年里，"多环撞击盆地"被证明是行星表面的一个普遍地貌。在所有的岩质内行星和外行星的大多数较大的卫星上，都发现了多环撞击盆地。木卫四上的瓦哈拉盆地就是一个特别好的例子。金星有着年轻的地壳和较厚的大气层，只提供了很少几个多环撞击盆地的例子。水星上则布满了多环撞击盆地。由于侵蚀和板块构造的作用，地球上的大部分多环撞击盆地已经被抹掉了。但是如果你从轨道上往下看，就像从地球看月球那样，仍然可以辨认出破碎的南非弗里德堡陨石坑。

就像从地球看月球一样。

现在地球上的人类以不同的方式看到了月球。人们从轨道上和地面上看到月球的特写。在阿波罗计划宇航员们携带的哈苏相机拍摄的成千上万张照片中，人们看到了月球最亲切的一面。

从绝对意义上讲，月球的表面并不明亮。本质上，月球表面是黑暗的，只能反射大约百分之十一的阳光。然而，当光线均匀明亮时，它会显得格外耀眼。

月球不完全是单色的，它的颜色很淡，几乎都是灰度不同的灰色，但还有一点色彩：有点红，或者有点蓝。如果能看到月球上的山坡的话，会发现山坡与下面的平原有着不同的色调。那些最陡峭的山坡显示出最多的纹理变化。没有任何松散的结构附着在上面，山坡只由岩石组成。

这些凸起的地形是完成形态。它们未经雕琢，没有任何东西磨蚀它们，也没有任何东西划破它们，它们从来不会自我倒退。它们温和的凹凸起伏并非没有变化，但变化程度是有限的。绵长的高地没有任何模式，只有平缓的曲线。

不过，这些凸起的地形会投下阴影。在照片中，月球远处的山丘和月谷边缘的阴影看起来和天空一样黑。不过实际上它们没有那么黑，阳光照射到附近的月球表面，并反射回来照亮它们。白天，月球的阴影是由月光照亮的，而在夜晚，月球的阴影则是由地照照亮的。

到目前为止，还没有人从月球表面看到由地照照亮的阴影。不过，阿波罗计划的宇航员从轨道上看到了它。"阿波罗16号"指令舱"卡斯珀"的乘组成员肯·马丁利对作家安德鲁·蔡金说，这种经历"就像在地球上飞过被雪覆盖的地形，月光皎洁，天空清澈。你看到了这种神奇的地形，你可以看出凹凸不平的地表。但它有一种同一性，一种颜色的统一性……就是这样，只不过可以看到更多细节，因为地照比月光要明亮得多"。

宇航员们发现月球上的距离很难读懂。世界越小，地平线越近，这种观点很容易理解，但在实践中是很难判断的。进化给了人类一种强烈的直觉，当我们站在平坦的平原上时，这种直觉会告诉我们自己的眼睛能看到多远。阿波罗计划的宇航员从未完全掌握克服这种直觉的方法，他们总是觉得月球上的地貌在真实环境中比地图上标记的更远。

这并不是说月球照片中的景象缺乏有说服力的细节。这些照片有月球表面地貌，也有物体，岩石和巨石在碎石和沙砾中傲然挺立，鲜明而独特。但这些细节大多没有意义：坡底的一块巨石是在月震时从高处滚落或滑落的，这很容易读懂。有时，在巨石上方的山坡上有一条轨迹，显示出它的运动轨迹。不过，一般来说，无法推断出任何过程。月球地貌可能有彼此交错，山坡可以变成平原，山脊可以倒退，但它们并不像河谷那样有故事。毕竟，这一切地貌变化都只是撞击的结果。月球的时间轴没有流动，只有标点符号。

许多照片捕捉到的来自地球的物体为难以测量的环境提供了例外。宇航员只需回头看看他们的着陆点，就知道距离有多远。"阿波罗 12 号"的登月舱"无畏号"在距离"勘测者 4 号"几百米远的地方着陆，这是一项非凡的精确导航壮举，使得"无畏号"的乘组很容易估量他们与其他航天器的距离。人类留下的细节清晰可辨，月球景观则不然。

月球上的静止的石头都还在原地，有一种被遗弃的感觉。它们的状态与停顿相反，不是进程中断的静止状态，而是常态的静止状态。偶尔，撞击会打断这种停滞，但它们只是事件而已。

月球的轨道

从地球到月球正面中间的距离是地球半径的六十倍。由于月球地图的绘制者是地球人,这个最接近的点是月球本初子午线的所在地。如果地球和你的头一样大,那么月球就是你客厅另一边的一个小苹果。

地球与月球确切的距离至多有三十九万八千六百公里,至少有三十四万八千四百公里,因为月球的轨道是一个椭圆,而不是正圆。因此,从地球上看月球,大小也是不同的:距离越近,看起来越大。当月球在它距离地球最近的位置(称为近地点)时,它看起来比在最远的位置(远地点)大百分之十四。与近地点重合的满月被称为超级月球,其亮度可以比其他满月高出百分之三十。

月球的轨道平面与地球绕太阳运行的平面不一样,后者被称为黄道。如果这两个平面是相同的,那么每一个新月都会遮蔽太阳,因为此时这三个天体精确地排成一条直线。但月球的轨道穿过黄道。月球轨道与黄道的交点被称为月交点。如果月球到达其中一个月交点时是满月或新月，地球上的观察者将看到日食或月食。如果月球是新月，将发生日食。如果月球是满月，地球的影子就会造成月食。

虽然月球的轨道平面与黄道面不同，但两者之间的夹角很小。这意味着月亮在地球天空中的运行轨迹与太阳一样，并随着季节的变化而变化。在冬季，当地球偏离太阳时，新月和太阳在天空中的位置都比夏季低，满月与太阳相反，升得更高，停留时间更长。在北极圈内，冬季的月亮可以像夏季的太阳一样，一次停留超过二十四小时。斯匹次卑尔根岛的一位科学家曾经告诉我，午夜的太阳对他来说并不如中午的满月那样特别。

当月球绕着地球运行时，会相对于它身后的恒星移动。因为月球的运行轨迹和太阳十分相似，所以它通常会经过黄道十二宫（由黄道定义）。月球需要二十七天七小时四十三分钟才能运行一圈，这段时间被称为"恒星月"（源自拉丁语 Sidereus Nuncius，意为"星空"。）

黄道十二宫对于追踪月球的轨道来说并不理想。这是因为月球并不完全在黄道上运行，它的轨道在黄道的南北两端有一些偏离，而且十二个星座并不易于划分 27.3 天的轨道。中国占星术把月球的轨道分为二十八个宫。

正是这种在恒星背景下的运动，解释了为什么月亮每天都会晚一点升起。在我写这篇文章的这一天，月亮是在毕宿一升起的，即金牛座 ε，明天它将运行到觜宿一，即猎户座的剑尖。明天月亮升起的时间会比今天晚五十分钟。

　　因为地球绕着太阳运行，所以地球必须转一圈以上才能追上运行的月球，同样，月球必须绕着地球转一圈以上才能从一个满月转到下一个满月。想象一下，月球在以地球为中心的时钟的分针末端，而地球在以太阳为中心的时钟的时针末端。当两根指针指向同一个方向时，比方说在指在九，月球就变成了满月。一小时后，月球将完成一个完整的循环，再次指向九。但是地球的指针已经移到了相对于太阳的十。因此，得再过五分钟，指针才会再次重合。此时，地球位于太阳和月球之间，月球又回到满月的相位上。这个较长的周期，二十九天十二小时四十四分钟，被称为朔望月。

　　朔望月也是月球绕其自转轴转动的周期。这就是为什么月球正面一直正对着地球，而背面一直背对着地球。这不是一个巧合，它是地球引力的效应，被称为潮汐锁定。但这个锁定，并没有锁得那么紧，还有一些回旋余地。月球以恒定的速度旋转，但是根据开普勒为椭圆轨道制定的定律，月球在轨道上移动的速度会发生变化：在远地点，它的移动速度会慢一点，在近地点会快一点。因此，在近地点附近，在地球上看到月球的西半球多一点，因为月球走在前面。而在远地点，随着月球速度的减慢，在地球上会看到月球的东半球多一点。这种天平动效应让第一位月球地图绘制者威廉·吉尔伯特非常感兴趣。天平动效应意味着如果你观察月球的时间足够长，你将看到不止一半的月球。然而，还有超过百分之四十的月球表面，人们从未从地球上看到过。

　　国际空间站上的宇航员有时比其他人都更接近月球，但只近了十分之一的距离。迄今为止，只有二十四人比国际空间站的宇航员更接近过月球。

第三章　阿波罗计划

我不能非常肯定，但我认为，吉恩·休梅克是第一位知道他可以、他应该、他很有可能在月球上行走的人。

　　一九四八年，在吉恩·休梅克毕业的那个夏天，他因为在亚利桑那州做野外工作而在星空下露营。那时，他的校友通讯报道了这样一个故事：在吉恩·休梅克所在位置以东几百公里处的新墨西哥州白沙市，加州理工学院的研究人员用缴获的德国 V-2 火箭进行了实验。这个消息让休梅克看到了月球前所未有的双重本质。在高高的晴朗天空中，休梅克看到了一个像镰刀一样锋利的所在，像他这样的人有可能会在那里行走和工作。

　　"我们将探索太空，"休梅克后来回忆说，"我想成为其中的一员！月球是由岩石构成的，所以地质学家是去那里的合适人选，比如说我！"为了使自己成为合乎逻辑的选择，休梅克成为世界上最伟大的火山口专家。同时，这也是休梅克创建美国地质勘探局天体地质学项目的原因。

　　二十年后，在佛罗里达州一个明亮的早晨，一个谷仓大小的结着薄冰的圆柱体悬在距离地面数十米的高空。当肯尼迪角的技术人员向"土星5号"一级火箭顶部的大水箱中注入液氧时，这些冰霜便开始在灯火通明的夜里形成了。向"土星5号"注入的液氧体积超过一百万升，温度为零下一百八十三摄氏度。液氧罐壁和火箭的外壳是一体的，所以当技术人员向液氧罐注入液氧时，来自大西洋潮湿空气的水蒸气立即开始冻结在极度冰冷的金属上。

当液氧被注入液氧罐时，其中一部分蒸发掉了。罐顶的通风口会把蒸气排出，以避免罐内压力过高。九时三十分，液氧罐通风口被关闭。氦气被注入罐顶的小空间，罐中的压力开始上升。

液氧罐下面是一个稍小的罐子，里面装满了高度精炼的煤油。在这个罐子下面，是排列得像骰子"五"那一面上的圆点的F-1发动机，设计精巧，构思巧妙，威力惊人。

关闭通风口两分钟后，上层油箱底部的一个阀门打开，液氧开始流向F-1发动机，进入两条不同的路线。一部分液氧进入与驱动泵的涡轮机相连的燃气发生器。在发生器中，液氧与煤油混合，然后被点燃。由于煤油太多，尚未充满的液氧无法将煤油全部消耗掉。发生器传递给涡轮机的热废气被部分燃烧的燃料弄得黑乎乎的，但这并不妨碍燃烧的燃料使涡轮机旋转起来，使发动机的泵启动。

其余的液氧则进入燃烧室。在那里，这部分液氧与从涡轮机中排出的富含煤油的废气相遇。这些混合物被重新点燃。黑烟从F-1发动机喷嘴的底部冒出，火箭开始摇晃。发动机的泵提高了向下流入火中的燃料和氧气的流量。

　　一支精心编排的温度和能量之舞正在进行。利用在发生器中燃烧的燃料的能量，涡轮泵将更多的燃料送入燃烧室，但这是通过缠绕在发动机喷嘴上的管道以螺旋迂回的方式进行的。这个过程冷却了喷嘴，否则喷嘴将无法承受热量。这种运送燃料的方式也使得燃料升温，从而在到达燃烧室时能更充分地燃烧。燃料也是发动机中许多活动部件的润滑剂，它前期产生的烟尘为喷嘴的下部提供了更多保护，使其免受内部不断增长的火焰的影响。

　　涡轮泵更加努力地工作，使得舞步加快。火箭点火后五秒钟，燃料阀完全打开，在一秒钟左右的时间里，发动机接近全速推进。中央发动机首先达到全功率，然后是四个外部发动机。此时，燃料混合物含有更丰富的氧，燃烧得更清洁，烟尘更少，动力更强。在最后一个发动机启动后的一两秒钟内，火箭被强大的夹具固定住。随后，火箭被释放。

　　强大的一级火箭，以及充满推进剂的二级和三级火箭，还有"鹰号""哥伦比亚号"和它们的服务舱"阿波罗号"的全部重量，总计三十吨，都落在了发动机上。发动机肩负起重任，开始升空。发射塔上用来支撑火箭的五只"手臂"向后摆动。附着在超冷金属上的冰壳碎裂成片状，落入下面的"地狱"之火中。

　　火箭点燃的火，不是跳跃、舔舐或玩耍的火，也不是火盆或锅炉的火。火箭点燃的，是金属工匠火炬的集火，它被赋予了生命，可以将世界切割开来，也可以将世界焊接在一起。炉膛里的温度超过三千摄氏度，压力超过六十个标准大气压。涡轮泵每秒旋转九十次，能够把越来越多的液氧和燃料塞进"地狱"。火焰以六倍于音速的速度撞向下面的火焰沟槽。在几分钟的时间里，五个 F-1 发动机产生了近六十千兆瓦的能量，这相当于所有英国发电厂惯常输出量的总和。

火箭花了十秒钟离开塔台。又过了十秒钟，火箭发动机的轰鸣声传到近六公里外的贵宾席。这声音比人类以前发出的任何声音都要大。六十位大使、一半的国会议员和大约四分之一的美国州长怀着敬畏的心情观看了这一过程，并被这一声音所震撼。正如在观看的艺术家罗伯特·劳森伯格所言，这是"一种成为你身体的声音"。

火箭发动机的轰鸣声持续了不到三分钟。当 F-1 发动机沉寂下来时，火箭正以超过八千公里每小时的速度飞行，距离肯尼迪角六百公里。"阿波罗 11 号"正在前往月球的路上。

吉恩·休梅克没有在飞船上。他没能成为一名宇航员，艾迪森氏病使这位撼月者成为月球漫步者的梦想破灭了。不过，休梅克所创建的天体地质学项目将决定宇航员在月球上的目的地，以及他们在月球上的工作内容。这个天体地质学项目训练了那天早上飞过大西洋的三名宇航员，以及他们的所有继任者。

休梅克本可以在贵宾席上得到一个尊贵的座位，但他和妻子卡洛琳当时正沿着科罗拉多河漂流。

休梅克在他的校友通讯中读到的 V-2 系列火箭最初是不精准的恐怖武器，它们在比利时和英国杀害了数千人。在制造这些武器的工厂集中营里，奴隶的死亡人数甚至更多。

设计和建造 V-2 系列火箭的许多人都是太空旅行协会的成员，他们比休梅克更早相信，太空旅行是切实可行的。太空旅行协会一个由德国火箭爱好者组成的协会，其灵感来源自赫尔曼·奥伯特在《进入行星空间的火箭》（一九二三年）中提出的想法。这个协会的许多成员后来都参与了将美国人带上月球的"土星 5 号"火箭的研发。

奥伯特是出生于奥匈帝国特兰西瓦尼亚的物理学家和工程师，他是三位早期梦想家之一，既相信太空旅行的目标，也相信可以实现这一目标所需的特定技术：液体燃料火箭。这种火箭最早是在中国开发的，自中世纪以来就在欧亚大陆的庆典和战争中使用，燃烧像火药这样的固体燃料，产生炽热膨胀的蒸汽。这些气体向后排出，推动火箭向前飞行。作为火药的应用之一，这种火箭没有枪支受欢迎，因为膨胀的炽热气体在被金属枪管限制时，能更有效地提供动能，以便将小弹丸向合理的、可预测的方向发射。但这种偏好并不普遍，印度的迈索尔王国就开创了用金属制造火箭的工艺。

英国人最终接受了这种武器。与大炮相比，他们更喜欢火箭的射速和便携性。英国人运用工业革命的新金属加工技术来改进火箭制造技术，他们的火箭弹在马里兰州麦克亨利堡上空发出红色的强光，很快就因其可怕的戏剧效果——也许还因为实际威力并不大——被载入美国国歌。一八六一年，在儒勒·凡尔纳用炮弹把旅行者送上月亮之前四年，苏格兰天文学家威廉·利奇提出，火箭可能会完成同样的任务。

完成任务的确实是火箭，但不是固体火箭。用在火箭上的火药是一种燃料（硫黄和木炭）和氧化剂（硝酸钾，也称为硝石）的混合物。火药之所以能成为一种有效的炸药，是因为燃料与随手可得的氧化剂就能发生反应，并不需要空气。但是，爆炸发生的速度受限于爆炸穿过火药的速度。在以液体为燃料的火箭中，燃料和氧化剂的燃烧速度与把它们注入到一起的速度相同。俄罗斯物理学家康斯坦丁·齐奥尔科夫斯基首次表明，使用液态氢作为燃料，液态氧作为氧化剂的火箭，如果由多级火箭组成，速度可以达到每秒八公里，这个速度原则上足以使火箭进入绕地球运行的轨道。

在齐奥尔科夫斯基看来，这不仅仅是工程学上的事实，进入轨道是航天器所能做的最重要的事情。齐奥尔科夫斯基是被称为"宇宙主义者"的俄罗斯思想家群体中的一员，像他那个时代的大多数思辨思想家一样，被进化的重要性所吸引。他将目光投向太空，但并不是像詹姆斯·内史密斯那样，要去了解行星过去的演化历史，而是为了考虑人类未来的进化。齐奥尔科夫斯基从完善人类的角度看待太空的演化，在那里，所有人都可以无忧无虑地长生，被无尽的宇宙能量照亮。

奥伯特的研究是建立在齐奥尔科夫斯基的研究基础上的，罗伯特·戈达德的研究也是如此。奥伯特和戈达德就像他们的俄罗斯精神领袖一样，都被人类可以到地球之外旅行的可能性所吸引，不过他们不像齐奥尔科夫斯基那样神秘地表达自己的观点。他们也知道自己面临着艰巨的技术挑战，例如如何储存和注入液氧，如何制作能够承受不寻常的压力和温度的燃烧室和排气喷嘴。解决这些问题将需要数年或数十年耗资巨大的研究。在太空飞行之外，甚至在太空飞行之前，火箭还有其他的应用：火箭可以是一种运送紧急物资的方式，甚至可以是运送一等邮件到难以抵达的地方的方式，就像当时的送货无人机。奥伯特就这种可能性发表了演讲。太空旅行协会的副主席威利·莱伊在他的回忆录中回忆了二十世纪二十年代末的一次演讲后，他与老年奥伯特的对话：

"教授先生，您认为有必要用火箭把邮件运送到五百公里以外的地方吗？"

奥伯特微笑着看着我。这种微笑是老式教育家为他们称为"我亲爱的年轻朋友"的人所保留的那种微笑。过了一会儿，奥伯特说："将来会需要能携带一千磅炸药的火箭。"

这确实是火箭的杀手级应用。戈达德的项目并不是明显军事性的，他的项目吸引了不同来源的资金，包括史密森尼学会和古根海姆家族。戈达德是由查尔斯·林德伯格介绍给古根海姆夫妇的。查尔斯·林德伯格是一名飞行员，也是法西斯主义的同情者，他对能够抵达月球的火箭理论非常着迷。[1]但在二十世纪三十年代，军方是戈达德项目最大的赞助人。同时，随着纳粹党的兴起，太空旅行协会的许多领导人物都转入国防军中。火箭技术在第一次世界大战的大屠杀中几乎没有任何贡献，其重要性如此之小，以至于《凡尔赛和约》都忽略了禁止火箭，甚至没有提及火箭。这意味着火箭是德国一个不受约束的武器发展领域。

太空旅行协会在北海对岸的对应机构是成立于一九三三年的英国行星际协会，后者遭遇了相反的监管命运。一八七五年出台的爆炸物法案意味着英国行星际协会不能制造火箭。因此，与太空旅行协会或美国火箭协会（前身为美国行星际协会，成立于一九三〇年）相比，英国行星际协会对这一课题的研究更像是一种纸上谈兵。英国行星际协会的成员第一次真正感受到火箭的威力是在一九四四年末，当 V-2 火箭击中伦敦的一家酒吧时，他们中的一些人正在那里喝酒，并为海外战友举杯致意。

其中一个饮酒者是年轻的皇家空军军官亚瑟·C. 克拉克。

现在人们普遍认为科幻小说是关于未来的，但其实并不总

---

[1] 在中篇小说《美国》中，霍华德·沃尔德罗普令人动容地为林德伯格的儿子——一九三二年被绑架并杀害的小查尔斯——设想了三种未来，其中之一就是成为第一个登上月球的人。

是如此。十九世纪最常被当作科幻小说讨论的作品，玛丽·雪莱的《弗兰肯斯坦》、儒勒·凡尔纳的《从地球到月球》和 H. G. 威尔斯的《世界大战》都不是发生在未来。这些故事都发生在它们当下的时代，但又增加了一些新的、令人不安的元素：一个人类创造的生物，一门可以打破地球边界的大炮，一种能够像伦敦对待别人那样对待伦敦的外来帝国主义。[①] 书中那些颠覆性的新奇事物挑战着读者，它们的力量来自它们在当下的爆发。凡尔纳唯一一部明确涉及未来的小说《二十世纪的巴黎》（一八六三年）在他生前并没有出版。

　　然而，随着漫长的十九世纪接近尾声，一种关于未来的新概念开始形成。这种现代的"未来"不同于以前人们对未来的思考方式。一方面，现代的"未来"更加广阔。直到不久前，宗教还牢牢控制着未来和过去，不过地质学的"深时"和达尔文的研究都已经削弱了它拖后腿的力量。物理学正在完全打破宗教束缚，因为它开辟了更大的过去的深度，因而也展望着更深远的未来。基督教曾认为世界会走到尽头，热力学也承诺过同样的事情，不过，在原子核中发现的大量能量有望缓解这种情况。到了一九〇六年，弗雷德里克·索迪已经能够谈论由于放射现象近乎无限的力量而实际上永存的宇宙。无论从哪个角度看待科学，它的景深都在以一种加倍的宇宙移动变焦急速远

---

① 这就是为什么把《从地球到月球》这样的作品看作成功 / 准确的预测（三人乘组，从佛罗里达州发射），或不成功 / 不准确的预测（看在上帝的分上，一门大炮？），与一九六九年的现实相比较，是愚蠢的。

离现实，飞驰而去。

　　这种时间上的扩张与世界在空间上的缩小有关。地球的渺小是一个由来已久的说法。早在《地出》将地球展示出来之前，人们就已经设想过地球是渺小的。英国第一个哥白尼派学者托马斯·迪格斯甚至在伽利略之前就已经设想过从太空看地球，地球该是多么小了。但是，随着铁路和汽船时代的结束，这种渺小的感觉越来越强烈。据称，美国已经失去了边境，地球上开始没有未开发的海域可以让人们找到由沉思和狂欢组成的群岛，那里曾发生过许多梦幻般的故事，大陆内部可供迷失的"未知之地"越来越少，南北极地也几乎被征服了。不久之后，人们将乘坐动力机器——而不仅仅是气球——在空中飞行。

　　一九六九年，诺曼·梅勒很具说服力地描述了登陆月球改变世界的方式，这种感觉就像一种几何学上的倒置，一个口袋被翻了出来。在二十世纪初，时间和空间的情况也是如此。空间关闭了，时间打开了，前者不能再容纳的东西被装进了后者的口袋。在电影院里，光影将电影的物理长度变成了在时间中讲述的故事。在爱因斯坦的物理学中，时间和空间是交互的，只有光速是不变的。事实上，速度本身已经成为一个前沿领域，因为在本世纪，汽车、飞机和火箭创造了一个又一个速度纪录。作家阿尔多斯·赫胥黎说："速度，提供了一种真正的现代乐趣。"

　　随着时间和空间的变化，直到最近还应该发生在其他地方

116

的小说或讽刺小说，几乎很自然地换成了在其他时间发生的故事。这些小说为人们的思想开辟出一个新的地理空间。这不仅仅是幻想。正如一九○二年，威尔斯在一次题为《未来的发现》的演讲中所说的那样：

> 我坚信，归纳未来大量事物的知识正在成为人类所拥有的一种可能性。我认为，提出对未来进行系统探索的建议的时刻正在临近。

威尔斯打算将他的作品，包括小说和非小说，作为这种探索的一部分。无数的模仿者和追随者都想要继承他的衣钵，他们这样做的基础是重塑人们对未来的思考方式。未来以三种相关的方式变得科学化和科幻化。科学本身就是预测性的，它所涉及的范围正在社会中稳步扩展。科学与技术的联系越来越紧密，技术开始定义现代和未来，例如，人们对速度的执着就体现了这一点。对威尔斯这样的社会主义者来说，科学也塑造了未来的样子，定义了人类与自然的适当关系，以及人类对社会控制的适当态度——通过那些穿白大褂的技术官僚，世界的科学事实将把和谐强加于社会。

未来正在到来。如果你像许多科幻小说的读者那样年轻的话，就会拥有更广阔的未来，也会更加兴奋。科幻小说给读者带来刺激，也给读者带来慰藉。读者和科幻小说一起长大，后者告诉他们，只要理解科学，就可以了解这个经常令人困惑的世界将会是什么样子，应该是什么样子。他们可以期待有意义的社会，因为他们必须这样做。如果在一个世界里，事物都有其应有的位置，聪明人也有适当的位置，那么这个世界就是光荣的。

随着出版业成为创造和维持可识别类型的行业，这种未来对于科幻小说来说就像西部对于西部片一样。在这种背景下，作家可以在处理读者付费购买的主题的同时，塑造出独特的风景。这些主题中最重要的是航天火箭，它对科幻小说的重要性不亚于马对西部片的重要性。火箭体现了从距离到时间的基本转变，根据定义，火箭所访问的世界是未来的世界。

液体火箭的先驱们受到十九世纪小说的启发，开始在二十世纪的未来背景下创造真正的机器。据说奥伯特在童年时反复阅读《从地球到月球》，对这本书几乎烂熟于心。成年后，奥伯特很高兴担任弗里兹·朗的《月里嫦娥》（一九三二年）的顾问，该片被宣传为"第一部基于科学事实的乌托邦科幻电影"。这部电影为火箭电影提供了一种对现实主义的新关注。弗里兹·朗指出，飞往月球的火箭必须分几个阶段建造。此外，只有当空的燃料罐和氧化剂罐被丢弃时，航天器才会足够轻，足以进入轨道。朗还想象了一次前往月球的任务，其结果类似于定居，而不是一场要么是死亡、要么是返回的冒险。推动这个月球任务情节发展的冲突，完全是发生在人类之间的，与外星人无关，弗里兹·朗的月球是无人居住的。还有一个对真实太空飞行戏剧性的持久贡献，朗让一个角色倒数计时，以增加发射临近时的紧张感。从那时起，德国火箭专家就沿用了这个习惯。[①] 最重要的是朗在标题中的创新，他的旅行者中包括一个女人。

就戈达德而言，在读完威尔斯的《世界大战》和加勒特·塞维斯未经授权的续集《爱迪生征服火星记》后不久，他第一次被太空飞行的可能性所吸引。在《爱迪生征服火星记》中，伟大的美国发明家爱迪生和他的战友们创造了一支庞大而昂贵的航天器舰队，并以此向火星人宣战。戈达德后来告诉人们，他在修剪一棵樱桃树时产生了遐想，想象着在花园外的草地上有一艘蓄势待发的火星火箭飞船。[②] 奥伯特和戈达德的追随者，太空旅行协会、英国行星际协会和美国火箭协会的成员，都是科幻小说家。罗伯特·海因莱因于一九三二年加入美国火箭协会。

第二次世界大战对液体火箭和科幻小说的发展都至关重要。在德国波罗的海沿岸的佩内明德的 V-2 火箭研发基地，沃纳·冯·布劳恩和他的同事在技术水平上取得了与制造原子弹的洛斯阿拉莫斯国家实验室、开发雷达技术的麻省理工学院雷达实验室相当的进步。V-2 火箭的过氧化氢动力涡轮泵和耐温燃烧室使其只有 1.5 米长的发动机能够产生比一艘战舰更多的

---

① 也就是说倒计时来自电影。在这种媒介中，时间被以线性形式编码，可以同样容易地向前和向后移动。

② 一九三八年，当这棵心爱的树被风暴吹倒时，戈达德在日记中悲伤地指出，他将"不得不独自继续前进"。

动力。火箭可以达到一百公里或更高的高度。

战争结束后，美国、英国和苏联都急于得到这些硬件和设计人员。因此三年后，休梅克在松树林露营地读到了白沙的实验。

火箭技术只是科幻未来的主流之一。超级武器是科幻未来的另一个主流。《世界大战》以来，能够投射种族灭绝屠杀的装置一直是低俗小说杂志想象的未来的一部分，否则，一个虚构的托马斯·爱迪生怎么会征服火星？超级武器大部分用于外星人，但它们也经常被不加批判地释放在其他人类身上，通常是白人以外的种族。经营世界著名科幻杂志《惊奇科幻》的小约翰·W.坎贝尔确信，在战争中，超级武器将通过使用原子能而得到实现。一九四三年，小约翰向他的一位作者传授了有关原子武器的技术知识，使后者能够准确地撰写一篇相关故事，导致联邦调查局上门调查。这些技术知识正是由在洛斯阿拉莫斯国家实验室从事真正原子武器研究的《惊奇科幻》杂志的读者提供的。广岛原子弹爆炸后，美国联邦调查局的那次调查成为科幻小说预言正确性的一个备受吹捧的标志。

对坎贝尔和他圈子里的作家来说，将火箭的威力和原子能的威力结合起来的可能性是显而易见的，也是令人不安的，这主要是因为，虽然美国在核武器方面处于领先地位，但德国已经证明，其他国家在火箭方面也能处于领先地位。在广岛和长崎被摧毁后的几个月里，海因莱因疯狂地试图提醒从前的海军战友注意这种风险。一九四七年五月，海因莱因在《伽利略号火箭飞船》中把这一想法付印。书中的少年英雄们发现在月球上避难的纳粹分子正计划对美国进行核打击。

坎贝尔编辑的非虚构杂志《空气轨迹与科学前沿》在同月发表了《空中堡垒》，讲述了另一位《惊奇科幻》的作家罗恩·哈伯德关于在月球上建立导弹基地的想法。一九四八年，《科利尔杂志》发表了更令人不安的《来自月球的火箭闪电战》，作者是天文学家罗伯特·理查森，他也为坎贝尔的杂志写过小说。罗伯特的故事中配有令人不寒而栗的图片：光滑的导弹从月球上的环形山中发射出来，皇后区和曼哈顿处在多层蘑菇云下。这些图片都出自理查森的朋友和合作者切斯利·博尼斯泰尔之手。这五个区所遭受的破坏值得一位习惯于行星规模的艺术家去描绘。事实上，这些图片是博尼斯泰尔在前一年展示流星袭击纽约后果的作品的姊妹篇。

正如月球人在《伽利略号火箭飞船》中通过核战争自我毁灭所阐明的那样，月球作为大规模毁灭的源头的想法与长期以来的虚构作品对它的塑造产生了共鸣：月球被描绘成一片死亡的景观，一个有时布满废墟的灭绝之地。在《环绕月球》中，米歇尔·阿当将脚下荒凉的平原想象成一个巨大的骨灰盒。在 C. L. 摩尔奇特而有力的行星浪漫小说《失落的天堂》（一九三〇年）的高潮部分，男主角穿越时空，看到月球之神通过撕裂大气层，扼杀了他们的世界。月球景观预示着，如果核武器再次被使用，那么地球将会是什么样子，无论这些核武器是否来自月球。在对这种想法耐人寻味和令人不安的逆转中，美国空军在二十世纪五十年代研究了向月球发射核武器的可能性，目的是为了看看这样会形成什么样的环形山，并向其他所有人表明，超越世界和终结世界的力量都掌握在同一只手中。还好，更明智的想法占了上风。

月球基地作为发射地点的可能性不只存在于科幻小说中。二十世纪五十年代，美国空军为设计月球基地而接触了许多航空航天公司，尽管没有被明确要求，但在计划中包括了导弹发射井，这似乎就是要做的事情。但是，以地球为发射基地的核武器只需在太空中飞行足够长的时间，就能在半个地球之外落下，这是更实用的方法。

科幻小说新强调的月球并不局限于军事方面。事实上，在某种程度上以《伽利略号火箭飞船》为原型的电影，《目的地月球》就把纳粹的月球基地移除了。海因莱因想要拍一部更加真实的月球电影，而不是像《巴克·罗杰斯》那样的电影，他计划的一部分是让美国人相信太空飞行。撰写剧本给海因莱因带来了快乐，他与切斯利·博尼斯泰尔合作，后者为影片绘制了布景。同时，撰写剧本也令海因莱因担忧，最终的制片人乔治·帕尔显然曾想将这部作品中的一部分改编成音乐剧。他请来写《野姑娘杰恩》（一九五三年）的詹姆斯·奥哈伦，对剧本进行了修改。[①]

---

① 奇怪的是，在为《时代》杂志拍摄关于《目的地月球》的报道的摄影师艾伦·格兰特的档案中，有一组照片显然是在电影片场拍摄的舞蹈片段。究竟是怎样的表演就不得而知了。

没有任何音乐或舞蹈被剪进海因莱因最终的电影成片。对此我相当遗憾，月球的低重力可能适合跳舞，而且从任何意义上讲，这些音乐和舞蹈对最终制作得相当乏味的《目的地月球》，都可以成为一个提升。但海因莱因希望他的事业和近期登月计划的前景都能被更认真地对待，于是他尽可能地向更大众的市场推销月球作品。《月球上什么也没发生》发表在美国童子军杂志《少年生活》上；《漫长的守望》发表在《美国退伍军人》杂志上；《太空骑师》发表在美国发行量最大的时尚杂志《星期六晚邮报》上（"时尚"是相对于《惊奇科幻》等"通俗"杂志而言）；《出卖月亮的人》是海因莱因新精装作品集中一个从未发表过的故事。在得知女孩子们也像男孩子们一样在读他的故事后，海因莱因专门为她们写了一个特别好的故事《来自地球的威胁》。海因莱因的目标是写科幻小说，并使之超越该类型小说的狭窄界限。这意味着关于童子军、职业选择和约会的日常故事都可以恰好发生在月球上。

　　亚瑟·克拉克是另一位热衷于使太空飞行成为现实的科幻小说作家，他也在做类似的事情，写一些有趣的、技术娴熟但不刻意夸张的故事。他还创作了一些成功的非虚构作品，比如《太空探索》（一九五九年）。诚然，克拉克的小说《地光》（一九五五年）里有一场壮观的战争，但书中是从碰巧在附近的天文学家和会计①的角度来观看这场战争的，而不是从交战

———————————

① 好吧，这个会计是个间谍，但这并不重要。

123

双方的角度。这本书的大部分内容都是关于天文台的生活。除了几个世纪后在月球上发生的事情外，天文台的生活与二十世纪五十年代的地球几乎没有什么两样，有用来记录图像的摄影底片，"电脑"是带着计算机的年轻女性。

克拉克的《月尘之落》（一九六一年）巧妙地讲述了一次月球"沉船"的故事。克拉克借鉴了托马斯·戈尔德提出的想法。戈尔德是一位杰出、另类的物理学家，他认为月球上的一些尘埃可能非常细小，以至于实际上是液体。事实证明这不是真的，戈尔德的固执己见使他成为天体地质学家的眼中钉。但《月尘之落》是一个很好的故事。在这个故事中，克拉克将他在月球科学方面的专业知识和他对空间工程的掌握与谜题般的情节结合起来。在故事中，沉入月尘中的宇宙飞船乘组和他们的救援人员必须想出解决一系列问题的方法。这个故事有着紧凑的情节、巧妙的知识铺陈、充满异国情调的背景设置（与美国西部故事的对比非常明显）和令人产生共鸣的人物。故事中的宇宙飞船是一艘旅游船，船上的乘客对月球的陌生程度几乎和读者一样。可能是这些因素的结合，使得《月尘之落》在一九六一年冬天成为《读者文摘》上第一部以"浓缩小说"的形式刊载的科幻小说，并获得了比科幻小说多得多的读者。

不过，更有可能的是，《读者文摘》的决定取决于其他因素。一本以"月球"为标题的写得不错的书，在那年秋天有了新的突出地位。这是因为在六个月前，肯尼迪总统戏剧性地将现实世界中的美国投入到登月的科幻任务中。

哈里·杜鲁门成年后的钱包里一直夹着一页科幻小说——这六节奇怪的预言诗，来自阿尔弗雷德·丁尼生勋爵的《洛克斯利大厅》（一八三五年）。这些诗句谈到了一个拥有超级武器的未来时代，超级武器的巨大威力将迫使"人类的议会，世界的联盟"诞生。这些诗句在二十世纪早期的许多超级武器小说中都得到了附和，西蒙·纽康的《他的智慧，捍卫者》（一九〇〇年）直接引用了这几句诗，预言了空中轰炸的破坏性力量。威尔斯的《解放的世界》（一九四一年）是关于原子能和核武器的猜测，它是曼哈顿计划的必读书目，与西蒙等人的观点极为相似。

杜鲁门在前往波茨坦与约瑟夫·斯大林和温斯顿·丘吉尔会面的路上背诵了这首诗。当他下令使用第一颗原子弹时，或者在广岛市中心被摧毁两天后签署联合国宪章时，很难想象这些诗句没有浮现在他脑海中。

约翰·肯尼迪不喜欢科幻小说，他更喜欢惊悚片，他的钱包里没有丁尼生，他本人对火箭也不感兴趣。但杜鲁门为超级武器做了什么，肯尼迪也为科幻小说中的必备支柱，登月火箭做了什么。

肯尼迪的动机有关地缘政治。苏联没有像美国那样从德国得到一批优秀的 V-2 火箭科学家，但获得了很多专有技术，而且有更好的人员准备使用这些技术（罗伯特·戈达德死于一九四五年）。经过必要的修正，齐奥尔科夫斯基和他同时代人的"宇宙主义"哲学，加上一点必要的修正，在某种程度上使苏联向共产主义的过渡相当顺利，因为"宇宙主义"哲学提供了令人兴奋的唯物主义和命运的混合体。（齐奥尔科夫斯基的同时代人包括弗拉基米尔·维纳德斯基，他认为生物圈是一个自我调节的、由太阳驱动的机器，这个想法在某种程度上预示了洛夫洛克的盖亚假说。）核武器的出现意味着苏联对火箭的需求不再只是精神层面的，他们需要大型火箭，因为苏联早期的核武器是又大又重的。当时的苏联有真正能力卓越的工程师——谢尔盖·科罗廖夫，他能够充分地利用斯大林提供给他的资源。于是，在一九五七年十月四日，苏联的 R-7 洲际弹道导弹成功将一颗卫星送入轨道。

一直自认为处于技术进步前沿的美国人对此感到既震惊又恐惧。斯普特尼克卫星清楚地表明，苏联可以把世界上任何地方置于危险之中。在三年后的选举活动中，肯尼迪煽动了这种恐惧，强调两个超级大国之间的"导弹差距"。事实上，差距没有这么大，苏联只部署过四枚武装的 R-7 洲际弹道导弹。美国的 U-2 侦察机给德怀特·艾森豪威尔政府提供了强有力的证据。到一九六〇年底，美国的第一颗科罗娜间谍卫星也证实了这一点。但这对于改变选举结果来说已经太晚了，而且在选举中，无论如何都不能谈论这些证据，因为间谍卫星的存在本身就已经超越了最高机密。

几个月后，一九五八年一月，在亚拉巴马州亨茨维尔郊外的陆军红石兵工厂，冯·布劳恩领导的团队用 V-2 火箭的直系后代发射了美国第一颗卫星。他们本来有能力在更早的时候发射，但陆军只负责制造中程导弹，而制造洲际弹道导弹的任务被分配给了空军。空军并没有对这个发展契机投入全部精力，因为火箭不需要飞行员。与此同时，卫星计划由海军控制。

尽管艾森豪威尔对将资源投入到太空飞行上持谨慎态度，但在一九五八年，他还是创建了美国国家航空航天局，并批准了水星计划。该计划最终将使用空军的洲际弹道导弹"宇宙神"将第一批美国人送入太空。一九六〇年，艾森豪威尔甚至不情愿地批准开发了一种专门用于发射的航天器，而不是弹头火箭。这是一种所谓的超级助推器，冯·布劳恩的团队将开发这种火箭作为他们各种木星火箭的后继者，并用下一颗行星——土星——为之命名。但当谈到这些雄心壮志时，艾森豪威尔完全不屑一顾。美国国家航空航天局的第一任局长托马斯·格伦南记得艾森豪威尔曾说过，他根本不在乎一个人是否能登上月球。艾森豪威尔在一九六一年一月敲定的最后一份预算中，并没有为水星计划以外的任何载人航天活动提供资金。

肯尼迪和他的顾问一开始对太空计划并没有表现出明显的热情。除了水星计划之外，肯尼迪没有承诺任何事情，他的顾问鼓励他与之保持距离，他们认为美国不可能先于苏联把人送上太空，而且与失败联系得太紧密将是不可原谅的政治错误。四月十二日，尤里·加加林按时乘坐"东方号"发射装置进入轨道。尽管这一成就并非始料未及，但全世界都感到兴奋，至少在华盛顿是这样。三天后，在古巴的猪湾，肯尼迪从艾森豪威尔那里继承来的入侵计划出现了惊人的差错。肯尼迪可能没有读过科幻小说，但他肯定读过报纸。四月二十日，肯尼迪要求副总统林登·约翰逊"在尽可能早的时候"让他知道是否有"一个太空计划会带来戏剧性的结果，而我们可以在其中获胜"。

肯尼迪的这个想法不仅仅是为了面子，也不是为了弥补窘境，其中的利害关系远不止这些。原子弹和宇宙飞船被视为新技术时代最引人注目的例子。这是一个世界性体系和神圣力量的时代，在冲突中诞生和成长。中央计划经济可能是利用这种新力量的最佳方式，这种想法并非不可信。苏联可能更擅长这项未来的新任务，因为它总体上更适合未来。因此，相对于当时正在进入独立阶段的南半球的国家来说，苏联是一个更好的模式。在阿波罗计划之后，以及在苏联解体之后几十年的时间里，人们很少回想起，当涉及技术时，《达拉斯新闻报》曾思考过"严格的极权控制是否会带来一些好处"。但是，有种想法确实广为流传，即美国的体系可能太过软弱，太过消费主义，无法催生和管理未来改变世界的技术。

当被问及美国如何才能证明这种想法是错误的时，专家们给出的答案是加倍投入：选择一个极具挑战性的、需要全新技术水平的太空项目，从而使苏联的先发优势失去意义。登月就是这样一个项目。正如负责超级助推器的冯·布劳恩自以为是但又准确地向约翰逊指出的那样，这需要比目前技术水平强十倍的火箭。然而，冯·布劳恩和其他人向白宫保证，随着 F-1

发动机的发展，这种火箭可以在一九六八年左右交付，也就是说，在肯尼迪的第二个任期结束之前。

肯尼迪也曾多次大声质疑，推动海水淡化技术的突破，是不是虽然并没有那么引人注目，但更实用。不过他开始对登月任务的规模和勇气、所涉及的团队合作水平，以及致力一个国家项目的想法充满热情。五月五日，第一次亚轨道水星任务成功，艾伦·谢泼德飞越大气层并顺利返回大西洋，大局已定。五月二十五日，肯尼迪在电视直播中告诉国会和全国人民，他认为美国应该致力完成在十年内将人类送上月球并安全返回地球这一目标。"在这个时代，没有任何一个太空项目会给人类留下更深刻的印象，或对太空的长期探索具有更重要的意义，也没有任何一个项目的完成会如此困难或昂贵。"

当肯尼迪在莱斯大学的一次演讲中再次对该计划做出承诺时，他详细阐述了计划的第二部分，困难和费用不是缺点，而是特点。肯尼迪将阿波罗计划与他在一九六〇年竞选中承诺的"新疆域"联系起来。他将这一想法与攀登高峰和林德伯格飞越大西洋相提并论。肯尼迪告诉大家："我们选择在这十年中登上月球，并做其他事情，不是因为它们容易，而是因为它们很困难，因为这一目标将有助于组织和衡量我们的最佳能量和技能。"

最初，人们更倾向于用一种比"土星"系列运载火箭更大的火箭来组织美国的能量。"新星"火箭将有一个由八个 F-1 发动机驱动的一级火箭和一个由四个 F-1 发动机驱动的二级火箭构成。它足够大，可以将充满燃料的火箭一次性从月球表面送回地球。正如它的外形所示，这是一个简单的任务架构，被称为直接上升。

不过，就连布劳恩也觉得"新星"火箭有点太夸张了。它的上升将如此迅猛，以至于必须在海上用某种驳船发射。亨茨维尔团队倾向于使用两枚"土星5号"火箭的架构。与之前的所有火箭相比，"土星5号"体型都更大，但没有"新星"火箭那么大。这两枚火箭各自发射前往月球的飞船的一部分，这两部分将在轨道上对接，这被称为地球-轨道交会。

布劳恩一直认为这样的任务应该以一个方便的精简版本来执行。在二十世纪五十年代的流行文章中，布劳恩描述了人类太空探索的第一步，在近地轨道上建立一个空间站。这个空间站可以作为组装前往月球或火星所需的飞船的基地，也可以作为在地球大气层上下飞行的飞船和为真空环境设计的飞船之间人员转移的地方。地球-轨道交会的想法和布劳恩的想法是一样的，但是由于空间站的想法被放弃了，所以所有的组装都必须在飞行中完成。

最后，第三个方案，月球-轨道交会对接方案胜出。一旦任务飞船到达月球，它将把返回地球所需的发动机、推进剂和热防护装置留在月球轨道上。宇航员将乘坐专门为此目的而设计的小型航天器到达月球表面。这减少了必须降落到月球的荷载，更关键的是减少了必须带回来的荷载。

这种架构方法使得整个探月任务的设备可以用一个"土

星 5 号"火箭发射，其中包括一个带有大型发动机的无人服务舱，上面连接着一个锥形三人指令舱，还有一个登月舱——可以载着两名乘组人员往返月球表面。这种方法比直接升空更复杂，因为在轨道上需要进行两次熟练的操作。指令舱必须在火箭起飞时位于火箭的最顶端，这样发生事故时宇航员才有机会幸存。在飞往月球的途中，指令舱必须与三级火箭分离，转身，回到三级火箭，使火箭鼻锥与登月舱顶部对接。当登月舱从月球返回时，必须再次进行同样的对接，以便在服务舱的发动机将指令舱的三人乘组送回家之前，月球漫步者能够与指令舱中的宇航员会合。每一次操作都是一个出错的机会。但为了避免制造像"新星"火箭那样的怪物，操作过程稍微棘手一些似乎也算是公平的交换。

如果没有月球-轨道交会，阿波罗飞船在二十世纪七十年代之前几乎不可能到达月球，或者说，完全不可能。同时，回过头来看，这种方案标志着某种损失。基础设施的最小化使其极具吸引力，但同时也意味着它没有留下任何遗产——没有空间站。如果采取更慢、更循序渐进的方式登月，可能会有空间站。每次阿波罗任务都只是一次发射，一旦任务完成，这些硬件就会像从未存在过一样，在某种程度上，甚至在专业知识方面问题也一样。

但当时没有人担心这个问题。美国人正在做一件几乎不可能的大事，他们并不为后续的事情担心。一旦成功展示了自己的能力，他们会做更多的事情，当然会是这样。为什么不呢？

美国人将再次跨越，登上火星。他们会在到达月球之后，而不是在那之前，建立空间站。他们会在环形山中建立城市，制造由核反应堆驱动的新火箭，以及准备其他一切正在来临的太空时代可能需要的东西。显然，美国人不会只满足于到达月球，四下转转，记下地球的美丽，捡一些石头，然后把一切都打包回家。那不是疯了吗？

阿波罗计划对美国顶尖技术的要求是巨大的。到一九六七年，阿波罗计划雇用了大约四十万人，分别供职于数千家商业和政府机构，占用了财政支出的百分之四，这还是在战争期间。阿波罗计划将美国航空航天界最优秀的人才发挥到极致，并且需要新的思维方式和跨越大陆的工作方式——考虑到跟踪航天器所需的电信基础设施。

但阿波罗计划各部分的联系其实是很紧密的。实现月球-轨道交会的一部分工作是让真正降落到月球上的航天器，也就是登月舱，尽可能轻。在最初的规格中，登月舱的重量只有十吨。在开发过程中，尽管有很多人先是试图阻止，后来又试图扭转局面，但登月舱的重量还是增加了。不过它仍然非常小。由于需要携带燃料、氧化剂、生命维持系统、电池、电脑等，登月舱的内部空间明显比外部小。两名宇航员之间的加压容积为 4.7 立方米，这大约是伦敦一间红色电话亭体积的两倍。

登月舱小小的，同时也是一个世界，或者说，至少是一个功能完备的小气泡。登月舱为宇航员提供食物和水，保持他们的体温稳定，保护他们免受陨石的伤害。登月舱的导航计算机为宇航员规划了未来。一旦登月舱与指令舱分离，除了无线电里的声音，它就是地球母亲留给宇航员的全部了：一个微型的双人星球。

登月舱是一个小小的世界，也是一个功能齐全的航天器，它匹配了发动机、导航、通信设备等等。而且这是一个前所未有的航天器。在某种程度上，阿波罗飞船的其他一切设备都在较小的规模上进行过试验。曾有过用煤油（一级火箭）和液氢（二级火箭）发射的火箭。但是从来没有过像登月舱这样的东西，它被设计成从太空中降落，靠自身的动力而不是降落伞着陆。它通过指令长的手和眼睛，在一个以前没有人降落过的地方降落。

登月舱虽然是为了着陆而设计的，但也是为了一直待在太空中而设计的。以前的宇宙飞船必须带宇航员穿过颠簸的大气层，再从充满火焰的大气层返回。登月舱与大气有关的唯一职责是保持一个非常小的由纯氧组成的大气空间，包裹在其薄如纸的铝壁中（铝壁会随着内部气压的变化向内或向外弯曲）。登月舱不需要保持流线型，当第一个登月舱宇航员拉斯蒂·施威卡特将"阿波罗9号"登月舱"蜘蛛"与指令舱"软糖"分离时，他清楚地意识到自己身处在有史以来第一个没有隔热罩的航天器中。这意味着登月舱的结局只有两种：再次对接，或者死亡。

登月舱体现了一种新的不协调的现代主义—— 一种毫不

妥协地遵循功能的形式，不管它看起来多么不平衡和令人难以置信。公平地说，登月舱的下半部分是相当简单的。它是一个带有发动机和腿的平台，在早期设计中是三条腿，然后是五条，最后是四条。登月舱的下半部分是八角形的，侧面扁平，两个燃料箱和两个氧化剂箱对称地布置在它的中轴周围。它的作用是降低登月舱在绕月运行时的速度，使其能够降落到月球表面，并以这样的方式限制下降以便在指定地点着陆。一旦到了月球上，登月舱就只是一个平台和存储空间，有一架非常重要的梯子从一条腿上延伸下来。

在梯子的顶端，登月舱的功能变得复杂，形式变得古怪。上升阶段，梯子的顶端一开始是一个球体，随后逐渐变小，然后又变大。结果就长出了一张短而圆的脸，有点像邪恶的托马斯小火车：扁平的鼻子，方形的眼窝，深陷的三角形眼睛，圆溜溜的大嘴。一个油箱像甲状腺一样摇摇欲坠地悬在左边。登月舱的上半部分像折纸一样多面，天线指向不同的方向，大部分用金箔包着，以解决热量问题，进一步掩盖登月舱难以理解的线条。登月舱对正方形秩序只有一处让步，即在登月舱的每个角落，都有四个火箭喷嘴可供操纵，一个朝上，一个朝下，一个朝前或朝后，一个朝边。按照机载计算机的要求，火箭喷嘴的 X、Y 和 Z 轴严格遵守笛卡儿坐标系。

登月舱里面没有座位，只有可以让宇航员并排站立的空间。从奇怪的向下倾斜的嵌入式舱窗向外看，每个宇航员面前都有一个油门和操纵杆。指令长享有特权，他的上方有一个天窗和一架小望远镜。通向月亮的齐膝高的舱门在宇航员之间，就在那个愤怒的嘴巴里。没有气闸。当宇航员离开时，整个登月舱都会减压。舱门上方是DSKY，即制导计算机显示器和键盘（只有数字，没有标准键盘），上方还有三个控制面板。在登月舱其余的墙壁上，还有十几个控制面板，其中一个以一种罕见的幽默被称为"神明裁判（ORDEAL）：地球和月球轨道速率显示面板"。

宇航员像是站在一口井里，舱室可以从他们身后腰部位置的一个凸起的壁龛中打开。登月舱顶部是第二个舱门，一旦宇航员重新进入轨道，这个舱门可以让他们回到指令舱中。当宇航员们站在井里时，他们的头盔放在壁龛里。当有人需要走动时，就把头盔放回他们站的井里，航天服被收在一边。生命支持系统使航天服自成一体，就像一个由腿部推进的航天器。作为补充的环境控制空气再生系统也被收在一边，看起来就像一个疯子把一桶桶的油漆、水管阀门、小风扇和没有名称的容器绑在一个管道框架上，然后用液压钳从各个方向钳住整个组件。登月舱把生命所需的流动和循环塞进尽可能小的体积里，没有优雅，也没有任何视觉逻辑。

壁龛的中间是一个低矮的圆柱体，就像战前奥兹莫比尔汽车后面的欧式轮胎隔间，不过没有那么宽。这个圆柱体是发动机。在早期的航天器中，发动机都在其他位置。在"水星"飞船中，发动机被绑在隔热罩上。在"双子座""东方号"和

"联盟号"以及阿波罗服务舱中，发动机位于独立舱室里。在登月舱中，发动机就在乘组空间的中间，管道内输送的是有毒性和爆炸性的燃料和氧化剂。据说，在户外测试时，登月舱的燃料箱被人不小心用圆珠笔敲了一下，结果圆珠笔和敲击的手指一起被嵌入远处的围栏柱。

在登月舱的开发过程中，发动机的燃料和氧化剂管道总是时不时泄漏。当诺思罗普·格鲁曼公司将第一个据称可以飞行的登月舱运到肯尼迪角后，它被退回了，因为它并不适合在发射台上使用，更不用说在太空中了，是个"废品。垃圾。"为了解决这些问题，第三艘宇宙飞船到达肯尼迪角的时间很迟，以至于没有足够的时间为预定的飞行做好准备。[①]第五艘登月舱的常规真空测试出现了灾难性的错误：其中一扇舷窗爆炸了。

登月舱的舷窗至关重要。有一个广为流传的故事是这样的："水星"飞船的第一版设计是没有窗户的，因为工程师认为没有必要让宇航员看到外面，他们认为宇航员基本上只能算是有效载荷。然而，在月球上登陆并不是地面控制所能办到的事情。此外，地球上的无线电波到达月球需一秒钟多一点，返回月球也需要同样长的时间。正如得克萨斯大学生命维持研究

[①] 这就是为什么"阿波罗8号"由原本使用登月舱和指令舱的地球轨道任务，变成了只用指令舱一路到达月球的任务。"阿波罗9号"的拉斯蒂·施威卡特和詹姆斯·麦克迪维特是最早驾驶登月舱飞行的宇航员，这是一次地球轨道巡航。

人员杰克·迈尔斯当时所说的那样，"人类进入太空，不是作为乘客，而是作为执行特定任务所需的仪器设备的重要组成部分"。

登月舱的舷窗可以让任务指令长和登月舱宇航员（他们都可以让飞船着陆）看到自己在做什么。宇航员还可以把他们自己连接到计算机上，计算机可以将他们对操纵杆和油门的调整转换为发动机和推进器的数字指令。科幻超级武器的出现重塑了世界，在这个背景下，阿波罗计划的诞生为科幻小说对太空飞行的迷恋增添了实质内容，也为科幻小说的第三个关注点增加了新的深度：在一个思维机器的世界里，智能和控制有了新的表现形式。计算机的要求塑造了宇航员的世界，例如，雕刻在舷窗内外玻璃上的是一种网状线。当指令长抬起头，使玻璃两边的雕刻线彼此对齐，就可以知道他正在看的是计算机认为他在看的地方。这很重要，因为只有当"仪器设备的重要部分"精确校准时，计算机才能对人的操作做出反应。

计算机也参与了登月舱舷窗的设计，但这只是例外，而不是常规，计算机辅助设计软件还远远不能胜任整个工作。所有登月舱的复杂设计都是手工绘制的，很多也是手工建造的，因为铝太薄了，无法冲压成型，必须手工打造。但计算机是至关重要的，不仅是在登月舱内，而且是在它的制造过程中。计算机会组织，也会测量。在诺斯罗普·格鲁曼公司，一个名为PERT的软件被用来安排开发计划和阿波罗计划的其他大部分项目。计算机每天都制订出新的时间表，查看哪些需要做的事情没有做，哪些事情必须在别处做，以便下一件事可以在这里完成，并根据程序员为它制订的计划程序来组织一支工人大军。

计算机是未来的体现，它使未来成为可能。计算机也综合了以前没有的经验，使未来变得可见。自二十世纪三十年代以来，飞行模拟器就一直存在，当时，一个有进取心的年轻人埃德温·林克意识到，他的家人在教堂风琴生意中使用的气动系统可以调整模拟驾驶舱的姿态，使它就像在飞行一样。这项技术在第二次世界大战中得到广泛应用，并在阿波罗模拟器中达到了顶峰。从没有任何事情能像阿波罗任务那样被提前远程模拟得如此彻底，模拟器训练的时间达到了数千小时。在登月舱模拟器中，计算机将来自油门和操纵杆的指令与微型光纤摄像机在月球表面石膏模型上的运动进行协调（这会让詹姆斯·内史密斯感到自豪），从而在宇航员学习如何在各种条件下控制他们奇怪的新飞船时，向宇航员展示月球的相关部分。

对诸如此类模拟的需要将计算机推入了新的虚拟领域。飞行硬件需要在地面软件中重新创建，使模拟器像真实的飞行器一样做出反应。模拟器仅以代码行形式存在，它们的运行是为了让为真正的机器设计的程序就像真的一样，或者说希望像真的一样。在此之前，还没有人制造出纯逻辑的机器。随着阿波罗计划的推进，宇航员的一些体验也变成纯虚拟的。通用电气公司在一九六四年创造的 LEM 太空飞行视觉模拟器，仅仅通过在屏幕上移动像素就能响应宇航员的命令。LEM 太空飞行视觉模拟器创造了第一个虚拟景观，这个景观没有动画绘图，没有石膏模型，只有 0 和 1。起初，这些虚拟景观纯粹是几何的，但随着时间的推移，虚拟景观开始展出地形轮廓和阴影。这种技术开始被用来探索不同类型的地方以及其他类型的旅行。未来的网络空间，以及之后所有图像的生成方式，将以一种新的方式，向即将踏上月球的人们展示月球。前所未有的实体体验前景带来了一种全新的虚拟体验。

不过，在这些新的抽象方向中，亲密性仍然存在，这在服装上体现得最明显。人们先入为主地认为航天服的外壳会很硬，手臂会使用铰接，让人看起来像个机器人。但事实并非如此。航天服是由柔软的布料缝制而成的，由女人们用辛格缝纫机缝制而成。这些缝纫机与在美国一半的家庭中能看到的缝纫机没有什么不同。但这些缝纫机不是为国防承包商工作，而是为国际乳胶公司工作，该公司是培特仕（Playtex）胸罩和腰带的制造商。

航天服是一个紧缩的世界，一个被穿脱了三次的世界，从佛罗里达的温暖空气到指令舱，从指令舱到登月舱，从登月舱到航天服。每次都密封起来。可供呼吸的世界只是头上的一个碗和背上的一个包。这套衣服比任何衣服都更适合穿戴者，缝制的精确度与航空航天的精确度一样，任何针脚距规定接缝线的距离不能超过 1/64 英寸（五分之二毫米）。航天服共有二十一层，但并不都是缝合的，其中有十六层是黏合在一起的，包括乳胶和聚酯薄膜，涤纶和卡普顿耐高温塑料，不允许有褶皱。航天服外层明显比里层大，因为外面的东西肯定总是比里面大。航天服内衣上布满充水的管子来冷却皮肤，因为在明亮的太阳下，没有外部空气的流动来带走热量，总是有过热的风险。但航天服也可以根据需要提供温暖。在航天服里，有一根管子把水送到嘴里，另一根连着阴茎把尿排走。这种管子最终有三种尺寸：大号、特大号和超大号。在最开始，这些管子是小号、中号和大号，但有些宇航员——不可言传，只可意会地——装错了尺寸。

　　正如这所显示的，由女性制作的航天服是为男性准备的。宇航员是试飞员，试飞员是男性。女性也可以通过同样的测试，只不过后者是私人组织进行的，而不是由美国国家航空航天局组织进行的。因而女性既不能成为试飞员，也不能成为战斗机飞行员，但宇航员只在这两类人中选拔。一些人对此表示质疑。但不是很多，呼声也不高。当肯尼迪说"一个人在月球上"时，这并不是对两性的简写——这些事都是男人做的。

　　宇航员除了是男人之外，还是白人，和航天服一样白。[①]但这还未成定局。白宫知道，黑人宇航员的出现在国内外可能都会是一场大胜利，这促使美国国家航空航天局向这个方向发

---

① 作为审视幻想、现代性和非洲概念的艺术实践的一部分，因卡·修尼巴尔用与西非相关的彩色蜡染织物制作了各种航天服雕塑。伦敦泰特现代美术馆的一位英国籍黑人保安与这些艺术品待在一起很久。有一次这位保安告诉我妻子，他知道这些航天服里是空的，但他真的有一种强烈的冲动，想打开上面深色的玻璃罩子，看看里面是否有一张像他一样的脸。

展，确保下一届空军试飞员中有一名黑人候选人。不过，当这名黑人候选人没有被选中参加宇航员培训时，政治家们并没有推动这一点。第一位非洲裔美国宇航员在一九八三年才升空，与首位美国女宇航员同一年。这名女宇航员在瓦莲京娜·捷列什科娃乘坐"东方6号"飞船升空二十年零两天后，乘坐航天飞机进入太空。

宇航员们走出舱门，走下梯子，身上裹着生命循环系统，踏上月球。在某种程度上讲，他们从未到达过月球。他们被包裹着，被抽干，甚至穿着尿布，他们被包裹在他们出发和将要返回的世界中。[①] 他们感觉不到月球的温度，他们有自己的温度。他们不能在月球上呼吸，也不能在月球上撒尿，更不能真正触摸月球。宇航服的手套有着奇迹般的灵活性，但考虑到厚度，它们不能传递触觉。宇航员们只能听到自己的声音，以及遥远的地球上其他人的声音。

但根据任务的不同，宇航员们会在月球待上几个小时或几天。他们在月球上来回移动，在月球表面跳跃，当他们的肌肉接受身体的动力时，膝盖会感受到落地时的轻微震动。

宇航员们感受时间的流逝。虽然太阳在天空中几乎没有移动，但他们的心在跳动，他们的储备在耗尽。

宇航员们观察月球对他们的反应。当他们挖掘时，他们看

---

① 在早期的计划中，曾考虑过严格集中和控制宇航员的饮食，以避免在航行中排便。但是在为期十天的试验结束时，试验对象遭受了边缘创伤性排便，这导致该方案被放弃。

到月球的表面被刺穿。他们所看到的与他们的肌肉所感受到的是一致的。他们看到月球柔和的轮廓、坑坑洼洼的表面、难以判断的距离和近在咫尺的地平线。这就像在游览时，看着附近你可能去或不去的地方一样，而不是像在看你要拥有的东西，也不像你看到的表象、幻想或其他人的观点。

月球没有看到宇航员们。宇航员们也看不到对方，至少看不到彼此的脸。头盔面板上的金色防晒层意味着没有任何表情能透过头盔显现出来。宇航员们看着对方，但只能在头盔面板上看到月球的景象，就像我们在他们为对方拍摄并带回的照片中看到的那样。宇航员们看到了观月者长久以来看到的东西：反射。他们看到了自己。

宇航员只有在返回登月舱后才能亲身体验月球。他们把月球上的灰尘和沙砾装在航天服里带回。当登月舱的微小空间重新增压，宇航员摘下头盔，他们在空气中闻到这些灰尘和沙砾的味道。闻起来像火药，或者用水浸过的灰烬。在真空环境中无法发生的反应，在室内的空气中被催化，产生了尖锐的电击感。

覆盖在航天服内部的微小月球物质是污垢，是污染——如人类学家玛丽·道格拉斯对这个词所下的定义：位置不当的东西。来自非世界的物质，却存在于一个新的世界里。

巴兹·奥尔德林在走入月球尘埃中之前，在登月舱中用另一个星球上被神圣化的面包和葡萄酒领了圣餐。"我是葡萄树，"他说，"你们是枝子。凡住在我身体里面的，就多结果

142

子。离开了我，你们什么也做不了。"这不是唯一的月球圣礼。达娃·索贝尔在她二〇〇五年出版的《行星》一书中回忆道，她的朋友卡洛琳在她的行星科学家男友送给她一颗月尘时，冲动地把它吃了下去。阿波罗计划的宇航员没有选择地吃掉月尘，在尘土飞扬的登月舱中，微小的颗粒穿过他们肺部的肺泡，穿过他们肠道的微绒毛，进入他们的血液、组织和细胞。他们把月球带回了家，也把自己带回了家。

阿波罗 11 号：静海

月球上：尼尔·阿姆斯特朗和巴兹·奥尔德林

月球轨道上：迈克尔·柯林斯

距离发射已经过去 102：45：58——到达

发动机臂已关闭。

休斯敦，这里是静海基地。

"鹰号"登月舱已经着陆。

罗杰，静……静海基地。

我们在地面上收到你的信息。

我们的脸都快憋紫了。

我们终于重新开始呼吸了。多谢了。

好的。我们继续吧。

103：03：55——风景

左手舷窗外的区域是一个相对平坦的平原，

有相当多直径五到五十英尺的环形山；

还有一些小山脊，我猜有二三十英尺高；

周围有成千上万个直径一两英尺的小型环形山。

我们前面几百英尺的地方有一些有棱角的块状物，

大概有两英尺大，边缘棱角分明。

眼前有一座小山，就在我们前方的地面上。

很难估计距离，但可能是半英里或一英里。

109：19：16——出舱

好的，休斯敦，我在门廊上。

罗杰，尼尔。

109：23：38

我在梯子底部。

当你靠近登月舱的着陆点时，

尽管地表看起来有非常非常细的纹路，

但它只凹陷了大约一或两英寸。

着陆点的表面就像粉末一样，基质非常细密。

好了，我现在要走下登月舱了。

这是一个人的一小步，

却是人类的一大步。

109：43：16——两个在月球上的人

美丽的景色！

简直太了不起了！

这里有如此壮观的景象。

壮观的荒凉。

［沉默］

看来二级支柱在这里受到了一些热效应，尼尔。

110：13：42——行走

你必须相当小心地感受你的质心，

确认它在哪里。

有时，你需要走大约两到三步，

才能确认你的脚在下面。

大约走两到三，甚至四步轻松的步伐，

才可以相当平稳地停下来。

要改变方向，就要像一名足球运动员，

你需要把一只脚伸到一边，然后切一下。

所谓的袋鼠跳确实有用，

但似乎这种方式向前移动的能力

不如更传统的单脚跳好。

至于说持续的速度是多少，

我认为用现在的速度跑几百英尺后会很累。

但这可能是航天服的原因，

也可能是因为失重。

110：16：03——仪式

好的。继续吧，总统先生。
这里是休斯敦。出来了。

你们好，尼尔和巴兹。
我在白宫的椭圆厅与你们通话，
这肯定是有史以来最具历史意义的通话。
我无法告诉你们，我们为你们所做的事情感到多么自豪。
对每个美国人来说，这必须是我们生命中最自豪的一天。
对于全世界的人来说，我相信他们也会和美国人一样，
认识到这是一项多么伟大的壮举。
由于你们所做的一切，天堂已经成为人类世界的一部分。
你们在静海与我们的交谈，
会激励我们加倍努力为地球带来和平与安宁。
这是整个人类历史上的无价时刻，
此刻，地球上的所有人都是真正一体的，
共同为你们所做的事情感到骄傲，共同祈祷你们能安全返回地球。

谢谢，总统先生。
我们非常荣幸能来到这里，

不仅代表美国，而且代表世界各国的和平人士，

带着关切、好奇心和对未来的憧憬来到这里。

一个巨大的荣誉和特权。

今天能够来到这里是我们的荣幸。

110：24：11——声音检查

巴兹，这里是休斯敦。

你在传送结束的时候被切断了。

你能离话筒再近一些吗？完毕。

> 罗杰。我试试吧。

漂亮。

> 嗯，我把话筒放在嘴里了。

听上去是有点潮湿……

121：40：45——休息后

> 早上好，休斯敦。

> 静海基地。完毕。

罗杰。响亮，清晰。

站在那里休息得怎么样？

你有机会蜷缩在发动机罐上睡一会儿吗？

> 罗杰。

> 尼尔用腰部的系绳给自己装了一个非常棒的吊床。

> 他一直躺在上升发动机盖上，我缩在地板上。

124∶21∶54——发射

——九,八,七,六,五,

中止阶段,发动机臂,上升,继续。

我们要走了。看看这些东西弄得到处都是。

看那个影子。真美。

每秒上升两千六百三十六英尺。

——"鹰号"有翅膀了。

阿波罗 12 号：风暴洋登陆点

> 月球上：皮特·康拉德和艾伦·比恩
>
> 月球轨道上：理查德·戈登

距离发射已经过去 15：22：16

> 天啊，这对尼尔来说可能是一小步，
>
> 对我来说却是一大步……
>
> 我要从台子上走下来……
>
> 标记。离开……哦，是不是又软又恶心……
>
> 嘿，漂亮。我没陷得太深。我会试一试……
>
> 哥们儿，太阳真亮，就像有人用聚光灯照着你的手。
>
> 好吧，我可以走得很好，哎，
>
> 但我必须慢慢来，注意我在做什么。
>
> 哥们儿，你不会相信的。
>
> 猜猜我在环形山边上看到了什么！
>
> 老"勘测者号"，对吗？

"勘测者号"。是的，先生。

［笑］漂亮！

离这里不会超过六百英尺。

你觉得怎么样？

计划得很好，皮特。

115：27：27——不倒翁

哎呀，休斯敦。

我最先看到的一样东西，天哪，是小玻璃珠。

我看到一个大约四分之一英寸的玻璃珠。

如果我能拿到的话，我要把它放在应急样本袋里。

我拿到了。

我真的在俯身吗，艾尔？

当然。我相信这要是在地球上，你会摔倒的。

嗯？

在地球上，前倾那么多一定会摔倒。

我告诉你，这看起来有点奇怪。

别以为在这里会像你以为的那样，能够快速地到处转悠。

137 : 39 : 26——满足

我们现在只是坐在这里。

我们已经把飞船准备好了。

我想说一切都搞定了，但是，

　　哦，天哪，这里真脏。

我们一定有二十磅重的灰尘、污垢和各种垃圾。

罗杰，皮特。

这将是一个有趣的零重力环境。

　　　　　　　　　　　　　　对。

艾尔和我此刻看起来就像一对烟煤矿工。

　　　　　　　［沉默］

　　但我们很高兴……

阿波罗 14 号：弗拉·毛罗环形山登陆点

月球上：艾伦·谢泼德和埃德加·米切尔

月球轨道上：斯图尔特·罗萨

距离发射已经 135：08：17

休斯敦，当你在查看的时候，

可能会认出我手中的东西是应急样本袋的手柄，

它的底部刚好有一个真正的六号球杆。

在我的左手里，是一个数百万美国人都熟悉的白色小球。

我要把它丢下去。

不幸的是，这套衣服太僵硬了，我不能用两只手做这件事，

但我要在这里尝试一次小小的沙坑击球。

那次你打到的土比球还多。

打到的土比球还多。我们再来一次。

对我来说，

那看起来像是一个右曲球，艾尔。

我们开始了。

十分笔直。再来一个。

［沉默］

很远，很远，很远。

阿波罗 15 号：哈德利月溪着陆点

月球上：大卫·斯科特和詹姆斯·艾尔文
月球轨道上：阿尔弗雷德·沃尔登

距离发射已经过去 122：44：45
哦，看后面，吉姆！你看看这个。
哦，看那个！那是不是有东西？
我们在一个斜坡上，乔，我们往下看山谷，然后……

真漂亮！

真是壮观！
把天线对准这里。

而且它可能还是新鲜的；可能……
好的。

不会超过三十五亿年。

156

你能想象吗，乔？

这块石头就在这里，

在我们小小的地球上还没有生物在海上游荡的时候，

它就在这里了。

说得好，大卫……

嘿，吉姆？

是的。

……说得好。

我们应该检查一下这些摄像机镜头上的灰尘。

145：41：48——创世岩

好的，在我们的太阳下边有一块大石头，

我相信你能看到，乔，它是灰色的。

上面有一些非常突出的灰色碎屑和白色碎屑，

哦，哥们儿，多漂亮！

我们将在一分钟内到达。

好的，我拍好照片了，大卫。

好的，让我们看看。你认为最好的取样方式是什么？

我想可能是……

我们能不能从它下面的土块上掰下一块来？

或者我想你可以把上面的碎片直接掀开。

是的。让我试试……

是的，我当然可以。

它是一个……一个白色的碎片，大约……

哦，伙计！

哦，哥们儿！

我有……

看看这个。

看那闪烁的光芒！

啊哈。

几乎可以看到里面的双晶！

猜猜我们刚刚发现了什么。

［笑声］

猜猜我们刚刚发现了什么！

我想我们找到了我们要找的东西。

晶质岩，嗯？

是的，先生。你最好相信。

是的，先生。

看看那里面的海滩吧。

是的。

几乎都是泥沙。

［混乱］

事实上，

［笑声］

哦，哥们儿！

我想我们可能有了接近斜长岩的东西，

因为它是透明的，而且有一堆……

整个海滩都是。多么漂亮啊。

阿波罗 16 号：笛卡儿高地着陆点

月球上：查理·杜克和约翰·杨

月球轨道上：肯·马丁利

距离发射已经过去 124：55：39

嘿，

登月舱看起来是座不错的房子。

尤其是它是那里唯一的一座房子。

是的。

你是对的，托尼。

这里什么都没有，只有一堆石头。

希望门能打开，查理。

嗯？什么？

我说，我希望门能打开。

124：56：58——驾驶月球车

那是最大的加速度？

不。

伙计，你真的在弹跳！

［停顿］

他到底在不在地面上？

好的。这是十公里。

嗯？

他有大约两个轮子在地上。

四个车轮后都有巨大的尾流，

转弯时他打滑了。

车尾就像在雪地上一样松动了。回来吧，约翰。

DAC正在运行。伙计，我告诉你，

印地赛车也没有见过这样的司机。

好吧，当他撞上环形山并开始弹跳时，

就有了尾流。

他做了急转弯。嘿，刹车不错。

轮子刚好被卡住。

阿波罗 17 号：陶拉斯–利特罗月谷着陆点

月球上：尤金·塞尔南和哈里森·施密特
月球轨道上：罗纳德·埃万斯

距离发射已经过去 145：26：25
等一下……

什么？

反射在哪里？我已经被骗了一次了。
有橙色的土壤！！

好吧，在我看到之前不要动它。

都结束了！！橙色！！！

在我看到之前不要移动它。

我用脚把它搅起来。

嘿，是的！我从这里可以看到！

它是橙色的！

等一下，让我把遮阳板竖起来。
它仍然是橙色的！

它当然是！太疯狂了！

橙色！

我得挖个沟，休斯敦。

收到。我想我们最好快点工作。

嘿，他没有走火入魔。
真的是橙色。

它和奶酪的颜色一样吗？

170：41：00——离开

鲍勃，我是尤金，我在月球表面。
我将在月球表面迈出人类的最后一步，

花一段时间回到家里，但我们相信不会花太长的时间。

我想说的是，我相信历史会记录这最后一步。

美国今天的挑战决定了人类明天的命运。

当我们从陶拉斯-利特罗月谷离开月球时，

就像来时一样。

上帝保佑，我们将带着全人类的和平和希望返航。

祝"阿波罗17号"乘组好运。

月球表面

月球表面是不均匀的，但变化是微妙的。在地球上，从构造板块的深时跳动到土壤孔隙中湿气的冻结和解冻，每一个尺度的循环都在不断地重新创造地球表面。岩浆势不可挡地上升，把古老的地层推到一边，沉积物移动并被侵蚀掉。沙子被吹进游荡的沙丘，面粉状的尘埃被吹进黄土地。地球表面有石灰石路面、泥滩河口、深海平原。而月球表面，只有干燥且杂乱无章的岩石。

月球风化层的名字来自拉丁语，"破碎的岩石"。它是由各种大小的岩石碎片组成的毯子，覆盖着整个月球表面。月球风化层是数十亿年的轰击的产物，这些轰击使曾经坚固的地壳破碎，重新分布，并使尘埃四散。在没有空气阻力的情况下，尘埃的微粒像巨石一样移动得又远又快。你在任何地方都能找到来自其他地方的岩石碎片，因为最大的撞击曾将喷射物抛向月球的各个角落。

地球上只有少数演变过程可以将一大块岩石带到很远的地

方。这样移动的岩石被称为漂块，并被视为具有说服力的稀有之物，是过去冰川、海啸等的线索。当然，在月球上，不稳定是一种规律，风化层总是近处和远处的混合物。

然而，在月球表面，还是当地的岩石占主导地位。高地上的风化层主要由斜长岩组成。月球的原始地壳就是由斜长岩形成的，不过高地上的风化层里也夹杂着来自月海的少量玄武岩。月海的玄武岩表层在同样的基础上掺杂了更多的斜长岩。月球表面还有少量其他类型的岩石。并非所有从月球地壳上升起的熔融岩石都能以玄武岩的形式到达地表，它们有些在途中会被困住，形成各种类型的火成岩。巨大的撞击也会把这些火成岩抛向月球各处。

月球上没有沉积岩。由于缺乏岩浆和熔岩以外的流体的流动，月球表面不能将颗粒分拣成淤泥、沙子和鹅卵石，并将它们铺成岩层。月球也不能像不安分的地球那样，把这些岩层埋起来，熬煮成新的东西。月球上由最接近这种转化过程创造的岩石是角砾岩。撞击产生的冲击力将现有的岩石和不同大小的碎片融合在一起，形成了角砾岩。

这些角砾岩一旦形成，就会被慢慢地击打，分解。

在月球风化层之下，基岩也被粉碎了，但变成了更大的碎片。这个延伸到地壳深处几公里处的断裂基底被称为粗风化层。它和风化层之间的界限有些随意，取决于该地区的年龄，也就是说，取决于该地区受到撞击的持续时间。在古老的高地，风化层可能有十米或十五米厚，而在年轻的月海，风化层大约只有五米厚。在最年轻的地表上，例如只有大约一亿年历史的第谷环形山的地表，风化层可能只有几厘米厚。在它的下面，是由撞击产生的固体熔岩层。

撞击决定了月球表面的性质和特征，但这并不意味着可感知的撞击是常见的。如果在月球表面划出一平方公里的区域进行近距离观察，你将不得不等待几个世纪，才能看到它被质量为一克或更重的东西击中。然而，难以察觉的撞击是持续不断的。在那划出的一平方公里的区域里，质量为万亿分之一克的微流星体撞击，一秒钟就有一百次左右。每个撞击物直径只有几千分之一毫米，大致相当于一个细菌的大小。但是，在没有空气的情况下，这些小撞击物的移动速度和它们较大的兄弟一样快，它们的撞击也有类似的直接影响，只是规模小得多。

就像形成第谷环形山的小行星一样，一颗来袭的微流星体会挖出一个比它大得多的陨石坑，并融化一些岩石。这些融化的岩石迅速地冻结成固体，不是像熔岩那样形成结晶的矿物颗粒，而是杂乱无章地冻结成玻璃。这种玻璃会将相邻的灰尘颗粒粘在一起。

因此，风化层的破碎是有限度的，是一种创造和毁灭相互稳定的状态。

第四章　边界

人们认为阿波罗计划打破了时间和空间的边界。如果人们能生活在地球大气和重力的极限之外，那么这个世界将进入一个新时代：太空时代。这种向外的巨大推动反而带来了向内的转变，就好像口袋被翻了个底朝天，《地出》的反哥白尼革命使人们对宇宙更加关注。

就像奥德修斯回到伊萨卡一样，那些想象力随着阿波罗号前往月球的人，回到的不是过去想象中的安全家园，而是一个堕落的家园。美国尤其是如此：它正在输掉一场战争；它的总统是个骗子；它是通货膨胀的牺牲品；它的环境被掠夺；它的石油供应被证明是脆弱的。

阿波罗计划并没有得到普遍的赞赏，它的野心和代价引来了不同的批评者，如哲学家汉娜·阿伦特、艺术家伊夫·克莱因和发明了 Moondoggle[①] 一词的社会学家阿米泰·埃齐奥尼。对马文·盖伊来说，阿波罗计划与越南、污染、种族主义警察、内城布鲁斯交织在一起："火箭、登月计划；把它给穷人"。然而在当时，对大多数人来说，包括许多仍持有部分保留意见的人，阿波罗计划的前景仍然令人鼓舞，令人兴奋。

但在这之后，阿波罗计划就变得无关紧要了。它没有做任何事情来清洁这个世界，养活这个世界，减轻这个世界的负担，或者使世界更平等。一切都和原来一样，或者更糟。正如吉尔·斯科特·赫伦愤怒地唱的那样，"白人在月球上"。是的，我们可以把人放在月球上，这个大胆、自信的宣言变成了一个倒置的否定条件，有时是困惑，有时是愤怒，如果我们可以把人放在月球上，为什么我们不能……治愈癌症，清洁空气，赢得印度支那的战争，或者结束贫困，抑制通货膨胀？当然，这些事情都很难。但是，我们选择做的，不就是困难的事吗？我们选择做这件事情的原因，不就是因为它难吗？如果我们不做其他事情，是不是因为我们选择不去做？你说的我们是指谁，白人？

阿波罗计划承诺的是一个国家可能渴望实现的目标的最高水准。在许多人看来，阿波罗计划之后，无论是在天上还是在地球上，一切都没有任何变化，这表明了这种愿望的局限性。并不是说世界后来没有变化，但那些变化不是太空时代的来临特意带来的，而是一个令人不安的新的地球时代不情愿地展开的。

自尼尔·阿姆斯特朗走下静海基地的梯子以来，地球上的人口增加了一百分之一百，地球支持的经济活动量增加了百分之三百，人类每年排放在大气中的二氧化碳量增加了百分之

---

① （被看作劳民伤财的）月球探测。

一百四十。自工业革命以来，约三分之二的二氧化碳排放都发生在过去的半个世纪。

南极洲上空出现了一个臭氧空洞，五分之一的亚马孙森林消失了。同时，在额外的二氧化碳的作用下，地球上的植物出现了生长高峰。从太空中看，地球明显变得更绿了，它的红色边缘也更清晰了。地球的海水变得更酸，潮汐可以将水位提得更高了。今天的世界与阿波罗时代的世界并没有什么不同，就像阿波罗时代的世界与遥远的过去没有那么不同一样，但变化正在发生。

越来越多的科学家和相关评论家将新的地球时代称为人类世，人类的时代。这个命名背后的理念是，从本世纪初开始，人类对地球的影响不再是众多因素中的一个，而成为改变地球运行方式的唯一的最重要的变量。因此，地球也跨越界限，进入了一个新的地质时期。历史学家迪佩什·查卡拉巴提在其颇具影响力的论文《历史的气候：四个论点》（二〇〇九年）中认为，人类世的开启标志着地球不能再被当作人类历史的背景，如同一九六八年之前插画家把教室里的地球仪放在月球上空。地球已成为"地出"星球，它的活力日益受到人类历史的影响，并日益积极地参与其中。以前被认为是自然科学一部分的地球过程：碳循环、侵蚀速率、平流层的演化，现在变成了政治领域的一部分。

如果要把这种过渡作为地球年表的正式过渡，以及政治和经济分析的工具，那么作为年表监护人的地质学家就需要在地球岩石中找到它。提出一个时代的古老岩石和另一个时代的年轻岩石之间存在的系统区别，然后激烈地争论它们之间的分界线在哪里最好，这是几个世纪以来地质学的谋生之道。这次辩论在第四纪地层分委员会的人类世工作组正式举行。第四纪地层分委员会是国际地质科学联合会中的国际地层学委员会的一个组成机构。来自地质学界之外的声音也加入了辩论，包括哲学家、历史学家、环保活动家等等。

对于人类世开始的标志，目前有四种主要的选择。人类世这一概念的最初拥护者倾向于把开始标志定在一七五〇年左右，即工业革命的开始，也是所有那些显示温度和二氧化碳水平上升的图表的基线处。另一些人则认为人类世开始的标志可以追溯到几千年前排放甲烷的稻田的蔓延，农业的出现，甚至是火的广泛使用。有些人把时间向前推，而不是往回追溯，认为人类世开始的标志介于一九四五年第一颗原子弹爆炸和一九六三年最后一次大气层核试验之间。当时，沉积物中的长期放射性同位素提供了一种广泛的、持久的物理标志，地质学家喜欢这种标志，特别是在他们试图区分古老岩石和年轻岩石时。

最近，一小群人开始认为人类世开始的标志是十七世纪初的气候变化。当时极地冰盖记录的二氧化碳水平发生了变化，新大陆玉米的花粉出现在欧洲的湖床上。这两个标志都有相同的根本原因："被欧洲人探索"的时代到达了美洲。玉米和许多其他食物迅速传遍旧世界，麻疹和天花、流感也一起传遍了新世界。这些变化大到足以写进地质学。新农作物的证据出现在欧洲和亚洲的沉积物中；在美洲有约五千万人死亡的同时，新的森林在他们曾经生活的土地上生根发芽，树木从他们倒塌房屋的屋顶上钻了出来；生物圈从大气中抽取了数十亿吨的碳，将其投入到树干、树根和树叶中。

这些日期所定义的人类世的版本，对已经合二为一的两段历史之间关系的描述有何不同？始于二十世纪五十年代的人类世据称是一种价值中立的"就事论事"的人类世，它的开始标志着，相较于过去，地球系统的压力首次变得明显。这种人类世并不关心为什么人类会产生影响，只是指出这是一个很明显的分界点，在这个点上，影响的规模开始迅速增加。

把蒸汽机的出现作为开始标志的定义，认为重点要考虑的是这种影响背后的技术：开采化石燃料的新方法带来的能量可以夷平山脉、创造新的化学品、发动全球战争和维持以前不可能的人口规模。如果你愿意将对自然的概念扩展到人类的天性，那么人类世会开始得更早，会使事情变得更加自然。当猿猴变得聪明，开始控制火并学会耕种时，它们在被觉察之前，就改变了这个星球。人类世因此成为现代人类演化的一个看似不可避免的结果。

以十七世纪为人类世开始标志的定义说明了一些更具挑战性的问题。人类世不是始于一种技术，也不是人类天性的结果，人类世的开始植根于历史和政治中。具体来说，人类世是对美洲自然的侵占和对美洲原住民的剥夺，是建立在资本积累和指数增长预期基础上的全球经济。

不同的日期以不同的方式确定了重要的事情。这就是为什么我要在这个问题里加上天体生物学家大卫·格林斯彭在他的《人类手中的地球》（二〇一六年）一书中提出的建议：人类世的基点应该在静海基地寻找。

如果把阿姆斯特朗的第一个脚印作为一个新的地质时代的开始，将会清楚地表明，这是一个非同寻常的时代。这种观点还强调，人类世是一种看待事物的方式。这是一种与将地球作为一个单一的、可扰动的系统的观点紧密相连的方式，阿波罗计划赋予了它标志性的要素。

为了证明自己的观点，格林斯彭指出，"鹰号"的着陆点很好地满足了地质学家对区分地质时代前后的永久标记的偏好："只要有地球和月球存在，我们在那里留下的外星文物就一定会被发现。"不可否认，这是人类定格在时间和空间的一个标志。格林斯彭表示，这也源自与其他人所青睐的作为标记的炸弹试验沉淀物相同的冲突，与它们的"象征效力"相匹配。就像这些沉淀物一样，人类世开始的标志只能由一个拥有"改变世界的技术"的实体创造出来。正如凡尔纳在《从地球到月球》中提出的那样，允许这种旅行的技术本质上是一种在行星尺度上具有重大意义的技术。

格林斯彭的建议还有进一步的好处，至少在我看来，如果静海基地标志着人类世的基点，那么人类世就是一个包括地球和月球的地质时期。这似乎既奇怪又合理。如果不可磨灭的人类影响意味着地球已经进入一个新的地质时代，那么它肯定同时意味着月球也已经进入一个新的地质时代。可以肯定的是，与对地球的影响相比，人类世对月球的一切影响都是微不足道的。但是，月球上的环境变化速度是如此之慢，以至于人类新奇的小玩意儿可能仍然被认为是重要的。

阿波罗计划给月球带来了它从未见过的物质和过程。在此之前，月尘从未沐浴在火箭降落和起飞时产生的废气中。在很短的时间内，这些气体成了月球稀薄得荒唐的大气层的重要组成部分。月球的表面从来没有过轮胎的痕迹，也没有过被锤子敲打过的巨石。在月球上的六个地点有一层稀疏但真实的人类垃圾，这些奇怪的沉积物包括被遗弃的实验物品、发射时产生的废弃物和其他纯粹稀奇古怪的东西。比如鹰的羽毛和跟它同时掉落的锤子，这是为了证明伽利略的洞见：在没有空气阻力的情况下，两者会以相同的速度落下。

然而，就像地球上定义人类世的一些人类影响那样，到目前为止，人类这些在质量尺度上对月球进行的前所未有的干预，在数量上还没有超过月球本身非常微弱的自然变化过程。每年以星际尘埃形式进入月球的物质的质量为一千八百吨，而月球上人类遗留物和垃圾的质量，还不到这个数字的十分之一。不过，一千八百吨还不到四架大型客机的起飞重量。月球基地和殖民地的实际前景和政治前景将在后面的章节中论述（剧透：月球基地和殖民地可能实现吗？肯定的，而且小规模的可能性很大；至于大规模和／或持久性的则很难说）。在一年之内，超过几千吨的物品进出月球是可行的。美国在南极洲麦克默多站的物资和人员往来要比这多出好几倍。

虽然地质学家可能会持怀疑态度，但行星际人类世也有好处，因为它纪念了二十世纪人类科学的伟大发展。吉恩·休梅克和他的天体地质学家同事们表明，他们科学的地层推理，也就是几个世纪以来关于年代和纪元边界的争论所依据的方法，同样适用于地球以外的地方。地球地表的相对年龄可以根据哪些岩石位于哪些岩石之上来定义，在月球和蒙大拿州同样如此。事实上，构成月球地质历史的撞击很适合进行地层分析。大型撞击产生的抛射物通常是可以被合理区分的，撞击前的抛射物可通过其覆盖的表面加以区分，撞击后的抛射物可从抛射物层和之后堆积在抛射物层上的撞击物质加以区分。休梅克的第一张月球部分地区的地质图将产生哥白尼环形山的撞击确定为这样一个划时代的事件。如今，月球的历史以这种方式被分为五个被撞击的时期：前酒海纪、酒海纪、雨海纪、爱拉托逊纪和哥白尼纪。

天文地质学家继续将类似的地层理解应用于他们看到的每一个行星表面，当然也包括各种卫星和小行星。火星、水星和金星都有自己的地质周期。天文地质学家在这样做的过程中，还揭示了一些遥远的天体在地球历史上所扮演的角色。被地球表面所遗忘的宇宙电池的历史，月球记住了。如果地质学适用于其他星球，为什么地质学时间的一些边界不适用呢？

这个问题的一个答案是，在阿波罗计划之前，一个星球上发生的事情对另一个星球并不重要。但这并不完全正确。至少有一个关键事件能将地球的地质历史与月球联系起来。碰巧的是，在格林斯彭提出"人类世"之前的几年，有四位科学家认为，那个更早的事件也应该被认为是两个星球地质历史的一个边界。

在地质时间尺度的这一端，事物井然有序。在人类世被正式定义之前（如果有的话），人类生活在全新世中，这是为期二百五十八万年的第四纪末期的一小段。第四纪是为期六千六百万年的新生代的一个分支，是显生宙的最新部分。[1]每一个时期的基点都有精确的定义：全新世的基点是一个小而明显的气候转变；第四纪的基点是冰期的开始；新生代的基点是一颗使恐龙灭绝的小行星留下的微量铱元素；显生宙的基点是纽芬兰岛喷泉头悬崖上一个五百四十一亿年前的地层，在上面可以找到一种叫 Treptichnus pedum 的生物的最早的洞穴化石。[2]

地球四个纪元中的第一个被称为冥古宙，它在持续时间上与显生宙相似，但处于底岩的另一端。冥古宙没有明确的开始

---

[1] 全新世意为"完全最近的"；第四纪被固定在一个没有人再使用的年代系统的第四部分，一直沿用这个名字；新生代意为"最近生命的时代"；显生宙意为"可见生命的时代"，即生命的化石大到不用显微镜就能辨认出来。

[2] 至少国际地层学委员会是这么说的。中国和俄罗斯的地质学家各自主张使用其他地点，并继续将这些基点作为参考点。但这三者之间的时间间隔都不超过几百万年。

时间，大多数人认为它是在大约45.4亿年前，在地球形成时开始的。人们普遍认为，冥古宙在三十八亿年前就被后来的太古代所取代，但这基本上只是因为人们已经养成了这样说的习惯。没有一个特定的岩石边界可以让人指着说："这是冥古宙的顶部，那是太古代的底部，原因如下……"人们也不清楚这一边界可能标志着什么事件或变化。

二〇一〇年，四位科学家，科林·戈德布拉特、尤安·尼斯贝特、诺姆·斯利普和凯文·扎恩勒写了一篇短文，试图纠正一些问题。碰巧的是，我认识并喜欢他们四个人。和他们的许多同事一样，我认为他们中至少有三个人既聪明又有点古怪。他们在二〇一〇年发表的论文《混沌与冥世的年代》反映了这一点。这篇论文试图将地质学的时间尺度拉长，不仅超越地球的物理界限，就像格林斯彭所做的那样，而且拉回到地球的开始之前。不可否认，这是一种幻想，但这并非没有得到清醒的认可。布赖恩·哈兰德等人编撰的权威《地质年代表》（一九八九年）指出："可以考虑对冥古代之前的时期进行划分，来容纳地球形成之前的事件，但这不是目前的工作。"而且，就科学而言，拟议方案试图纳入地质学框架的事件一定是按照所描述的顺序发生的，尽管其中许多事件的实际日期目前还只是猜测。

故事开始于大约四十六亿年前，当时，由于自身引力超过了阈值，一团尘埃和气体云开始坍缩，且坍缩只能继续下去。此刻，一颗新恒星的形成就成了定局。人们把这个决定的时刻作为朝天宙的开始,这是一个充满尘埃和气体漩涡的时代。

地质学家将第一个时代一分为二,朝天宙早期和朝天宙晚期,界限是"是否有光"。在星云仍在坍缩圆盘的致密中心,即将诞生的太阳的核心变得足够热,密度足够高,以便发生核聚变。重力产生的压力如此之大,以至于较小的原子被挤压成较大的原子。于是,一个连锁反应开始了,一个这样的核聚变产生的能量引发了下一个核聚变,再下一个核聚变。太阳很快就变得明亮起来。在太阳诞生的繁盛时期,它比今天明亮得多。从那以后,由带电粒子组成的太阳风就以大风的形式开始了。

朝天宙后期,太阳变暗了。在坍缩过程中,在太阳周围旋转的被照亮的物质通过化学方法进行了自我分类,使得在圆盘的不同部分存在不同的元素和同位素。现在,这些物质聚集在一起,形成越来越大的团块。很快,一些块状物质就变得足够大,足够热,可以进行它们自己的内部转变。之后,块状物质的中心熔化了。铁不喜欢被束缚在由尘土组成的石头里,于是沉到了核心。这些天体现在有了石头外壳和铁核。正如宇宙化学家所说的那样,这些天体已经分化了。

我们在地球上看到过最早的未分化天体和后来的分化天体的碎片,它们曾作为陨石从地球的上空坠落。通过对这些陨石所含的各种同位素的巧妙研究,人们可以非常精确地知道它们的年龄。一些分化的天体成为格罗夫·卡尔·吉尔伯特理论中的星子。这些星子继续相互撞击,形成了我们现在所知的"行星胚胎"。体形越大，积累的碰撞就越壮观。

在太阳系外部，温度足够低，可以让水、甲烷和一氧化碳等挥发性化合物凝结，这些生长中的胚胎将自己包裹在雪、冰和气体中。它们的重量越重，不断增加的引力就能吸引更多的物质。这种正反馈的最大受益者是木星，它的重量最终超过了太阳系所有其他行星的总和。木星就像一个微型的太阳，在它周围围绕着自己的气体和尘埃圆盘，这个圆盘产生了四个卫星。在宇宙年龄过了三分之一之后，伽利略通过他的望远镜追踪到木星的四个卫星协调的舞蹈，这是人类第一次看到它们。

在朝天宙的末期，太阳系开始变得像我们今天熟悉的样子，但并非所有的行星都已经稳定在它们今天的轨道上。在太阳系外部，木星和较小的气态天体正在变得可识别。在更远的地方，还有数十亿的小冰体，它们从未被卷进任何更大的天体中。太阳系内部是几乎已经完全组装好的水星、金星和火星，以及另外两颗行星，特勒斯和忒伊亚。忒伊亚的大小与火星差不多，直径约为地球的一半，质量约为地球的十分之一。特勒斯的大小与金星差不多，几乎与地球一样大，质量约为地球的百分之九十，它所处的轨道与地球现在所处的轨道非常相似。

然后有一天，发生了一些事情。我的朋友们说，这些事情使朝天宙结束，并使冥古宙开始。在这里，"有一天"并不是一个比喻。这个时代的划分边界就像大卫·格林斯彭在一九六九年七月二十日提出的人类世的基点一样，被清晰地定义。这也是一个接触的时刻，一次两个世界的相遇，就像宇宙飞船的着陆，或在灰蒙蒙的平原上留下的脚印，是一种由相聚而定义的区别。

不过，这个时刻的接触规模更大，它是太阳系历史上最激烈的事件之一，忒伊亚与特勒斯相撞。由此产生的混乱最终演变成质量和运动的重新安排，一颗比特勒斯大一点的行星形成，快速旋转；一颗比忒伊亚小得多的卫星绕着它旋转，周期只有几个小时。

朝天宙结束了。特勒斯和忒伊亚已经消失。地球和月球在它们的位置上诞生了。

按照我们现在的时间来看，在那个灾难性的日子发生前的一周，忒伊亚在特勒斯的天空中的大小与今天地球天空中的月亮一样。① 在灾难发生前一小时，忒伊亚就像从泰晤士河北岸看到的圣保罗大教堂的圆顶一样大，也和从美国国会大厦前的游泳池看大厦的圆顶一样大。忒伊亚甚至有固特异飞艇那么大，看起来仿佛漂浮在你头顶几百米处。

灾难发生前的十分钟，忒伊亚占据了特勒斯三分之一的天空。

特勒斯的地面可能处在白天或晚上。这颗入侵的忒伊亚可

---

① 忒伊亚是希腊神话中月亮女神塞勒涅的母亲。虽然忒伊亚这个名字被广泛用于巨型撞击中较年轻的天体，但应该注意的是，特勒斯这个名字并没有被广泛用于巨型撞击中较大的天体。很多人只是称巨型撞击中较大的天体为地球，或者原地球。但我认为有一个单独的名字会有帮助，而特勒斯是朝天宙四人组使用的名字，所以我也沿用了这个名字。

能是月牙形的，也可能是凸圆的，这取决于太阳的角度。如果是月牙形的，忒伊亚倒置的夜空会被下面的行星照得异常明亮。山脉像天花板上潮湿破损的墙纸一样垂下，影子越来越长。

又或许，忒伊亚是在午夜降临的，完全被黑夜掩盖，星星越来越少。即便如此也值得一看。这两颗行星的磁场会在撞击前几个小时相遇。在比今天强得多的太阳风中，磁场的混合会产生壮观的色彩，照亮上下两颗行星的地面。

并不是说两颗行星上有什么人可以看到这一过程。特勒斯和忒伊亚可能有大气层和磁场，很可能也有海洋，甚至可能有生命。但即便有，也是很简单的生命，没有眼睛，很可能深埋在地表之下。天空中没有鸟儿安静地飞翔，也没有动物匆忙地奔跑和躲藏。"天花板"覆盖它们的世界时，没有人会在恐惧中抬头。

不过，特勒斯的空气和水会通过天空中的重力感受到这个"入侵者"的存在。特勒斯的海水会在不寻常的潮汐中上涨，一个星期上涨一米左右，但最高能一天上涨二十米。在最后的几个小时里，山脉般高的水墙会伸向忒伊亚，大气层也在向太空延伸。计算机模型可能会告诉你，补偿风会以多快的速度和从多远的距离涌入，取代被拉起的空气。这些补偿风是否会像今天海洋热点地区上空的空气冲向低压眼一样，形成某种飓风，我也说不上来。几分钟后，这就不重要了。不过我想知道，这个作为开端的结局是悄然而至，还是伴随着狂风呼啸而来？

　　无论以哪种方式，这个灾难性的时刻都到来了。在形成月球的撞击的"标准模型"中——科学家们矛盾地称为"标准"的一系列奇迹可以写成一个什么样的故事？——灾难性的时刻以每秒十公里的速度到来。这是非常快的，大约比子弹快十倍，是音速的三十倍。但由于行星很大，碰撞本身是缓慢的。忒伊亚以每秒十公里的速度与特勒斯合并，就像阿姆斯特朗踏入充满汤米·戈尔德的流沙尘的静海，速度缓慢而确定。

　　撞击发生十多分钟后，两个行星的某些地区仍然不知道发生了什么。冲击波、热浪、潮汐或怪异的喷射流还没到达这些地区。冲击波花了将近二十分钟才到达特勒斯背面高如山脉的潮汐。冲击波如套索般包围、压缩、挤压着潮水，创造了一个向天空喷射的瀑布，就像孩子在洗澡时用双手拍打水面。

　　行星合并需要一个多小时的时间才能达到高潮。缓慢并不意味着温和。一颗以每秒十公里的速度运行的行星的动能是巨大的，大约相当于太阳在一天内发出的能量，或者相当于六百万年里地球从太阳接收到的能量。在撞击发生前的一秒钟，行星所释放的能量超过了世界上所有核武器能量的总和。

　　从两个行星的接触点开始，冲击波以半球的形式向外扩散，并以无法忍受的程度挤压和加热行星的地幔。冲击波过后是低压，它在一瞬间将几万亿吨过热的岩石液化。一团圆锥形的炽热岩浆从接触点周围喷出，绵延数百公里，甚至数千公里。在这个圆锥体中，忒伊亚的前半部分正在迅速融化。

行星的地壳被撕成各种大小的碎片，从山脉到蒙大拿州，有些被推到一边，有些在地幔的挤压下被压碎。当这些被破坏的地幔开始熔化和流动时，行星的铁核因冲击而变形，找到了新的自由。铁核并不是直奔对方而去的，忒伊亚没有直接撞击特勒斯，而是沿切线方向撞过去的。忒伊亚的铁核经过了特勒斯的铁核。在忒伊亚穿过受到重创的地幔时，它的铁核失去了能量。地幔的岩石部分熔化，部分汽化。来自这些岩石的阻力拉伸和弯曲忒伊亚的铁核，将它的铁核从光滑的球体扭曲成了被撕裂的碎片。它不再有能量直接穿过特勒斯的岩石，从另一边出来。它放慢了速度，蜷缩起来，转而落向特勒斯的铁核。不到一个小时，铁锤就击中了铁砧，并沉入铁砧中。在新生的地球的中心，两个铁核合二为一。

两颗行星的地幔并没有完全合并在一起。当忒伊亚发出闪电般的斜击时，它的部分地幔脱落到它所撞击的星球上，但有些地幔则继续前进，将特勒斯的地幔推到前面，就像推土机刀片上的泥土。这两部分地幔仍然以原来忒伊亚一半以上的速度飞行，一起升回太空。这个过程中，很多地幔掉了下来，但也有很多没有掉落。有些地幔完全脱离了行星，在太阳周围形成了一个短暂的环。还有很多地幔留在下面这个残破的、正在改造的行星周围的轨道上。月球就是从这炽热的轨道余波中成长起来的。

地球在炽热的天空下翻腾。欢迎来到冥古宙。

尽管还有一些重大问题需要回答，不过是什么使得一个如此惊人的故事，仍可成为月球起源说中最被广泛接受的？这种月球起源说的兴起可以追溯到二十世纪七十年代和八十年代，主要是由阿波罗计划带回的知识推动兴起的。氧气有三种不同的同位素。阿波罗计划带回的样本显示，在月球岩石中，这三种同位素之间的比例与地球岩石中的比例非常相似，但与小行星或火星岩石中的比例不同。火星岩石有时会以陨石的形式落在地球上，它们是在更大的撞击中被轰离母星的。同位素比例被用来显示各种岩石在朝天盘形成的区域。相同的同位素比例似乎意味着地球和月球是在朝天盘的同一区域形成的。

　　对阿波罗计划带回的样本的分析还显示，月岩的挥发性化合物，包括水、一氧化碳、氮、硫和其他轻元素，含量非常低。宇航员在月球表面安装的地震仪和在月球轨道上对月球重力场的测量数据表明，如果月球有铁核的话，也只是一个非常小的铁核。但是，如果月球是在地球形成之处形成的，由同样的机制和同样的物质形成，又怎么可能是这样的呢？为什么地球上储量丰富的挥发性物质，在月球上会如此之少呢？为什么月球没有形成一个像地球那样的铁核？火星和金星就有这样的铁核。水星，这个体积最小但密度最大的行星，有一个占其体积一半以上的铁核。

　　简而言之，就其构成而言，月球看起来并不像一颗行星。它看起来就像一团地球的地幔，不知怎么地就把自己挖了出来，放到了轨道上，没有铁核附着。

这种裂变的想法最早是由查尔斯·达尔文的儿子乔治·达尔文提出的。小达尔文对月球引起的潮汐隆起对地球自转造成的阻力很感兴趣。地球在一个保持不变的潮汐隆起下转动，推动潮汐进出浅海，横跨大洋，这意味着地球会不断因摩擦而失去能量。这种损失延长了地球束缚月球的宇宙锁链。

地球因摩擦失去能量是角动量守恒的结果。角动量是物体或系统的一种特性，它取决于物体或系统的质量分布情况以及旋转速度。将质量移近物体或系统的旋转轴，如果角动量守恒，物体或系统就会旋转得更快；反之，将质量移远，物体或系统的旋转就会变慢。花样滑冰最初是在剑桥附近的冰冻沼泽地上发展起来的，当时是为了证明角动量守恒的现象，但后来成为一项非常受欢迎的运动，这是科学进步一个未被重视的附带好处。①

你只能通过力矩来改变角动量，力矩是一种偏离中心的力，用来改变自旋。如果没有从外部施加力矩，系统的角动量必须保持不变。

这一原则适用于地月系统，因为地月系统是由引力捆绑在一起的。当花样滑冰运动员的手臂伸长时，她的身体旋转得更慢。因此，潮汐耗散能量意味着月球正在稳步后退，也就是说，月球在过去一定更接近地球。达尔文通过计算这种衰退的速度发现，在大约 X 千万年前，地球和月球这两个天体应该

---

① 这不是真的。

是一体的。由此，他推导出，这原本是一个单一的天体，因为旋转得非常快而分裂成了两个天体。早在板块构造学说解释这一现象之前，达尔文理论的信徒们就宣称，如今太平洋海水所填满的那个巨大的准圆形空洞，标志着月球就是从那里被抛射出来的。[1]但是没有人能够解释为什么这个星球一开始会撕裂。

特勒斯和忒伊亚的故事被称为"巨大撞击理论"，它似乎为月球的退行提供了一个地外起源，同时也解释了其他理论所不能解释的一切。这一理论将一大块具有明显氧同位素比例、但没有铁核的地球地幔带入轨道，延伸并熔化这块地幔，炙烤挥发性物质以确保最终产物的干燥。这一理论甚至解释了为什么地月系统最初有一个高角动量。忒伊亚的偏心撞击会对特勒斯施加一个巨大的力矩，从而产生一颗快速旋转的行星，而月球将在数十亿年的时间里使其减速。

在阿波罗计划之后，比尔·哈特曼（第一个意识到环形撞击盆地现象普遍存在的人）和他的合著者唐·戴维斯（帮助引导"阿波罗13号"安全返回地球的人）提出了巨大撞击理论，这个理论在二十世纪八十年代中期获得了广泛的信任。有些早期的超级计算机模型使用了为探索核武器的影响而编写的

---

[1] 休·洛夫廷在一九二八年出版的《杜利特医生在月球上》一书中利用了小达尔文的裂变思想。这可能是我读过的第一本月球叙事小说。除了与月球上的动物和植物交谈外，杜利特医生还遇到了一个从月球还是地球的一部分时就一直生活在月球上的穴居人，这就像西哈诺·德·贝热拉克在访问月球上堕落前的伊甸园时遇到先知以利亚一样。洛夫廷的续集《杜利特医生与秘密湖》是我接触的第一本全球灾难小说，尽管这个荣誉可能应该授予托芙·扬松的《姆咪谷的彗星》。

代码，它们能够勾勒出巨大撞击理论可能发生的情况，这种努力似乎既性感又有说服力。但巨大撞击理论成功的核心是它的两大优点：强大的解释力和没有强大的竞争对手。月球碰巧经过并被拉入地球轨道的想法，即捕获假说，无论在当时还是现在，如果没有特殊引证，不可能奏效。并且，捕获假说也不能解释地球和月球这两个天体之间的相似性。共生理论，即两个天体简单地一起形成，解释了地月之间的相似之处，但无法解释地月之间的不同之处，比如为什么月球缺乏挥发性物质和铁核。共生理论也无法解释地月系统的角动量从何而来。裂变假说则缺乏使一颗行星分裂成两半的机制。

更重要的是，巨大撞击理论有助于解释阿波罗计划的一个基本发现。在月球上，月海的黑暗平原是由玄武岩构成的，明亮的高地则是由斜长岩构成的。斜长岩是一种主要由钙质长石构成的岩石，是一种来自长石家族的矿物。关于斜长岩，我想大家最熟悉的就是料理台上的浅色非石英花岗岩。如果从地幔中提取热岩浆，并让热岩浆在低压下冷却，钙质斜长石会是第一个结晶出固体的矿物。①

如果月球是由一次巨大撞击的轨道碎片形成的，那么月球一开始就会被一片岩浆海洋所覆盖。这是一个深达数百公里的热液态岩石层。经受撞击后的地球也会有这样一片岩浆海洋，但深度可能只有月球的十分之一，且不能覆盖全部地球表面。

---

① "阿波罗 15 号"的月球漫步者戴夫·斯科特和詹姆斯·艾尔文在前文为之激动不已的那块岩石是一块近乎纯净的斜长石，后来被称为"创世岩"。

随着岩浆海洋的冷却，月球并没有像内史密斯所说的那样自上而下地冻结起来。月球上的矿物开始在深处结晶，其中第一批结晶的是斜长岩。由于斜长岩比周围的岩浆要轻，它们会漂浮到顶部。因此，岩浆海洋会生长出一个主要由钙质斜长石组成的地壳。

由于月球体积小、冷却快，没有发展出任何回收其地壳的机制，因此这种原始的地壳就会留在原地，除非它们被撞击炸飞或被后来颜色更深的玄武岩覆盖。阿波罗计划的宇航员带回的几乎完全是斜长岩的高地岩石样本有 44.6 亿年的历史，比地球和月球年轻不到一亿年。

但是，尽管巨大撞击理论有这样的解释价值和戏剧性，它还是在过去十年中遇到了问题。对月球岩石的进一步研究使用了越来越精细的技术，挑出了越来越精细的同位素细节，发现月球上的岩石可不仅是与地球岩石大致相似，在某些方面，它们实际上是相同的。同时，更详细的撞击计算机模型发现，撞击后最终进入轨道的大部分物质都来自忒伊亚，而不是特勒斯。为了与相同的氧气同位素比例，以及现在对其他元素同位素的一些非常详细和类似的测量相协调，这就需要忒伊亚由与特勒斯非常相似的原材料构成。但如果两颗行星一开始就完全相同，那么通过混合它们而获得的解释的优势就会被削弱。

很少有人准备因为同位素的问题而放弃巨大撞击理论。也就是说，对于如何解决这个问题，还没有达成广泛的共识。一些人假设忒伊亚的构成与特勒斯非常相似。其他人则倾向于让忒伊亚变得更大或更快，好让更多的能量进入该系统，并让更多的特勒斯地幔与忒伊亚地幔混合在一起，进入轨道。

在巨大撞击理论中，地月系统在早期不可能有更高的能量，因为除非允许很多特殊引证，否则更高的能量会让地月系统旋转得过快。不过，最近有人提出了这样的机制，即太阳施加的力矩可以使地月系统释放出大量的多余角动量。这一想法所基于的计算还不是很可靠。不过可以想象的是，由于允许更大范围的撞击，这个想法得到了相对容易的发展。不过，就目前而言，这一想法的作用是将高能撞击提上议程。

更多的能量意味着地月轨道上有更多的质量，更多的热量，更多用来搅拌物质的角动量，更多的岩浆，以及地球周围更大、更热的汽化岩石大气。事实上，在某种程度上，大气和地月轨道上的团块之间的区别可能会被打破，形成一个由熔融地幔和汽化地幔组成的轨道环，体积比地球本身大得多。这种想法的一些支持者已经开始将这种高能量的结果称为"索内斯蒂亚"，一种中间有凹陷的厚甜甜圈状圆盘。地球就在这个凹陷的致密中央，月球将在膨胀的甜甜圈中形成，这是撞击双方的地幔彻底搅拌的混合物。大部分没有到达月球的物质将返回地球。

是否能把这样一个宇宙甜甜圈维持得足够久，至于将一颗小行星冻在外面，这是一个悬而未决的问题。把一恒星日的能量注入到一个行星大小的岩石，这一过程所引起的物理和化学反应必然比早期模型所能理解的反应要复杂得多。但目前看来，把更多的物质送入地月系统轨道，并更彻底地混合起来，似乎是一条有希望的道路。

相比后阿波罗时代的早期，现在更容易产生这种奇怪的想法。当时，直接的撞击似乎还有点离谱。在太阳系外发现的数千颗行星拓展了科学家对行星的认识。有些行星的温度很高，以至于其大气层长期处于膨胀状态。有些行星被锁在离其恒星很近的地方，以至于它有一面几乎被融化。有一颗恒星周围有一圈炙热的岩石，有人认为这是一场威力堪比忒伊亚和特勒斯的撞击所产生的副产品。宇宙提供的行星可能性，比我们今天在太阳周围看到的内部是固态岩石、外部是气态的双峰分布要丰富得多。

暂且承认月球是在某种巨大的撞击中诞生的，那么两颗行星以某种方式相互碰撞，形成一个大月球的事件，发生的可能性大吗？从某种程度上讲，这类问题无关紧要。它发生了，或者没有发生。科学家们看证据，建立模型，获得新的数据并进行处理。[①] 但从另一个角度来看，以一种反哥白尼的方式知道问题的答案可能相当重要。

地球上有生命。事实上，地球上有智能生命。地球还有一个很大的卫星。这两件事有可能是相关的吗？如果是这样，那

---

① 测量金星岩石中的氧同位素比例非常方便。如果金星岩石中的氧同位素比例类似于地球，那么忒伊亚也可能如此，火星只是一个例外。但要从金星上取回岩石并非易事，即使地球上有来自金星的陨石，它们也尚未被识别出来。

么如果大卫星不可能存在，那么有智能生命的行星也就不可能存在。地球可能是罕见的。这些都是让天体生物学家经常在酒吧里彻夜争论的问题。

　　在《稀有地球》（二〇〇〇年）中，天文学家唐纳德·布朗利和古生物学家彼得·沃德提出了一个有影响力的观点，即地球是不寻常的，因此人类也是不寻常的。他们认为，尽管微生物生命可能在许多行星上都很容易发展，但在地球上，复杂生命的演化依赖于母行星和母太阳系各个方面的条件。月球是两位科学家论证的一部分。

　　月球与生命的关系不仅仅局限于夜间照明，这一观点并不新鲜。一些人认为，如果没有月球，地球将拥有像金星那样令人窒息的厚重大气。另一些人则认为，月球引起的潮汐对生命的起源至关重要。在早期的地球上，月球引起的潮汐要比现在大得多，因为当时月球离地球要近得多。通过将海水注入潮池，并使其从那里蒸发，月球提供了一种浓缩生命所需化学物质的方法。这不是现在很多人感兴趣的观点。现在许多人在深海热液喷口寻找生命的起源，在那里潮汐的牵引并不重要。但是关于月球引起的潮汐对生命起源的重要性这个问题的观点，以前已经改变过，未来可能再次改变，这些假设就像潮池一样，来来去去。

　　然而，布朗利和沃德认为，月球带来的另一种效应是减弱地球的晃动。行星在它们的轨道上不是垂直的，它们会倾斜。相对于黄道平面而言，目前地球的自转轴与垂直方向的夹角为

23.4 度。地球正在慢慢地接近垂直。但在一万多年后，当这个夹角到达 22.1 度时，地球会再次开始向后倾斜。在每个长为 4.1 万年的周期里，地球的倾斜度在 22.1 度和 24.5 度之间晃动。这种晃动对地球季节强度的影响是确定标志着第四纪的冰河时代节奏的因素之一。

火星自转轴的倾角变化更大，也更不规律。有时，火星直挺挺地立着，没有值得一提的季节变化。在其他时候，它自转轴的倾斜度高达六十度，如果此时火星有居民的话，他们就会经历异常炎热和寒冷的极端季节，仲夏时分，在热带地区可以看见午夜的太阳。

二十世纪九十年代，天文学家雅克·拉斯卡表明，地球的温和晃动和火星的疯狂振荡之间的差异可以由月球来解释。雅克·拉斯卡是发现混沌在看似稳定的太阳系中所扮演的角色的天文学家之一。地球赤道隆起是地球自转造成的变形。月球对地球赤道隆起的持续拉扯，使地球保持着相当垂直的姿态。如果把月球拿走，地球的斜度就会变得比火星更不稳定，摆动幅度可高达八十五度，变成一个平躺着的星球。这会让两极在夏天几乎正对太阳，而在冬季直接远离太阳，并将使地球上所有的温带地区都消失。

在《稀有地球》中，布朗利和沃德认为，这些有时非同寻常的倾斜角度会给无卫星的地球带来灾难性的气候，使复杂的生命难于生存。然而，事实证明，事情比这要更复杂一些。

一个行星的斜度变化取决于太阳系中其他行星的引力影

响。在一定程度上，行星的旋转速度越慢，它对这些引起混乱的牵引力就越敏感。地球和火星的轨道有些相似，目前它们公转的天数也非常接近。这就是为什么拉斯卡发现没有卫星的地球自转轴会来回摆动。

在火星历史上，白昼的长度几乎是相同的。但地球不是这样。月球现在可能正在稳定地球自转轴的斜度，但是正如乔治·达尔文所指出的那样，月球也使地球拥有足够长的白昼，而混乱的斜度变化首先是一种风险。如果一开始，地球的一天只有十个小时，并且没有月球，那么它的一天始终或多或少有十个小时，斜度也会一直稳定。

我们仍然有可能提出这样的设想：如果一个类似地球的行星有一颗大月亮，那么复杂生命就更有可能出现。英国天体生物学家大卫·沃尔瑟姆在他的《幸运星球》（二〇一六年）一书中提出，复杂的生命需要母星具有相当稳定的自转斜度和相当长的白昼。如果没有月球，地球就不会拥有这种组合。他认为，在白昼明显较短的行星上，热量从赤道向两极转移的效率较低。对于导致这种转移的风和流，你可能期望它们的轨迹是直接从赤道到极点的，但实际上，它们会被转移到在《地出》中看到的那种明亮的白色环状漩涡中。这是由科里奥利效应造成的，科里奥利力将风和流推向东方。一个行星旋转得越快，这种效应就越强，也就越难把温暖送到两极。沃尔瑟姆博士认为，月球的大小恰好可以让地球有一个稳定的斜度和足够温暖的两极，以保持大多数冰期相对较短。这是一个狡猾的论点，但不是一个令人信服的论点。要在月球对生命的重要性这个问题上取得重大进展，可能得等人们开始通过检测来自遥远行星系统的类地光，以发现复杂生命的存在与否。

如果复杂的生命确实可以在没有大卫星的天体上发展，那么进一步的问题就出现了：人类在一个没有卫星的天空下演绎的历史会是什么样的？肯定会失去一些东西，但是什么呢？没有月亮本身并不是一种不愉快的经历，毕竟，这是每个月都会出现的现象。新月和无月似乎没有什么不同。夜将是一种更深沉的存在，永远是黑暗的，不变的。大海更温和了，潮水低平而有节奏，从不出现大潮，也从不出现小潮。没有什么事物会变盛或变弱。日食或月食的拜神场面将不复存在，季节将是唯一的周期，星座将是天空唯一永恒的特征。

也就是说，如果月亮消失了，你会想念它。但如果月亮从未存在过，你也不会希望它存在。在一个没有月亮的世界里，想象月亮有盈有亏，在夜晚照亮夜空，梦想一个天体可以无缝地从太阳上方滑过，这将是多么疯狂啊！这就提出了一个进一步的问题：这个世界缺少什么？这和在一个没有月亮的地球上想象月亮是什么样的一样难。有哪些缺失是我们没有意识到的？

如果没有月球，世界将有很多不同之处，除了没有月亮之外，民间传说、夜间活动、约会、海洋和海洋生物等方面也将与现在不同。此外，科学可能也会有所不同。艾萨克·阿西莫夫在一九七二年发表的一篇文章中认为，尽管月球上的环形山和地照在十七世纪促进人们接受哥白尼主义时发挥了作用，但在更大的宇宙计划中，月球的存在阻碍了天文学的进步。因为月球围绕地球运行使得人们难以从以地球为中心的宇宙图景向以太阳为中心的宇宙图景进行必要的转变。

太阳在天空中的运动可以用太阳绕着地球运动或者地球绕着太阳运动来解释。同样，月亮的天空路径也可以用这两种方式来解释。但是，用月球绕着太阳运动来解释月亮在天空中的轨迹是不可行的。因此，我们只能用地球绕着太阳运动，月球绕着地球运动，并假设宇宙有不止一个轴来解释它们的轨迹。虽然用以地球为中心的太阳系解释其他行星在天空中的路径可能有些困难，但我们仍然可以通过想象力找到解决办法。然而，以地球为中心的太阳系显然更为简单，也符合人们认为地球静止的强烈直觉。

阿西莫夫认为，如果没有月球，自古以来的天文学家们就会发现让所有行星都绕着太阳转与让它们绕着地球转一样简单，并且也会使理解其他行星的轨道变得容易得多。他接着说，如果这个真理早在历史上就为人们所知，那么科学和宗教之间的冲突会减少很多。实际上，科学可能会全心全意地支持宗教，这正是人们所期望的。从哥白尼到牛顿的机械学和引力革命可能会提前几百年或几千年。

更重要的是，阿西莫夫认为一个以地球为中心的宇宙理论将会鼓励人们采取更加不以人类为中心的态度，从而有可能避免出现他深感忧虑的环境危机。简而言之，如果人们早在历史上就意识到让一切都绕着太阳转是更加简单的事情，那么科学可能会比现在先进几千年，银河帝国也可能早已成为现实。然而，月球的存在导致二十世纪七十年代世界生态环境处于接近完全崩溃的状态。阿西莫夫为这篇文章取名《月亮的悲剧》。

这些悲观的想法本身很有趣。认为如果科学不被压制就会迅速兴起的历史观点，和认为天文学有足够的机会深入人类内心并且支配人们对世界的敬畏的哲学观点，似乎都不十分令人信服。但是在阿波罗时代，美国最伟大的科幻小说家之一从纽约望向正在落下的月亮时，产生了这种悲观主义的想法，这是一种值得注意的思想。还有一个问题阿西莫夫没有研究过。如果天空中没有月亮，哥白尼革命可能会更快发生，但会产生如此深远的影响吗？如果自天文学诞生以来，地球一直被视为另一颗行星，那么其他环绕太阳的光点又是如何以及为什么会成为一个世界呢？

撞击事件导致的灾难雨肯定发生过，这可以从月球表面的痕迹看出来。然而，这场雨下了多久，有多大，还需要进一步的研究和探索来确定。而形成月球的撞击环境是否会对其他地方的生命产生影响也存在不确定性。

在二十世纪六十年代，休梅克开始研究天体地质学对月球景观的影响，这为月球景观提供了一个相对的时间尺度：哥白尼纪、爱拉托逊纪和雨海纪等，但要提供它们之间的过渡日期并不容易。确认过渡日期最好的工具是由撞击提供的。一般来说，年轻的月球表面上有较少的环形山，而老的表面则会有更多的环形山。如果你有一个反映现在撞击月球频率的模型，并能估计这个频率随时间的变化，就可以将这些环形山的年龄转化为对月球表面暴露时间的估计。在此基础上，比尔·哈特曼在一九六〇年代中期计算出月海的年龄约为三十六亿年。当阿波罗计划带回来的月海玄武岩在实验室中被精确测定时，它们显示出的年龄范围与哈特曼的估计值非常接近。不出所料，与形成这些玄武岩的盆地的撞击有关的岩石年龄更大。

令人惊讶的是，这些撞击盆地的年龄似乎高度集中，形成它们的撞击似乎是在地球和月球形成近五亿年后发生的，这导致了"后期重度轰击"理论的出现。大约在太阳系形成五亿年后，由于某种原因，长期以来下降的撞击频率突然回升到峰值。随着二十世纪九十年代天体生物学的发展，这种现象开始看起来像是生命史和太阳系历史之间非常有趣的联系。

如果大部分可见的月球表面损坏都是由撞击造成的，那么这些撞击对地球的影响将会更加严重。地球的体积更大、引力更强，这意味着同等数量的入射岩石会更频繁、更猛烈地撞击地球。如果这些撞击在月球上形成了三十到四十个撞击盆地，那么它们在地球上将会形成一百个甚至更多的撞击盆地。在地球上发生的最大撞击比月球上的任何撞击都要大，不仅能够烧毁土地，还能使海洋沸腾，使所有海水都变成由过热蒸汽构成的厚重大气。地壳也将被彻底摧毁，直至深达一公里甚至更深的距离。

根据公认的证据，地球上最早的生命出现在三十五亿年前。然而，存在一种岩石被认为带有强烈的生命存在的化学痕迹，这种岩石可以追溯到三十八亿年前。如果在三十九亿年前发生了一连串可能导致地球生物灭绝的撞击事件，那么三十八亿年前生命存在的证据表明地球上的生命要么具有非常快的起源速度，要么具有非凡的适应力。天体生物学家对这两种可能性都十分感兴趣。

　　如果你认为生命的形成需要整个地球早期历史，也就是整个冥古宙的六亿多年，而不是只需要一亿年，那么你会倾向于认为这是一个几乎不可能的过程。需要很长时间才能成功的事情从本质上讲似乎比迅速成功的事情更为不可能。有人认为，如果生命能在短短的一亿年内形成，那么对于行星来说，生命的形成可能是一件相当容易的事情。

　　一九九八年，斯坦福大学教授诺姆·斯利普和美国国家航空航天局艾姆斯研究中心研究员凯文·扎恩勒（朝天宙四人组的一半）发表了一篇论文，提出了有关回弹的想法。他们指出，如果地球受到会引起海洋沸腾的撞击，生命可以通过离开撞击发生地而避免受到影响。大型撞击会将附近的较小岩石抛向太空，有少数陨石会飞往其他星球，就像来自火星的陨石在地球上的出现一样。虽然大多数岩石最终都会返回地球，但在此之前，它们可能在太空中漂浮数百、数千甚至数十万年，这段时间足够一次全面使陆地燃烧、海洋沸腾的撞击的影响消退。这个回弹的想法颇具启示性。

从轨道上返回地球的卫星已经证明，一些形成惰性孢子的细菌可以在太空中存活数年，而如果它们被困在岩石孔隙中，甚至可能存活上千年。如果轨道避难的想法是正确的，那么它可能与生命的最远祖先是如何演化成现在这样的问题有关。海洋沸腾代表了演化的瓶颈。如果不能在太空中存活数千年的所有生命都被消灭了，那么重新在地球上居住的生命将更适应太空环境。齐奥尔科夫斯基的生命向太空演化的概念将会发生转变，让人们重新审视生命在幼年时期的生存策略。

我们也许可以重新审视生命的起源。如果原始生命能够在偶然的太空飞行中存活下来，那么生命就不必起源于它扎根的星球上。有人提出，陆地上的微生物能够在过热的大气层中存活，这个论点也适用于火星上的微生物，如果有的话。如果早期太阳系的条件促进了生命在太空中存活能力的演化，那么早期太阳系的条件也为生命流通到另一个星球提供了可能。

在早期太阳系中，由于发生了大量的碰撞，陨石从一个星球落到另一个星球的频率高得惊人。根据关于轨道避难所的研究，早期的地球每年会有成千上万来自火星的陨石落下，其中一些可能只需要几年的时间就能到达。相比之下，从地球落到火星的陨石数量要少得多，因为将陨石从较重的地球上发射出去是困难的，特别是这需要以一定的速度将陨石送入太空并将其送达火星。但是，从地球落到火星的陨石流数量仍然相当可观。

如果生命起源于地球，那么它很可能通过"泛种论"的方式传播到火星上。同样，如果生命起源于火星，那么它也很可能会被传播到地球上。①

尽管后期重度轰击理论被认为是早期生命宇宙背景的一部分，但它并不被广泛接受。哈特曼和其他人对此持反对意见。哈特曼认为，后期重度轰击的影响在一定程度上是真实存在的，四十多亿年前的撞击证据的缺失只能表明这种证据被掩盖了，并不能说明这种撞击从未发生过。三十九亿年前的撞击并没有增加，只是后来的撞击掩盖了早期撞击的证据。

这是一个被越来越广泛接受的观点。有人认为，撞击可能是由于木星和土星在特殊的轨道共振下向太阳摆动所引起的。这种理论似乎提供了太阳系内充满小行星和彗星的机制，这些小行星和彗星在适宜的时间被抛出早期稳定的轨道。现在看来，这种观点比十多年前首次提出时更缺乏说服力。

最近的研究表明，后期重度轰击期的岩石记录不仅没有得到任何解释，而且看起来也有点可疑。事实上，阿波罗计划带回的岩石似乎提供了同一时间的撞击证据，这是因为大多数岩石甚至所有的岩石实际上都来自同一次撞击，即雨海纪。据估计，这次撞击产生的碎片覆盖了大约五分之一的月球正面，它的残余物几乎可以在每个阿波罗登陆点的岩石中找到。被认为

_____

① 这个过程被称为"石内泛种论"（endolithic panspermia），是一种可以追溯到大约一个世纪以前的想法。泛种论认为，生命可以通过孢子的形式在整个银河系中传播，而"石内"意味着在这种情况下，生命是在岩石内传播的。然而，我认为 transpermia 这个术语更好，因为它提出了这样一种观点，即生命是有目的地从一个地方移动到另一个地方，而不是被传播到所有地方。

来自其他撞击的岩石可能只是被错误描述的雨海纪抛射物。

　　大约十年前，美国国家科学院整理了一份关于在月球上需要做哪些科学工作的报告。在这份报告中，排在首位的"科学目标1a"是整理灾难发生的时间和严重程度（如果有的话）。该报告的结论和几乎所有感兴趣的人认为的一样：要完成这一科学目标，就需要获得更多的月球岩石，研究它们的同位素，从而确定各种撞击发生的绝对时间，而不是相对时间。我们要从最大的一次撞击开始说起（除了开头的那次），那次撞击创造了南极-艾托肯盆地。无论是以什么标准来看，位于月球背面的南极-艾托肯盆地都是巨大的。顾名思义，它从南极一直延伸到南纬十七度的艾托肯环形山，横跨两千五百公里。甚至可以在容纳印度和阿根廷之后还有剩余的空间。

　　与月球正面最大的盆地不同，南极-艾托肯盆地的底部没有像玄武岩海一样平坦的表面。但是，它仍然比周围的高地更暗，这可能是因为它比其他盆地更深入地壳。南极-艾托肯盆地有十三公里的深度，而它东北边缘的莱布尼茨环形山是月球上最高的山峰。地质学家认为南极-艾托肯盆地是月球上最古老的可辨认地貌，并且已经确定了其中可能出现的岩石熔融区，这将为确定撞击的确切日期提供证据。

　　无论撞击是在雨海纪盆地形成之前还是之后发生的，这些盆地在撞击之后可能很快就消失了。考虑到要在地质时间尺度上延续星际趋势的精神，我提出以下建议。目前尚无具体标志表明冥古宙的结束时间，因此，作为一种权宜之计，是否可以使用雨海纪来确定冥古宙结束的时间呢？盆地的形成是月球上占主导地位的地质过程，也是早期地球上非常重要的一个过程。在此后的三十八亿年里，月球和地球上的盆地出现了分歧——直到最近，人类活动开始把它们搞得一团糟。无论人们是否同意地球和月球应该共享一个人类世，我们似乎都有理由认为，应该以一个事件作为地球和月球不同但孪生的童年的结束标志。如果冥古宙的结束是一个有明确记录的事件，那么它必须是月球上的一个事件。月球上最独特的海洋边缘和所有人都能看到的半圆形山脉的弧线，当然是一个很好的备选事件。

在月球的历史上，撞击事件不断发生。罗伯特·海因莱因曾开玩笑地说过，"月球上从来没有发生过任何事"，唯一的例外就是撞击。撞击至少带来了两种人类可能会珍视的物质。

第一种物质就是水。许多小行星都由含有少量水的矿物质构成，而被称为"碳质球粒陨石"的陨石中，水的含量可能超过百分之二十。彗星还要比这更加湿润。当这些物体撞击月球时，它们所含的水会蒸发，其中大部分蒸汽会立即逸出太空，但仍有一部分留在月球上。在月球晨昏线的一侧，炽热的阳光会使这些蒸汽形成一个脆弱的大气层，而在晨昏线的另一侧，黑暗和寒冷的环境则会使这些蒸汽形成无法察觉的霜。每当晨昏线扫过月球时，有挥发性的水会从下面的冰层移动到上面的蒸汽中，然后再返回冰层。

随着时间的推移，大部分这种不对称的大气层都会消失，因为月球太小了，无法维持这样的大气层。太阳的紫外线会使挥发性分子电离，之后太阳风的带电粒子会将它们带走。但是有一部分大气层会一直凝结成霜，因为月球的某些部位很少见到阳光。

月球的倾斜度很小，几乎垂直于黄道。这意味着月球的两极被切向照亮，太阳从不会上升到地平线之上。月球两极的影子会很长，有些影子甚至永远不会消失。在月球两极的环形山中，有一些地方位于地平线以下，阳光无法照射到这些区域。太阳可能会升得足够高，照亮环形山内缘，形成被晨光照亮的一面。伽利略在第一次说服人们相信环形山是环形山时，将被晨光照亮的环形山内缘比作阿尔卑斯山谷的西面。当月球缓慢旋转时，被照亮的内缘部分也会发生变化，就像在缓慢旋转的烤盘上烤食物一样。然而，尽管环形山的大部分边缘在某些时候都会被照亮，环形山底部却从未被照亮，那里能见到的唯一光亮是由边缘反射的次生光。

有些环形山内部甚至见不到次生光，因为环形山内部还有更小的环形山，这些内部环形山看不到外部环形山的边缘。

这种深处永恒黑暗的环形山大多数分布在月球南极周围，其中有一座是以吉恩·休梅克命名的。该环形山位于南极-艾托肯盆地深处，这使得它在躲避阳光方面领先了一步。月球北极也有一些处于无尽黑暗中的环形山。月球两极的黑暗地区都非常冷，比冥王星的表面还要冷。虽然冥王星与太阳的距离比月球远三十倍，接收到的太阳光可能比月球弱一千倍，但冥王星表面每一处地方在某些时候都会接收到一些阳光，而一个几十亿年没有接收到阳光的地区会变得非常寒冷。月球上没有阳光的环形山的地面温度约为零下二百三十八摄氏度，只比绝对零度高三十五摄氏度。

如果环形山内的撞击或其他来源产生的蒸汽使其充满冰霜，并且随后没有任何机制使它们重新蒸发，那么冰霜会逐渐积累。这种积累使冰川的缓慢增长看起来很快，但实际上已经经历了数十亿年。因此，可能会形成一种仿佛向天空生长的冰川：幸运的话，一层被尘埃污染的冰每一百万年会增长几毫米，只能被其缓慢接近的星星照亮。

在过去的数十亿年中，情况一直是这样。不过，在格林斯彭的人类世开始后的第二十五年左右，其他辐射开始照射在环形山上。人类最初使用的是雷达和激光，它们从轨道上照射下来，探测环形山的深度。随后，人类的其他仪器利用恒星的光线，从环形山内部捕捉紫外波段的星光反射。这些研究及其后续研究提供了强有力的证据，证明这些环形山的深处确实存在着冰层。

这使得那些热衷重返月球的人非常高兴。两极的冰层可以作为研究基地或永久定居点，提供水和氧气，大大降低从地球带来补给的需求。将水分解成氢和氧不仅可以提供高质量的火箭燃料，还可以提供完美的燃烧材料。

另一种由撞击带来的宝藏是来自其他地方的岩石。将陨石从地球带到火星的撞击会将更多的陨石带到月球表面，也会带去来自火星和金星的陨石。于是，月球平原上散落着各个内行星的碎片。由于缓慢但不断的新撞击的搅动，大部分陨石碎片被埋在月球表面之下。但只要进行仔细检查就能识别。

在二〇〇三年一篇富有诗意的论文中，三位行星科学家指出，撞击让月球成为"地球的阁楼"。尽管月球上的很多东西可能只是垃圾，但你会发现这里的东西比想象得更多，也更加古老。或许这里藏有奇珍异宝，或者珍贵的传家宝。

在有价值的奇珍异宝方面，每一百平方公里的月球表面可能会有三十公斤来自金星的岩石，但要找到它们是一项艰巨的任务。金星表面的温度高达四百四十摄氏度，而且被比地球厚一百倍的大气层所包裹，这使得获取金星的样本一直以来都是一项艰巨的挑战。着陆在金星上也非常困难，只有两个苏联探测器成功过，但着陆时间不超过几个小时。即使在技术条件允许的情况下，要从金星表面带回地壳的样本也是难上加难的事情。更何况，这种任务只能够采集到金星表面年轻、被熔岩覆盖的地壳碎片。然而，在几十亿年前，金星的大气层还没有形成，可能还有海洋，此时的金星地壳是遥不可及的。[①] 相比之下，月球上可能会有一些来自内行星的地壳，因为在冥古宙时期，内行星之间的岩石转移大多发生在剧烈的撞击过程中。

在月球上，无论最终会有多少岩石来自金星，来自地球的岩石都会更加常见。在同样的一百平方公里土地中，科学家可

---

① 这种早期金星的可能性，恰好是一个与大卫·格林斯彭特别相关的主题。

208

能会找到三十公斤来自金星的岩石，但根据"地球的阁楼"理论，他们预计会找到二十吨来自地球的岩石。大部分地球岩石来自冥古宙，因为地球不断回收再利用岩石，所以地球上几乎没有关于这一时期的记录。然而，在二〇一九年初，休斯敦的地质学家宣布在"阿波罗14号"带回的角砾岩中，发现了一块他们认为来自地球冥古宙时期的岩石碎片。

月球不仅是将地球地质学通过行星科学输出到太阳系的实践，也不仅是对地球时间细分的记录（涵盖了冥古宙和人类世），更重要的是，月球是天空中最古老、最珍贵、最稀有的主题之一。詹姆斯·内史密斯曾说过，月球保留了早期火山地球的样子，这一说法是错误的，但内史密斯认为月球是宇宙创造的遗迹之一的观点是正确的。

如果说在宇宙任何地方都可能发现含有地球上最早生命痕迹的岩石，那么在月球上发现这些岩石的可能性将是压倒性的。

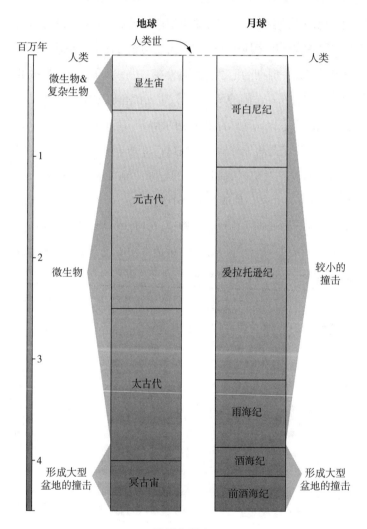

地质年代表

轨道线

登陆月球所面临的挑战不仅仅是距离，实际上主要问题甚至不是距离，而是速度。就像行星和卫星一样，宇宙飞船在不断下落的过程中，它们的轨道是由太阳和附近较小天体的引力场决定的。要从一个轨道移动到另一个轨道，必须以正确的量在正确的方向上改变速度。从一个轨道到另一个轨道所需的速度变化量称为 delta-v。从地球表面到月球表面需要大约每秒十五公里的速度变化量。

登陆计划需要分阶段实施，因为每次航天器改变轨道时，都需要额外的速度变化。其中，第一阶段的速度变化要求最高。航天器需要进入近地轨道以克服各种阻力并达到约每秒7.7公里的速度。在实际操作中，航天器的速度通常需要达到每秒九公里左右。

之后，航天器需要从围绕地球的近圆形轨道进入一个高度椭圆的轨道。这个轨道的近地点仍然接近地球，但远地点在月球上方。这次变道需要大约每秒三公里的速度变化量。一旦航天器到达月球附近，它就需要再次改变轨道，进入绕月轨道，这需要额外的每秒一公里的速度变化量。

一旦进入绕月轨道，如果航天器要着陆，它还需要每秒两公里的速度变化量才能失去轨道速度，最终停在月球表面。

由于没有月球大气层，航天器可以非常接近月球表面，因此不需要最后一步。航天器曾经在距离月球表面很近的高度飞行，高度约为三十公里左右。然而，绕月球轨道也带来了其他问题。月球地壳的质量分布不均匀，月海等地区的密度较高，就像幻影般的礁石，低空飞行的卫星轨道必须经过精心设计，以抵消这些扰动的影响。另一方面，高于一千二百公里的轨道会受到地球引力的影响而变得不稳定。

航天器回到地球的过程相比进入月球轨道要容易得多。当航天器飞向月球时，地球的引力会将其往回拉，这实际上就像在攀登。而在返回过程中，一旦航天器突破了月球相对较弱的引力，地球的引力就会完成剩下的工作。在着陆之前，你可以将轨道速度转化为大气层再入时所需的高温能量，以获得免费的速度变化。尼尔·阿姆斯特朗和巴兹·奥尔德林只需要不到每秒三公里的速度变化量就从静海基地回到了太平洋，他们甚至还绕道接走了迈克尔·柯林斯。正如《目的地月球》中的一个角色所指出的那样，连小而简陋的火箭，如 V-2 火箭，都可能完成这次旅行。

这说明在太空中最重要的是速度的变化量，而非距离的远近。从月球到地球只需要进行相反方向的旅行大约五分之一的速度变化量。

　　这个观点的另一个证据是，用于到达月球表面的速度变化量足以使航天器到达更远的目的地。所谓"近地小行星"，只是因为它们的轨道偶尔使它们接近地球。在任何给定时间，典型的近地小行星与地球的距离都是地月距离的一百到二百倍。但是，就速度变化量而言，有相当多的近地小行星和月球一样容易到达，这只是一个进入正确轨道并等待近地小行星的问题。实际上，到达火星的小卫星所需的速度变化量并不比到达地球的大卫星——月球所需的速度变化量多（到达火星表面则是另一回事）。这意味着，如果一个人热衷开发太空资源，月球和地球的近距离并不一定使它成为最理想的目的地。

　　不是所有的轨道都必须围绕一个物理天体。当较小的天体围绕较大的天体旋转时，它们的引力场相结合，在空旷的太空中形成一些区域，航天器可以在这些区域附近进行探测而不受干扰。这些区域被称为"拉格朗日点"，以第一位研究它们的物理学家约瑟夫·路易·拉格朗日的名字命名。对于地球和月球，有两个拉格朗日点与地球和月球的距离相等，一个在地月轨道前方六十度，另一个在后方六十度，分别称为 L4 和 L5 点。地球和月球的另外两个拉格朗日点位于地球和月球之间的直线上。L1 点位于月球正面中部的中央湾之上不到六万公里处，约为月球半径的三十倍或地月距离的百分之十五。L2 点在月球背面中部略高于六万公里处，它几乎直接位于以尤里·利普斯基命名的一个环形山上方，这位苏联科学家利用

"月球 3 号"的数据绘制了第一张完整的月球地图。在与地球和月球的连线垂直的 L2 点的"晕轨道"上，航天器可以欣赏到月球背面的景色，同时也可以从月球的边缘看到地球。

这些拉格朗日点的用途可能还有待进一步发掘。目前，L2 点周围的轨道已经被利用了。例如，二〇一九年一月，中国的"嫦娥四号"在月球南极-艾托肯盆地着陆时，只能通过位于晕轨道上的"鹊桥"中继卫星接收指令并返回数据，后者能够与地球和月球背面保持无线电联系。

"鹊桥"一词的意思是"喜鹊之桥"。传说中的织女是一位来自天庭的少女，她用云朵为她的父亲玉皇大帝织绣。织女和牛郎坠入爱河，牛郎为了和她在一起，追到了天庭。然而，玉皇大帝不同意他们的爱情，下令让这对恋人生活在银河的两端，银河成为一个不可逾越的障碍。但是，每年七月初七，喜鹊会搭起一座桥，跨越这个障碍，让牛郎和织女得以相会。这一天，这对短暂团聚的恋人的眼泪会变成雨水降在地球上。

第五章　原因

太棒了！父母把我们拉到电视前，电视和月球一样是黑白的，实际上主要是灰色的。他们还把我们带到室外，指着天空。天空中的月亮和屏幕上的月亮都在那里，既是他们的，也是我们的，我们分享了一些巨大而奇妙的变化。成人的世界也适用于孩子，也适用于成人希望孩子成为的样子。

当然，并不是所有的父母都会这么做，也不是所有的人都是孩子。对于有些人来说，分享同一个月亮可能不是最重要的，甚至可能不算什么。但对于许多人来说，与历史相遇是愉快的，甚至对某些人来说是深刻的。兴奋的成年人指向前方，承诺更大的世界即将到来，那是屏幕外的天空世界，是我们成长的空间。

我们不知道"土星5号"运载火箭只生产了十五架，也不知道只剩下九架。我们不知道最后三次阿波罗任务将被取消。"我只是不想承担可能出现失误的风险。"尼克松总统说。我们不知道苏联在未能成功建造自己的土星级超级助推器后，已经不再计划将他们的人送上月球或其他地方。我们也不知道其他国家根本没有登月计划。我们没有意识到，尽管一九六九年发生了许多令人兴奋的事情，但美国公众从未对登月任务抱有极大的热情，对他们来说，其他的优先事项也很紧迫，都有自己的价格标签。月球世界是为我们的成长而存在的，是为每个人存在的。我们的父母似乎向我们保证，未来的历史会随着我们的成长而成长。

然而没有。

当然不是什么都没有发生。实际上，美国国家航空航天局自建了航天飞机，完成了一百多次飞行任务，但同时也失去了两架轨道飞行器和十四名宇航员。冷战结束后，美国和俄罗斯与欧洲航天局、日本和加拿大合作建造了国际空间站，成为一个宏大的项目。时至今日，宇航员已在国际空间站连续工作十八年。"漫游者"在火星的沙漠中缓慢行进，边走边进行地质勘探；"卡西尼号"轨道飞船在土星的卫星和土星环之间飞行。通信卫星成为一项大生意，太空对商业和军事都变得至关重要。

但对于那些有时被称为"阿波罗孤儿"的人来说，这些还远远不够。对于这些五十岁左右的人来说，太空仍然是一种鼓舞和失望。阿波罗计划似乎没有取得任何成果，这可能会让许多人失望，但他们中的大多数人并没有经常考虑或者从来没有思考过这个问题。然而，随着年龄的增长，一些人发现太空计划的缩减让他们感到痛苦和背叛。有些人痛心地问道："如果我们能够将人送上月球，为什么不继续探索？"或者，他们会补充说，为什么我们不能将女性送上月球呢？这些阿波罗孤儿们一直关注着太空计划，成为科学家和工程师，以便能够参与其中。他们向孩子们传授有关知识，有些太空计划激发了他们的热情，但没有一个太空计划让他们感到满意。

阿波罗孤儿们相信人类的进步与在地球之外的存在密不可分，这对每个人都有益处。阿波罗孤儿们渴望像史蒂夫·乔布斯所说的那样，在宇宙中留下印记。但是，他们也感到不安，因为他们希望的印记可能已经被制造出来，但历史的裁判者很容易抹去这些痕迹。

还有一些人，他们和阿波罗孤儿相反，以奇怪的方式否认登月事件，认为那是伪造的。这当然不是伪造的；他们确实做到了。但是，没有进一步的太空探索和发展，是否意味着登月事件从未发生呢？这难道不会让人觉得登月事件是另一种伪造吗？未能实现的梦想不一定是谎言，但正如布鲁斯·斯普林斯汀在《河流》中所提示的那样，情况可能比我们想象的更糟糕。

他们的童年和信仰告诉他们，失去未来是不可避免的。这种不和谐的失落激励着他们，也让他们疲惫不堪。他们感到痛苦、怨恨和愤怒。他们对美国国家航空航天局、国会、军工复合体和所有对太空未来负有责任的人感到愤怒，因为这些人没有达到应有的水平。他们对那些不听话的傻瓜、只会嘲笑的愤世嫉俗者，甚至是其他忠实信徒中没有坚持正确信条的人都感到愤怒，愤怒于所有不理解他们的人。

如果有人不理解，那就是所谓的阿波罗孤儿。对于孩子来说，所有的新事物都是新的开始。但是阿波罗计划是一个终点，它是太空竞赛的目标，而不是太空竞赛的基础。无论是在美国还是其他地方，阿波罗计划消除了曾经存在的少数几个前往月球的合理动机，却没有留下新的理由来取代它们。美国成功地向全世界展示了自己在技术上的卓越地位。虽然阿波罗计划的主要目的并不是发展科学，但休梅克等人的倡导以及他们所激发的热情，确保了基础科学已经完成。月球是由什么构成的？它是如何形成的？自那时以来，它是如何被塑造的？这些问题基本上都已经有了答案。

当然，有些月球地形至今未被人类探索过，月球背面的天空也未被揭示，后月海火山喷发形成的岩石尚未被采集。但这些都是次要的问题。科学使得探测器着陆火星，飞越木星、土星及其卫星，并第一次探访水星。科学在向外发展，而不是回头，它可以不需要宇航员。太空可以成为思想的前沿阵地，不需要像保护脆弱的身体那样小心翼翼。

奔向月球。向月球倾诉哀思。在月球漫步。描绘月球。这些曾是幻想的画面，或者是令人失望的画面。现在，它们再次出现。

罗伯特·海因莱因的《出卖月亮的人》(一九五〇年）的主人公，迪洛斯·D.哈里曼是一位大亨，他决心发射第一枚登月火箭，即使这将耗尽他自己和许多人的全部财产。

迪洛斯，你为什么不放弃？

这个调子你已经唱了这么多年了。

也许有一天人类会登上月球，尽管我对此表示怀疑。

但无论如何，你和我都活不到那一天了。

如果我们坐在我们的胖屁股上，

不做任何事情来使登月发生，我们就不会看到它。

但我们可以让它发生。

哈里曼在哄骗商业伙伴、政界人士和金融家支持他的狂热时，介绍了一系列广泛的融资计划和基本原理，其中有些计划正是阿波罗计划所使用的。在随后的几十年里，哈里曼所有的计划都被再次尝试，并被发现存在缺陷。

在约翰·F.肯尼迪于竞选活动中承诺美国"新边疆"之前十年，海因莱因的哈里曼早就以美国新疆域和新视野的定居者故事的形式提供了灵感。

告诉他们这意味着新的疆域……

这一想象成为阿波罗计划的一部分，它的吸引力一直持续至今，但只有少数人有深刻体会。对大多数人而言，"新边疆"只是更广泛的例外主义信仰的一部分，即美国不仅仅是一个世俗的国家，而且还具有一些激励人心的希望。随着阿波罗计划的取消，美国的载人航天计划很可能会面临后阿波罗计划的命运，而正是这种强烈的情感挽救了美国的载人航天计划。一九七一年，时任管理与预算署署长的卡斯帕·温伯格在备忘录中建议，美国不应完全取消载人航天计划，而应该建造一架比"阿波罗号"更先进的航天飞机。

温伯格强调，"除了增加福利、修复城市、提供阿巴拉契亚山区援助等项目，美国还应该有能力承担其他事情"。理查德·尼克松总统在旁边用笔写道："我同意卡斯帕的看法。"美国将继续探索太空，因为没有其他国家这么做，并且美国会继续将探索太空视为自己的一种独特之处。

和阿波罗计划一样，航天飞机也被认为是通向有利可图的新技术的途径。

……为繁荣打了一针强心剂。

在这方面，航天飞机没有得到回报。世界感兴趣的技术种类正在发生变化。

快速的运输会带来收益。总是如此。

蒸汽机车从布里奇沃特铸造厂飞驰而过，在 F-1 发动机的轰鸣声中听到自己的巅峰，曾经那个越来越快、越来越远的时代已经结束。没有人比"阿波罗 13 号"的乘组更快。今天最快的商业飞机比一九七〇年代最快的飞机要慢。

航天飞机的军事用途也是其吸引力的一部分，但它们仅限于将间谍卫星送入近地轨道，因为在更远的太空中好像没有什么东西可以让人害怕得竞相捍卫。

> 多年来，我一直有一个反复出现的噩梦，
>
> 那就是一觉醒来，
>
> 看到头条新闻说俄罗斯人已经登陆月球，
>
> 并宣布成立月球苏维埃。

与把核武器藏在月球上相比，潜艇提供了一个更好的方法使之免受偷袭。一九六七年，在联合国谈判达成的《外空条约》之所以能够载入太空必须只用于和平用途的理念，主要是因为有能力对其进行非和平利用的两个大国看不到这样做的真正好处。

尽管来自月球的第一次广播对全世界的成人和儿童产生了影响，但月球永远不会成为有用的通信中继，

> 你有没有想过，
>
> 我们绝对不可能干扰来自月球的电视广播，
>
> 地球上的审查委员会也不会有管辖权？

因为月球在每二十四小时内可以向旋转的地球上的任何特定地点广播的时间不到十二小时。正如克拉克所指出的，地球同步轨道上的卫星作为通信中继，要比月球优越得多。美国国家航空航天局曾利用同步卫星把从世界各地的接收器上接收到的信息转发到休斯敦——给沃尔特·克朗凯特，而不用在意月球在天空中的位置如何。

在二十世纪七十年代，月球上的矿物

　　　　　　一千英亩，每英亩一美元。

　　　　　谁会拒绝这样的便宜货呢？

　　　　特别是在"月球上有铀"的谣言流传开来之后？

　　　　　　　　　　是吗？

　　　　　　　　　我怎么知道？

只是学术上的兴趣。月球上没有任何有吸引力的矿石。二十世纪三十年代以来，科幻小说中月球表面充斥着钻石的说法已经不见了踪影。

　　　　你们的地质学家都同意钻石是火山活动的产物。

　　　　你觉得我们会在那里发现什么？

他把一张巨大的月球照片放在荷兰人的桌子上。

钻石商人无精打采地看着照片上的星球，

上面布满了无数巨大的环形山。

形成钻石所需的压力只存在于月球地幔的最深部分，这个区域的钻石估计没有办法来到月球表面。

创业公司还有其他筹集资金的方式。但广告、

几天前有个人来找我。

能原谅我不提名字吗？

你可以猜出来。

总之，这个人代表一个客户，

他想买下月球的广告特许权。

他知道我们对成功没有把握，

但他表示，他的当事人愿意冒这个险。

产品植入、

当"先驱者号"月球飞船

在火焰阶梯上向天空攀升时，

其"内脏"的二十七个基本设备

将由特别设计的德尔塔电池供电……

洗劫孩子们的存钱罐

> 我也想找个机会从学校的孩子们身上榨取一些钱。
> 四千万学生，每人十美分就是四百万美元，
> 也可以派上用场。

> 为什么只要十美分?

和慈善事业

> 只要周围有宁愿送礼也不愿纳税的富人，
> 它就永远不会被榨干。

都无法做到。就这一点而言，集邮也不行。

> 乔治，你集邮，是吗?

> 是的。

> 一枚到过月球，
> 并在那里被盖上邮戳的邮票能值多少钱?

> 嗯? 但是你知道你做不到。

> 我想我们可以毫不费力地把我们的月球飞船
> 申报为一个合法的邮局分站。

"阿波罗 15 号"的乘组实际上尝试过这个方法。他们把一些没有出现在美国国家航空航天局官方清单上的盖有印章的纪念封带到了月球表面，并在后来把它们提供给德国收藏家。但是回报并没有那么大。这三个人都没有再被美国国家航空航天局送入过太空。

不过到头来，哈里曼给他的朋友们提供的任何理由和诱惑，以及去月球的目标，都不是发射月球火箭的真正意义所在。哈里曼和海因莱因从他们故事的开头就知道，

> 你必须是一个信徒！

你。不是每个人。就是你。超越地球，进入未来日出的愿景，

> 飞船在东方高耸入云，
> 她细长的金字塔在满月的映衬下
> 呈现出尖锐的黑色。

这是一件非常私人的事情，但有远见的人相信它具有普遍意义。

我认为，这些有远见的人对于人类命运的看法大多是真诚的。然而，他们也相信这种普遍的利益需要通过他们和像他们一样的人去具体地实现。一九四六年，克拉克向他在英国星际学会的同事们提交了一篇名为《宇宙飞船的挑战》的论文。在论文中，他谈到了探险家、音乐家和数学家，认为他们所做的事情不是出于任何实际或非实际的原因，而是因为他们必须这样做：

> 因此，如果我们对自己诚实，穿越太空的想法确实存在于我们内心。我们提出的任何想要穿越太空的可能"原因"都是事后的想法，是我们觉得理性上应该拥有它们而附加上去的借口。这些原因是真实的，却是多余的。当我们试图争取一些人的支持时，这些原因可能具有的实际价值在于能够影响那些也深受这些事业影响的人。这些人也许不像我们一样对航天有特别的热情，却能欣赏航天可能带来的好处。

阿波罗计划的参与者们将克拉克的热情与哈里曼的信念混合在一起，却经历了挫折的痛苦。他们并非是被未来的幻想所吸引，而是被剥夺了当下的现实。他们认为世界需要月球以及它所代表的意义。实际上，正如克拉克所看到的那样，那些有权势的人之所以想要穿越太空，是因为他们认为这可能会对他们更珍视的事业产生影响。

经过近五十年的坎坷历程，阿波罗孤儿们一直没有放弃对梦想的追求，现在，他们的等待即将迎来终点。未来五年内，一支机器人有效荷载团队将在月球表面着陆，这支队伍由中国、印度、美国等老牌航天大国以及以色列、加拿大等新兴力量组成。一些航天计划将由商业投资资助，另一些航天计划将被视为慈善事业，而不是由政府资助，还有一些航天计划由所有这些资金来源一起支持。一些人将依靠自身实力到达月球，另一些人将花费巨资乘坐其他公司或国家的"巴士"，还有一些人将免费获得"船票"。

如今，飞船队伍能够实现在月球表面登陆的原因有多个。首先，机器人太空飞行技术变得更加先进、便宜，越来越多的人对这种技术产生了浓厚的兴趣。其次，二十世纪九十年代出现了新问题，人们出于科学和实际的原因想要回答这些新问题，特别是关于月球两极那些挥发性物质性质的问题。此外，人类短时间内重返月球的可能性越来越大。重返月球不仅是为了探访，还有可能是为了在月球上建立基地，甚至是月球村。机器人在此过程中扮演着重要角色，它们是人类的侦察兵，有些是实际意义上的，有些则是象征意义上的。

不过，除了新技术和新的资金来源，登陆月球表面也有新的原因。其中一个原因来自发起太空竞赛的冷战和它所揭示的月球景观，这个问题后来被称为"生存威胁"。

在十九世纪和二十世纪上半叶，人们不相信月球的环形山是由撞击形成的原因之一，是令人不安的推论：如果月球受到这样的撞击，地球也一定会受到撞击。对休梅克首次在《陨石坑》记录的独特撞击特征的理解，证明了这一推论的正确性。一九六一年，休梅克和他的同事指出德国的诺德林根里斯是一个更大的撞击结构，一个直径二十四公里的陨石坑。几年后，加拿大萨斯喀彻温省卡斯韦尔结构的撞击起源得到确认，造成此次撞击的小行星直径为四十公里，几乎是第谷环形山大小的一半，年龄也与第谷环形山大致相同。

地质学家是地球历史均变论的忠实拥护者，起初他们认为过去的撞击事件与他们更关心的问题无关，也于他们对灾难的不信任无益。与此不同，一些科幻小说家更加关注过去的撞击事件。在一九七七年的《路西法之锤》一书中，拉里·尼文和杰瑞·波奈尔描述了彗星撞击及其末日效应，给人以物理上似乎合理、政治上却令人不安的印象。一九八〇年，加州大学的古生物学家沃尔特·阿尔瓦雷斯、物理学家路易斯·阿尔瓦雷斯与他的父亲，以及两位化学家弗兰克·阿萨罗和海伦·沃恩·米歇尔揭示了证据，证明一次大撞击导致了地球白垩纪的结束和恐龙的灭绝。这次撞击引起的海啸和撞击碎片席卷北美洲，并向大气层抛洒了足够的灰尘，使整个地球失去阳光。"'路西法之锤'杀死了恐龙。"路易斯·阿尔瓦雷斯向他的一位听众说道。

此时，休梅克和他的妻子卡罗琳以及其他一些研究人员正在使用望远镜扫描天空中威胁地球的小行星。在政策圈里，担心这些事情仍然被视为荒唐可笑，对太空爱好者来说却不是这样。他们认为，撞击导致白垩纪的终结和恐龙的灭绝这种说法强调了人类进入太空的两个原因，这两个原因在以前并不被看重。

人类进入太空的其中一个原因是寻找威胁地球的小行星或彗星，并使其偏离轨道。在《路西法之锤》中，阿波罗时代的宇航员瑞克·德兰迪清醒而痛苦地看待这个问题："再过十年，我们就能把这该死的东西从我们的道路上推开！"在科幻小说大会上，人们开始穿上印着"恐龙灭绝是因为它们没有太空计划"的 T 恤，这句话被认为是尼文先生说的，言外之意是："如果我们因为没有太空计划而灭绝，那我们活该！"

人类进入太空的另一个原因更深刻、更广泛，它建立在一种逃离而不是偏离的冲动上。凯文·扎恩勒和诺姆·斯普利特认为，当陨石坠落时，与其在海洋中原地沸腾，不如被陨石抛离地球。这种在猛烈撞击中对生命的洞见适用于人类世的人类，就像它适用于冥古宙的微生物。当生命在地球上无法存活时，离开地球为生命提供了一个避难所。正如克拉克在他一九四八年发表的第一部小说《太空前奏》中所说："对于人类来说，地球是一个太小太脆弱的篮子，不能把所有的鸡蛋都放在里面。"①

这个想法是太空旅行和超级武器在科幻作品中"双人表演"的另一种方式，可能会引发核战争的火箭被重新诠释为逃

---

① 《路西法之锤》将对这句话略微不同的表达形式归在海因莱因名下。

避核战争的手段。正如《太空前奏》中所说："原子能使星际旅行不仅成为可能，而且成为必然趋势。"在雷·布拉德伯里的《火星编年史》（一九五〇年）中，美国殖民者回望他们被核火焰吞噬的地球，我相信他们是科幻小说中第一批这样做的人物。

　　如果大多数殖民者都来自冲突的某一方，逃离战争可能是一种有效的方式，但如果火星或月球上的人们像地球政府一样分裂，那么战火似乎会蔓延。在迈克尔·斯万维克的《狮鹫兽的蛋》（一九九二年）中，月球表面的工作人员震惊地看着在他们头顶的地球肆虐的核爆炸，回到月球基地后，神经毒素使所有人发了疯。在本·波瓦的《千禧年》（一九七六年）中，美国和苏联在已经过去很久的缓和期中建造了相邻的月球基地，这里的居民看着他们远在地球的家园不可避免地走向战争。美国基地指挥官切特·金斯曼向他的同行彼得·列昂诺夫建议，联合起来宣布独立，然后袖手旁观，只有像他们这样三十八万公里之外的人才有这种避免战争的特权。

　　"你真的相信，"［列昂诺夫］缓缓问道，没有回头看金斯曼，"我们中的任何一个人能眼睁睁看着自己的家园被摧毁而不发疯吗？你真的相信他们的战争不会把我们也摧毁吗？"

　　金斯曼走到他的朋友身边，强迫自己的声音保持平静，回答说："我们可以不通过战争来解决，如果我们努力的话。"

俄罗斯人的声音十分悲伤："不，老朋友。我可以信任你，你也可以信任我，但指望近一千名俄罗斯人和美国人在看着自己的家人被杀害时，还能彼此信任，这是不可能的。"

金斯曼想大叫，但相反，他听到自己低声说："但是彼得，我们能做什么？"

"什么也做不了。世界将会毁灭。千禧年末日正在向我们奔来。"①

在月球上进行核战争的做法具有一种可怕的吸引力。然而，将这作为登陆月球的最初理由太可怕了。相较于在天空中建造一个悲惨而肮脏的掩体，投入资源用于阻止核战争肯定更好。

地球生命面临的非人为威胁，例如类似恐龙灭绝的撞击，似乎为这种撤离战略提供了不容置疑的动机。尽管避免战争比逃避战争更好，但地球生命的自然不稳定性确实可以证明扩张是合理的。通过月球了解到的地球历史受创情况重新激发了这种想法，但这并不是什么新鲜事。奥莉娅娜·法拉奇关于宇航员和阿波罗计划的作品《假如太阳陨落》（一九六五年）记录了她与父亲之间的对话。法拉奇的父亲认为生命所需要的一

---

① 在斯坦尼斯拉夫·莱姆的《地上的和平》中，地球上的战争不可避免地蔓延到月球的想法引发了合乎逻辑又十分荒谬的结局：月球上的机器人进行代理战争，以便地球人能够和平地生活。

切，包括空气、水和生长条件，在地球上都可以得到，既然如此，人类为什么要冒险进入令人窒息、没有生命的太空呢？法拉奇引用雷·布拉德伯里的话进行回应，不是用布拉德伯里的虚构模型，而是用他的预言：

出于同样的原因，我们把孩子带到这个世界上。

因为我们害怕死亡和黑暗，因为我们希望看到我们的形象被反映出来并永垂不朽。

我们不想死，但死亡就在那里，因为它在那里，所以我们生下孩子，孩子又会生下他的孩子，如此反复，直至无穷。

这样我们就能永生。

不要让我们忘记这一点：地球可以死亡、爆炸，太阳可以熄灭、将会熄灭。

如果太阳陨落了，如果地球灭亡了，如果我们人类灭亡了，那么我们迄今为止所做的一切都会灭亡。

荷马会死，米开朗琪罗会死，伽利略、达·芬奇、莎士比亚、爱因斯坦会死。所有这些人现在都没有死，因为我们还活着，我们在惦记他们，我们把他们带在身边。

然后，每一件事、每一段记忆都会和我们一起匆匆坠入虚空。

所以让我们拯救他们，让我们拯救我们自己。让我们准备好逃离，继续生活并在其他星球上重建我们的城市：

我们不会在这个地球上待太久！

这些话激发了共鸣和启示，仿佛是对人类精神的崇高呼唤。然而，它们既让人觉得英勇，也给人带来绝望。此外，这些话对阿波罗计划的赞美与许多知识分子对阿波罗计划的批评不无共通之处，而当时，任何一方都不愿意承认这一点。

一些知识分子对阿波罗计划的批评也是出于对世界末日的恐惧，只不过他们把世界末日看成现在而不是未来，这在某种程度上与当初促成太空计划的思想是一致的。正如汉娜·阿伦特在她一九五八年的著作《人的境况》中所言，试图离开地球意味着打破人类在这个世界上的根本。阿伦特作为一名学者和极权主义的反对者，不可避免地受到苏联成功发射人造卫星的影响，与法拉奇的父亲一样，她认为在技术超越的尝试中包含着一种毁灭性。人类的生存状态扎根于生死的现实之中，人类在其中诞生、成长，最终死亡。因此，太空旅行本身就是世界末日。马丁·海德格尔是阿伦特当时已经抛弃的老师和情人，在他去世十年后发表的一次采访中，也表达了类似的观点：

> 技术把人类从地球上连根拔起，彻底改变了人类的根基。当我看到从月球拍摄的地球照片时，感到非常惊恐。我们已经被彻底改变了，不需要任何原子弹来毁灭我们。现在我们所剩下的只有与技术的关系。这不再是人类在地

球上的生活方式。[1]

这些情感在科幻小说中也占有一席之地。但要在 J.G. 巴拉德的内部灾难，而不是在尼文和波奈尔的宇宙崩溃中寻找它们。

海德格尔反对的科技世界图像，正是阿波罗孤儿们所追捧的。阿波罗孤儿们将科技世界图像推广到工业和私营企业中，使之成为重返太空和月球的主要理由之一。

首个有影响力的太空计划纲要并非由国家或命运驱动，而是由普林斯顿大学的理想主义物理学教授杰拉德·K.奥尼尔提出的。见证阿波罗计划终结后，奥尼尔认为，要长期维持太空扩张，需要提供持续的利益，而不是一味地依靠自豪感。因此，他设想了一项计划来解决二十世纪七十年代中期美国和全世界面临的最大问题之一：能源危机。

奥尼尔的设想是，在地球同步轨道上建立巨大的太阳能电池板阵列，全天候吸收太空中未经过滤的太空阳光，不受黑夜和云层的影响，把电力转化为微波，并通过大气层不吸收的波长传送到地球表面的接收器。这些太阳能卫星可以满足世界能

---

[1] 有趣的是，这些言论比"阿波罗 8 号"的《地出》照片早出现了两年。除非海德格尔产生了幻觉，否则这意味着他是少数几个看到并了解到，由月球轨道飞行器发回的更早、更模糊的月球上空的地球照片的人之一。也许有人确信，作为将"世界图像"一词引入哲学的人，海德格尔应该看看这张照片。

源需求，而且不会产生空气污染、核泄漏，不依赖石油输出国组织以及化石燃料排放，尽管当时化石燃料排放几乎不是问题。①

从地球发射如此巨大的装置是不可能的。奥尼尔估计，能够在地球同步轨道上提供一千兆瓦电力的能源卫星，其质量可能达到一万六千吨。一千兆瓦电力相当于一个大型传统发电站的输出。当时航天飞机尚未建成，航天器的载货量不到三十吨，而且即使是这么小的货物也只能被运送到近地轨道。要建造像能源卫星这样大的设备，唯一的方法是从月球上获取大部分原材料。

奥尼尔的计划是使用推土机开采月球风化层，将灰尘和碎石加工成可用于制造太阳能电池板的金属和硅酸盐。这些原材料将被"质量投射器"投入太空，类似于"磁悬浮"列车，既受电磁场的支撑又被电磁场加速，无需摩擦即可在轨道上飘浮。这样横跨月球表面的直达铁路可以将货物加速到轨道速度，这样一来，人类就可以从月球获取原材料，而不需要将巨大的设备从地球运到太空中。

通过轨道，从月球获取的原材料将被带到地月系统的 L5 拉格朗日点，即在月球轨道后方六十度处。那里需要的劳动力比月球采矿所需的劳动力更多，他们将利用这些材料制造太阳

---

① 在哈里曼为太空飞行寻找的原因中，海因莱因当然也把能源纳入考量，但不是安全、清洁的能源。海因莱因把太空想象成一个存放危险能源的地方，以核电站的形式存在，他想象这些核电站永远处于爆炸的边缘。

能卫星。L5 拉格朗日点的劳动力将生活在他们自己建造的"岛屿"中，这些岛屿也是用月球原材料建造的。奥尼尔想象了这样一个结构，并称之为"三号岛"。"三号岛"是一个数公里长的空心圆柱体，在其轴线上旋转，这样生活在其中的工人将享受到模拟重力的离心力。[1] 阳光将通过长窗户照射进来，邻居们则住在自己的头顶上。

这个观点在《高边疆》（一九七六年）发表后被证明具有广泛的吸引力，得到了技术派、时尚派以及环保人士的认同。来自加州的创作者斯图尔特·布兰德曾为从太空拍摄整个地球的照片而奔走，这类照片在此之前还不存在，他利用其主持的出版物《全球概览》及衍生的《共同进化季刊》开始了这项事业。这些出版物也恰好是对詹姆斯·洛夫洛克的盖亚假说首次进行严肃讨论的场所。盖亚假说是反哥白尼革命回归地球理论的一部分，因为其他地方看起来都没有生命，这显示出地球这个生命系统的独特性。奥尼尔的观点是，从零开始，从头建造这样的微型世界，以纠正像地球这样的星球在天空中缺失的问题。

在《路西法之锤》中，失意的宇航员里克·德兰蒂在休斯敦烧烤会上向客人们大谈奥尼尔的想法。加州州长杰里·布朗也对这一想法感兴趣。加州是梦想家、环保主义者和航空航天公司的乐园，吸引上述这些人关注的问题自然值得研究。奥尼

---

[1] 任何对这种语言使用感到不安的人，请访问 xkcd.com/123。

尔的想法激发了自一九三〇年代德国太空旅行协会、英国星际协会和美国火箭协会以来第一个致力太空的民间活动家团体①。该运动的中心是一个名为 L5 协会的新组织，由海因莱因本人支持。

奥尼尔方案之所以吸引人，部分原因在于它是对二十世纪七十年代两个重大环境问题的综合回应。当时最著名的事件是由自称"罗马俱乐部"的团体于一九七二年撰写的《增长的极限》，以及同年在斯德哥尔摩举行的第一届联合国环境会议。这种新的环保主义将整个地球作为核心，将人类对环境破坏的恐惧与资源枯竭的担忧结合起来。在这充满末日预言的十年里，环境问题和资源枯竭问题一起构成了一场潜在的"温和末日"，其恐怖程度几乎与小行星撞击相当，且更加令人担忧。

斯坦福大学的学者保罗·埃尔利希和约翰·霍尔德伦总结了那个时代最令人沮丧的环境问题，并提出了一个 IPAT 模型：

$$影响 = 人口 \times 财富 \times 技术$$

这种观点认为，世界拥有的 IPAT 模型右边三项中的任何一项越多，对环境的负面影响就越大。然而，奥尼尔及其追随者认为，就像倒影或者一个翻转过来的口袋，抑或是一个不

---

① 美国火箭协会在这个阶段已经并入了美国航空航天学会，成为一个完全专业化的机构。英国星际协会则继续以其古怪的业余爱好者的方式存在，直至今天也是如此，我希望它在未来数十年里也能保持不变。

属于这个世界的天空中的世界，通过使用不会对地球造成影响或损耗地球资源的技术，空间技术可以取代那些对地球有害的技术，从而扭转这种绝望的趋势。IPAT 模型的假设是，技术会导致人口和财富的影响成倍增加。L5 主义者则声称，基于空间的技术可以减少这种影响。换言之，影响 =（人口 × 财富）/ 技术，如果技术值足够大，即使人口变得更加富裕，影响也会减小。

相信这种反转的人承诺，这个世界将有无尽的太空蛋糕和无尽的地球粮食。他们预见到各种重工业迁移到轨道上，利用无限的能源、免费提供的真空和只有在微重力自由落体下才能实现的复杂制造技术。他们谈到泡沫金属，这种金属比棉花糖更轻，比钢铁更坚硬，还有比锚索更结实的单晶须，以及混合了地球上不可溶物质的复合材料。这种轨道工业将使用来自更遥远地方的原材料供应，不仅来自月球，还来自小行星上的矿山，在那里巨大的镜子将为下面的工厂熔炼金属。轨道工业产生的任何污染都将被稀薄但持续的太阳风吹走。太阳风能够将所到之处所有蒸汽和残留物都吹到星际空间的边缘，比潮汐清洁河口更有效。太空空间是车间，是铸造厂，是卫生设施的提供者。詹姆斯·内史密斯会喜欢这一切。

这个"高边疆"永远不会关闭，它只会变得越来越高。同普内尔这样的支持者认为的一样，高边疆将使人类不仅能够生存，而且还能"有风格地生存"。登月计划越来越多，穷人越来越少。宇宙主义是资本主义的自我完善。

高边疆计划并没有把月球作为重点。在现代高边疆计划中，月球是无关元素，只是原材料来源。高边疆的未来居民对月球并不感兴趣，因为月球只是一片已经被探索过的沙漠，地平线也很狭窄。相比之下，高边疆计划的活动将主要发生在L5拉格朗日点和为其专门建造的岛屿上。[①] 这些岛屿最能体现美国对"重新开始"的热爱，它们将托马斯·潘恩所说的"我们有能力重新开始世界"的潜力具体化，提供了第二次创造的可能性。月球只是最初计划的碎片。

忽略意识形态因素，奥尼尔的计划在实践中存在一些缺陷。事实上，该计划并不切实际。即使能源价格保持在二十世纪七十年代的危机水平，即使像奥尼尔设想的那样，月球上几十吨重的设备可以将数千吨的原材料运送到L5拉格朗日点，但仅仅定期向月球运送几十吨重的设备就已远远超出了航天飞机编队的能力。奥尼尔计划的支持者认为，可能会有更有效的发射方式。然而，航天飞机队的存在恰恰表明政府并没有打算开发新的发射方式。奥尼尔计划的支持者认为，在月球上投资矿山和太阳能卫星将很快获得回报，就像在地球上投资矿山和核电站在几十年后会获得回报一样。然而，私人资本仍然对这些不感兴趣。

---

① 正如科幻小说作家本·波瓦在他的小说《殖民地》（一九七八年）中所指出的那样，L5拉格朗日点的运动和它的名字一样，是背离月球的。《殖民地》是前文讨论过的《千禧年》的续集。如果你关心月球，你会把你的殖民地放在L4拉格朗日点，这个点有同样的引力优势，能够提供特别美丽的月球景观，由东方海的巨大"牛眼"盆地主导。

二十世纪八十年代，有人提出了一种打破僵局的方法，即在月球上开采一些在地球上非常有价值的东西，而不是用于遥远的太空殖民地的散装物料。如果月球能够产出每吨价值数千万美元的东西，那么对其进行工业化就是值得的。候选的神奇物质是氦-3。

　　并非所有从太阳吹出的太阳风都能进入星际空间。有些太阳风击中行星、卫星和小行星的表面，而后者缺乏必要的磁场来偏转它。一些太阳风因此被月球风化层吸收。太阳风含有同位素氦-3，它在某种程度上是核聚变反应堆的理想燃料，在地球上是非常罕见的。

　　核聚变通过将非常轻的原子核融合成稍重的原子核来产生能量。在太空中，核聚变为恒星提供能量。在地球上，核聚变为氢弹提供能量。理论上，核聚变也为核裂变提供了一个有吸引力的替代方案，这是一个让几代物理学家着迷的理论。作为一个几乎无限的电力来源，核聚变既不需要可以制造核武器的基础设施，也不产生核废料。已经有一个关于核聚变的庞大国际计划，目的是在法国南部建造这样一个反应堆。

　　这个名为国际热核聚变实验堆的反应堆将使氘（一种很容易从海水中分离出来的氢的稳定同位素）与氚（一种必须为此目的而制造的半衰期很短的氢的同位素）发生反应。这种燃料组合有其实际原因，但并不理想。氚除了具有放射性外，还被广泛用于核武器中，即使严格来说这种应用不是必需的。此

242

外，以氚为燃料的反应堆会释放出中子，将反应堆的一部分变成需要最终处理的低水平放射性废物。

用氦-3代替氚去燃烧氘可以避免这两个问题。氦-3既没有放射性，也与核弹无关。它和氘聚变产生的是质子，而不是中子。这些携带电荷的质子可以被使用和处理，且不会产生任何其他放射性物质。因此，氦-3的前景与太阳能卫星的前景一样：清洁能源。但是，如果有合适的反应堆，每年只需要一百千克氦-3，就与奥尼尔一万六千吨重的太阳能卫星提供相同千兆瓦的电力。也就是说，每年只需几百吨氦-3，就能满足地球目前所有的电力需求。

可以理解，L5拉格朗日点爱好者和科幻小说家对开采氦-3热情高涨。伊恩·麦克唐纳的《新月》（二〇一六年）和《狼月》（二〇一八年），以及邓肯·琼斯的电影《月球》（二〇一二年）都以此为基础。地质学家哈里森·施密特曾乘坐"阿波罗17号"登月舱"挑战者号"前往月球，他也是该理论的忠实信徒。①但是，就像奥尼尔不切实际的L5拉格朗日点主义一样，事实上，这种想法更加不切实际。

为了获得这一百公斤的氦-3，需要处理数千万吨的月球石，这项工作并不比把数千吨的原材料发射到太空、冶炼并制成卫星更容易。此外，氦-3可以弥补的缺陷并不是阻碍核聚变发展的关键问题。真正致力核聚变研究的人们所担心的问题

---

① 不过，鉴于施密特曾否认气候变化论，我不太确定他所认为的对核聚变发电的迫切需求究竟是什么。

是，如何将这项技术发展到能够发电的阶段。他们已经在这方面努力了几十年，并且可以预见到还有几十年的工作要做。

而且，这一切只是针对氘反应堆而言。相比之下，燃烧氦-3要比燃烧氘困难得多，而且效果也不尽如人意。认为如果氘反应堆能够实现，人们就会发现它相对较小的缺点，并且会立即决定开始研究需要月尘矿作为原材料的更具挑战性的反应堆，这种想法是荒谬的。地球迫切需要多种形式的非化石燃料能源。但是，只有当你从需要利用月球的角度出发，氦-3看起来才是有用的一部分，而这并不是大多数人的出发点。

更重要的是，即使真的想要将月球作为清洁能源的起点，人们可能也不会将氦-3或太阳能卫星作为前往月球的原因。富有企业家精神的阿波罗计划后来者丹尼斯·温格离开软件行业，加入了太空技术领域。他指出，月球可能是铂族金属的丰富来源。这是因为在过去的四十亿年里，约有百分之三的小行星是由金属而不是由岩石构成的，在撞击月球时，这些小行星会留下铂族金属。在地球的金属市场上，即使是些小碎片，也有可能价值数十亿甚至数万亿美元。

温格先生并非对供需规律一无所知。他知道，如果一个月球采矿企业能够提供大量铂金，那么铂金价格就会相应地暴跌。但温格先生也明白，便宜的东西可能比昂贵的东西更有价值。他举例说，当铝在十九世纪初被首次生产时，价格比黄金还贵，而且大多只是被作为一种炫耀的方式。拿破仑三世有一套铝制餐具，专门放在尊贵的晚宴客人的位置上。在接下来的几十年里，这种金属的工程性能变得更加明确，但价格仍然是一个难题。在儒勒·凡尔纳的《从地球到月球》中，巴比康建议用铝来制作太空舱，这引发了讨论：

"铝？"他的三位同事齐声喊道。

"毫无疑问，是铝，朋友们。这种贵重金属具有银的洁白特性，金的不可毁坏性，铁的坚韧性，铜的易熔性，玻璃的轻盈特性。铝很容易锻造，分布非常广泛，是构成大多数岩石的基本元素。铝比铁轻三倍，似乎是为了给我们提供太空舱的材料而被创造出来的。"

"但是，我亲爱的主席，"少校说，"铝的成本价不是非常高吗？"

"刚被发现时是这样的，但现在铝的价格已经降到九美元一磅了。"

"但是，还是九美元一磅！"少校回答说，他不愿意轻易让步，"即使是这样，也是一个昂贵的价格。"

"毋庸置疑，我亲爱的少校，但也不是我们无法承受的。"

铝的价格还将进一步下降。[①] 当"阿波罗号"的宇宙飞船按照巴比康的建议，用铝制成的时候，现代世界的很多东西也都是铝制的。这种金属已经很便宜了，但对于各种工业来说，它

---

① 今天上午，伦敦金属交易所的铝价低于每磅一美元。考虑到通货膨胀，这仅为巴比康的时代的一百四十分之一。

是不可或缺的，也非常有价值。温格想象，铂金和相关金属价格的下跌，也将使铂金变得同样具有价值，特别是因为铂金将使氢燃料电池变得更便宜，从而提供更清洁、更实惠的能源基础设施。我有点怀疑这一点。但是，这种说法仍然比氦-3 的谎言更有说服力。

如今，许多月球采矿倡导者关注的不是金属或氦，而是月球两极永恒阴影中的冰和其他挥发物。这些物质的开采可能为定居者提供丰富的水源、适度的碳、氢和氮等生命所需的资源。相比之下，月岩能够提供的很少。

月球上挥发物的存在提高了月球定居点能够提供水源的可能性，减轻了实现其他重返月球原因可能需要承担的负担。此外，它们还可以提供一种支付部分重返月球费用的方式。将一吨有效载荷从月球运送到近地轨道所需的燃料，比将其从地球运送到近地轨道所需的燃料少得多。因此，如果在近地轨道上执行任务的人需要燃料和水，从月球上运输可能比从地球运输更实惠。

不过，就像铂族金属的故事一样，这也凸显了月球资源的另一个问题。氦-3、温格先生的金属和极地挥发物都来自其他地方：氦来自太阳，金属和挥发物来自小行星、彗星和一些富含水的中间地带。为什么不直接去这些物质的来源地寻找呢？对于绕地球运行的卫星来说，寻找一颗富含碳元素的小行星可能比探索月球两极肮脏的冰壳更容易获得燃料。而且从速度变化量角度来看，不考虑旅行时间，小行星可能更接近地球。虽然一颗小行星的含冰量可能无法与月球相比，但小行星的数量很多。同样，一颗富含金属的小行星可能是铂族金属更好的来源。尽管月球积累了数十亿年来自这些小行星的碎片，可能藏有一些特别珍贵的金属。

对一些太空爱好者而言，资源的来源并不重要。如果小行星能够提供更多的资源，他们就会前往小行星开采。对于那些在月球上留下印记的人以及那些仰望明月的人来说，他们所追求的是月球那个倒影中的世界，而不是整个宇宙，小行星采矿成为使月球地位边缘化的威胁。

然而，这并不是对月球唯一的威胁。对于许多人来说，他们之所以对太空感兴趣，或者说热爱太空，主要是出于对科学的热爱。对他们来说，月球并没有那么令人神往，至少与火星相比是如此。同样的情况也适用于那些希望通过实现宏伟的、前所未有的成就来传递某些信息的人们。

火星之旅比重返月球更具挑战性。往返于地球和火星之间需要数月时间，而非几天，且只能在两颗行星适当排列的情况下进行。因此，合理的任务架构要么需要持续数年，要么只能在火星表面短暂逗留。让生命维持系统在没有补给的情况下持续工作多年，这是一个前所未有的挑战。距离地球越远的任务，越容易遭遇一系列独立的偶然事件，从而导致无法预料的问题和危险。

与此同时，火星是除了月球和地球之外，唯一可以使用当今技术抵达的行星。要抵达水星或木星的卫星，需要的速度变化量太大，人们甚至都还来不及担心水星卫星的强烈太阳辐射，或木星卫星周围的致命辐射带。金星就像海洋深处，如果压力更大一些，水温将高到足以熔化铅。

相较于月球，火星的吸引力更大。火星拥有大气层，沙子和尘土可以在其上飞舞。过去，火星上有冰和水流动，形成侵蚀和沉积现象，还有火山喷发。因此，火星拥有丰富的地质历史。近年来，火星探测车在火星表面的探索揭示了这一历史。此外，火星也可能拥有生物学历史，也就是说火星过去可能存在生命。想象一下，火星地壳深处今天可能还存在着一些简单的生物体。在科幻小说和科学推测交织的世界中，人们很容易认为火星是一个有意图的、有针对性地改变气候（即地球化）的最佳目标。通过加厚火星大气层，气候可以变暖，地表水甚至植物都能够在火星上存续。这颗红色行星可以拥有红色边缘。

这种期待和神秘感使火星变得格外吸引人。航天工程师罗伯特·祖布林于一九九八年成立了火星学会，他认为该学会所倡导的定居火星是重获文化活力的一种方式，甚至也许是唯一的方式。祖布林认为，随着十九世纪末美国边境的关闭，文化活力已经流失殆尽。在我写这本书时，美国太空探索技术公司的创始人埃隆·马斯克可能是世界上被讨论最多的企业家。马斯克将火星视为应对"鸡蛋放在同一个篮子里"的灾难的保险工具。宇宙同情心和救世主式的自信混杂在一起，马斯克决心让人类成为一个多行星物种，而火星，一个地球化的火星，是这一路线上的第一步。

火星集神秘性、新挑战和科学性于一身。因此，每当美国政府制订长期太空计划时，总会考虑将人类送上火星，这是一个重要的目标。乔治·布什在一九九〇年提出的太空探索计划和他的儿子在二〇〇三年公布的太空探索愿景，都明确表达了这一点。当然，月球也是很重要的，但作为长期目标，火星计划往往会比月球更受人们的关注。

在许多人眼中，对火星和月球的探索已经互为竞争关系。对于一些人而言，这是一种友好的竞争，而对于另一些人而言，这是一场激烈的斗争。然而，将这两个目标对立起来，可能会引起误解。在不同的人看来，这种对立会表现为科学和商业、新的开始和持续增长、象征主义和实际行动、世外桃源和工业化、迟和早、当权者和弱势者、知识分子和普通工人等方面的对立。因此，就像美国的许多事情一样，这种对立有时被视为左右翼之间的斗争，每一种观点都有其质疑的价值，但没有哪一种观点是必不可少的。总的来说，火星探索吸引着那些充满梦想的人，特别是那些追求地外生命的天体生物学知识的人，他们对未完成的任务有强烈的执念，追求深奥但不切实际的科学知识。

尽管月球也具有天体生物学方面的魅力，但对于大多数人来说，月球在早期地球岩石和撞击记录方面并不那么激动人心。相比之下，月球更适合满足人们希望在地球之外有一个持续的存在的愿景。月球支持者强调牵强附会的经济回报，例如氦-3的经济回报，因为他们认为这为永久扩张提供了坚实的基础：如果太空成为一个盈利的地方，它就不会被抛弃。在这一点上，月球支持者是哈里曼的真正继承人。赚钱有什么错呢？许多太空活动家已经成为企业家，虽然他们正在寻求超越财务回报的影响，但这类回报仍然受到他们的欢迎。这不仅是鼓励进一步投资的方式，也是因为哪个优秀的资本家不想赚更多的钱呢？

阿波罗孤儿们（以月球为中心的一方）担心火星探索会让他们的童年创伤重演：旗帜和脚步声被遗留在红色的尘埃中，宇航员们会返回地球，其他一切都不会改变。毕竟，火星探索没有商业利益。[①]基于阿波罗孤儿们的理性和经验，为政治机构设定一个自我感觉良好的目标是最为适宜的，这个目标应当超越所有官员的任期。如果当真不想在太空方面付出太多，那么宣布在二十一世纪三十年代末某个时间点前往火星是个不错的策略。这种说法可以维持美国国家航空航天局及其承包商的正常运作，而不需要投入更多的资金，同时也不会让你与失败挂钩。尼克松担心美国国家航空航天局可能会懈怠，他的一些继任者也有这样的顾虑。

[①] 保罗·麦考利在小说《生命的秘密》（二〇〇一年）中，确实成功地想象了一些既具有火星意义又具有经济意义的物质，但这不是那种人们可以合理地出发去寻找的物质。

阿波罗孤儿需要太空的最后一个原因是最微不足道的，却也是最深刻的——旅行。他们都希望人类能够进入太空，其中许多人希望亲自去太空旅行。因此，进入太空本身可能就是一种商业活动。在二十世纪九十年代，许多百万富翁开始对访问"和平号"空间站的可能性感兴趣。"和平号"空间站曾是苏联的空间站，后来成为俄罗斯的空间站。迈克尔·波特的纪录片《阿波罗孤儿》（二〇〇八年）首次向观众讲述了将"和平号"私有化的失败尝试。这次尝试的一部分原因是为了提供太空旅游服务。虽然没有成功，但自二〇〇一年至二〇〇九年，许多富豪支付费用给俄罗斯航天局，以实现自己到达国际空间站的梦想。①

　　在未来，亚轨道太空旅行可能会开始兴起。这种旅游方式的飞行高度超过八十公里，但不需要任何速度变化量。据说有成千上万的人愿意支付约二十万美元的费用，去欣赏地球壮丽的风光、弧度清晰的地平线，观赏地球上方黑色的天空和遥远的云朵，体验几分钟的失重状态。目前已有计划让私人旅行进入轨道，并在空间站上建立新的酒店设施来欢迎旅客。

　　对于一些人来说，太空旅行看起来可能有些不伦不类。如果人类在太空的持续扩张是历史新阶段的开始，是一种神圣的使命的履行，是物种生存的必要条件，那么把它简化为富豪寻求刺激的行为，是不是有些低俗呢？加加林挑战了宇宙。阿波

---

① 俄罗斯还向美国国家航空航天局和欧洲航天局的合作伙伴收取这些运输服务的费用。

罗计划涉及的是崇高与世界上最大经济体的协调。然而，只是买一张票，体验一下太空，然后回家，这有什么崇高之处呢？

不过，人们还有一些其他考量。首先是私人太空旅行的实用性。要重返月球，需要投入大量资金，而富豪似乎是一个有希望的经济来源，他们渴望一起前往。更重要的是，这些富豪和你一样，对同样的事情感到兴奋。在某种程度上，太空游客是最纯粹的爱好者，他们不需要以物种生存、经济资源、民族自豪感或天体生物学洞见为理由，只需要在太空中生活和行动的经历和记忆，观赏太空的景色，感受太空的奇妙。

此外，私人太空旅行的商业化也提供了意识形态上的红利。在二十世纪九十年代初，当我第一次接触美国太空爱好者时，我很快就了解到，许多人对政府未能完成阿波罗计划感到不满，他们相信私营企业必须取而代之，使阿波罗计划永久存在。然而，有些人想得更远。他们认为，私人太空旅行的目的不仅是取代政府，而且是削弱政府存在的理由。人类登陆月球被视为政府为实现既定国家目标所能做的事情的终极象征，正如肯尼迪所期望的那样。因此，"如果我们能把人送上月球……"这句话具有双重意义，它既强调了国家可以做什么，也强调了国家选择不做什么。但如果没有这样的"我们"，会怎样呢？

我了解到，一些自由主义右翼人士认为私人太空飞行很重要，因为它将消除声望的单一政治来源，即声望的自然垄断，驳斥某些成就本质上只属于政府的说法。如果私营企业能把人送上月球（如果私人个人能做到，那就更好了），政府声称让人们团结在一起比单独行动或自由选择的联合更伟大、更高尚的说法，将被揭示为谎言。

如果你想成为一名太空游客或从这种旅行中获益，不需要相信那些华丽言辞，只需相信阿波罗计划并为之奋斗。正如阿波罗计划的长期支持者吉姆·芒西在纪录片《阿波罗孤儿》中所说，"因为这是美国，阿波罗计划最终将关乎我们自己"。人们将因为自己的理由进入太空。

或许在不久的将来，人类将会进入太空。人类将在未来十年内再次登陆月球，这是自阿波罗计划以来的第一次，而且很难相信人类不会在未来二十年内重登月球。如今，地球上将要在月球上漫步的人，比已经在月球上漫步过的人多得多。技术和月球资源是这次回归故事的一部分，但政治和个性也起到了很大的作用。

中国已经启动了一项严肃的机器人月球探测计划。中国打算在"嫦娥4号"降落在南极-艾托肯盆地之后，启动自一九七〇年代以来的首次月球采样返回任务。尽管中国宣布的下一个载人航天目标是建立永久空间站，但也谈到了随后的月球任务。中国正在设计的"长征9号"运载火箭正是用于此类任务的助推器，类似于"土星5号"。重返月球作为一个展示地球力量的机会，给中国带来的好处会比美国实施阿波罗计划以来的任何其他国家都多，而且成本更低，技术更先进，风险性更低。

这足以激发美国政治家们对重返月球的思考。虽然对于一个在一九六〇年代就登上月球的国家来说，对中国二十一世纪三十年代的月球探险持有漫不经心的态度在理智上可能是有道理的，但这大概不是明智的政治策略，在唐纳德·特朗普总统的领导下，美国国家航空航天局采取了更加明确的以月球为中心的战略，并公开表示美国计划永久返回月球，并最终盈利，其中一个原因就是美国不想被中国超越。[①]

然而，这个故事的主角不仅仅是中国。亿万富翁们也扮演着重要角色，特别是那些有硅谷背景的人，虽然不是全部。自二十世纪七十年代以来，计算机技术和软件的发展为现在处于中年或接近中年的人带来了巨大的财富，如马克·扎克伯格（三十五岁）、杰夫·贝索斯（五十五岁）、比尔·盖茨（六十四岁）。他们中的许多人仍然怀有阿波罗计划、《星际迷航》或两者结合的太空探索梦想。追寻这一梦想提供了一种生活方式，人们可以把从技术行业获得的财富用于个人满足、激发灵感、自我竞争、探索宇宙、保护和改善人类的未来、享受乐趣、炫耀以及体验崇高。

你还需要什么理由去飞行呢？（勾选所有选项。）

[①] 美国国家航空航天局这么做还有其他原因。月球倡导者所强调的私营企业的可能性总是吸引着共和党人。巴拉克·奥巴马政府特别关注火星。基于特朗普回避与前任有关的任何政策的表现，在特朗普的任期内，美国国家航空航天局的重心转向月球是肯定的事情，即使没有其他原因。

访　问

　　一九六八年至一九七二年期间，美国共完成了九次阿波罗任务，成功将二十四名宇航员送往月球并返回地球，其中有三人完成了两次阿波罗任务。在这九次任务中，有八次是在月球轨道上进行的，六次在月球表面着陆，其中有十二名宇航员曾在月球表面行走过，另外十二人没有。

　　除此之外，在阿波罗任务之前和之后，机器人航天器也多次进行了月球探测。第一次尝试是在一九五八年八月十七日，但此航天器坠毁在距离卡纳维拉尔角约二十公里的大西洋海底。接下来的九次机器人航天器尝试都失败了，无论是美国还是苏联，都是如此。尽管美国的"先驱者4号"曾进行过一次任务，但它没有到达月球。第一次成功的月球任务是由苏联的"月球2号"和"月球3号"完成的，这是苏联的第六次和第七次尝试，其中一个航天器在一九五九年底如愿以偿地着陆在月球表面，另一个按计划飞越了月球。美国直到一九六四年才用"徘徊者7号"成功完成了任务，此时距离第一次尝试已经过去了六年。

总而言之，有三十六架设计用于研究月球的无人航天器被它们赖以发射的火箭摧毁或送入歧途，有十八架在太空中失败，但是仍有五十八架按计划到达了目的地。

阿波罗任务之后，美国在一九七三年发射了最后一架机器人轨道飞行器，苏联则在一九七六年发射了最后一架月球探测器。在接下来的十四年里，只有美国国家航空航天局的"国际日地探险者卫星3号"访问过月球，但它的目的并非研究月球，而是利用月球的引力将自己送到贾科比尼-津纳彗星。这个巧妙设计的路径涉及五次与月球的相遇。

在月球被忽视的几十年里，航天任务成功飞越了木星、土星、天王星和海王星，小行星和彗星也首次被近距离观测到。火星在经历了一九七〇年代中期到一九九〇年代中期的沉寂之后，又被频繁地探测。而前往金星和水星的访问则要少得多。随着这些航天任务不断扩展太阳系的范围，在同一画面中拍摄地球和月球的照片已成为飞行团队控制相机的仪式，一种校准设备的方式，一种向媒体提供惊人图像的方式，一种更新或加深参与者对他们所努力的事业的好奇心的方式。

日本是第一个真正执行后阿波罗、后苏联计划的国家。日本在一九九一年发射了一架名为"飞天号"的绕月探测器，虽然在任务中遇到挫折，但仍成功进入绕月轨道。一九九四年，美国发射了"克莱门汀"月球探测器，旨在利用月球科学测试为"战略防御计划"（原星战计划）开发的仪器。一九九七年，美国国家航空航天局又发射了"月球探勘者号"，探测器的名字反映了人们对可开发月球资源的新兴趣。

此后，美国国家航空航天局共派出五个任务，欧洲航天局于二〇〇三年首次向月球派出任务，日本则在二〇〇七年派出三个轨道任务。印度在二〇〇九年成功发射了一个轨道飞行器和一个撞击器，并计划在二〇一九年发射更为雄心勃勃的着陆器。

自阿波罗计划以来，最具协调规划的月球任务来自中国。中国的第一个月球探测任务是在二〇〇七年发射的"嫦娥1号"轨道飞行器。二〇一三年，"嫦娥3号"将一辆小型月球车"玉兔"降落在雨海表面。"嫦娥4号"在月球背面也做了相似的探测。截至二〇一八年底，绕月或在月球附近运行的六个航天器中有三个来自中国，另外三个来自美国。

此刻，火星上有六个轨道飞行器正在工作，一个探测器正在火星表面移动，另一个探测器失去了联系，但仍在继续探测，还有一个固定式着陆器最近刚刚到达火星。这九个航天器中有六个是美国的，两个来自欧洲，一个来自印度。然而可以肯定的是，在未来十年里，月球将再次成为太阳系最受欢迎的目的地之一。

私人企业也将参与未来的月球任务。截至二〇一八年底，还没有私人任务到达月球轨道，更没有私人任务着陆月球。但是，卢克斯空间公司在二〇一四年为其德国母公司的创始人曼弗雷德·富斯通过中国"嫦娥5号T1"绕月任务的助推器发射了一枚纪念品。

这是月球对逝者的第三次纪念。一九七一年，戴夫·斯科特在"阿波罗 15 号"着陆点留下了一座小型纪念碑，向牺牲的美国宇航员和苏联宇航员致敬。一九九九年，吉恩·休梅克的一部分骨灰被"月球探勘者号"送到以他的名字命名的环形山，位于月球南极附近。"月球探勘者号"在任务结束时故意坠毁在那里。

纳瓦霍族的代表反对这种对月球的亵渎，他们认为月球是一个神圣的地方。

第六章　重返月球

重返月球的第一张票已经被预订。日本亿万富翁前泽友作已经预订了二〇二三年的月球之旅，虽然他知道飞行可能会有延迟，相关的航天器尚未建造和测试。首付款项数额巨大。

这次旅行被称为 #dearMoon（亲爱的月球），是最简单的月球旅行，走的是"自由返回"轨道。航天器将前往月球，但不会进入月球轨道，而是绕月飞行后返回地球。这一轨道是一九五九年苏联探测器"月球 3 号"使用的，首次看到了月球背面。在"阿波罗 13 号"任务中，由于服务舱爆炸造成损坏，无法按计划进入月球轨道，而后也采用了这种轨道。

虽然采用的轨道并不新鲜，但这次旅行的其余部分是前所未有的。这是一次由私人支付、从私人公司购买并通过一艘航天器进行的旅行。原则上，这种航天器可以多次进行这样的旅行。旅行所用的航天器可以容纳九个人，而不仅仅是一个三人乘组。不一定全是男人，也不一定全是美国人。这些乘客将会是艺术家。

前泽先生是一位时装设计师，虽然他还没有透露同伴是谁，也没有说明他们会从事什么样的艺术活动，音乐表演、作曲、诗歌和舞蹈等各种形式都有可能，还有可能是绘画和雕塑，或者是从事概念或表演艺术的人。从我的角度来看，最理想的情况是乘客团队中至少有一个局外人，一个在有偿的专业领域、舞台、网站和画廊之外的人，一个有着个人化艺术实践的人，可以是民俗的，也可以是神秘主义的。在一个没有令人不安的疯狂气氛的月球艺术派对中，很难不感到缺点什么。

这八个人，包括前泽友作，不论他们最初的职业是什么，都将拥有第二个职业：演员。正如罗伯特·刘易斯·谢昂在"阿波罗11号"任务后，在《星期六评论》中所写的：

> 未来，无论探险家们走到哪里，在电视摄像机的陪伴下，他们都将成为演员，为各个星球的观众表演他们含糊不清的入场和离场。没有任何地方会有真正的事件（如果曾经有过的话），一切都将由宇宙尼尔森精心安排。

当人们进行月球之旅时，他们注视着月球，而地球也在注视着他们。除非前泽先生和他们的行动完全背离这个时代的精神，否则他们的一举一动都将被高清摄像机现场直播，加上社交媒体的帖子和事无巨细的多角度报道，既创造又分裂了共同的背景。那些顽固不化地将阿波罗计划看作谎言的人将在网上嘲弄，也将受到嘲笑。在第二屏幕上，你的朋友会告诉你，你应该看什么，可能正在看什么，必须再看一遍什么，以及你应该播放什么音乐。一九六九年，阿波罗任务的控制中心是大多数在家中的单一屏幕上观看发射任务的人们第一次看到多屏幕环境。现在，所有的体验都可以被分割。

不管怎么样，唯一的月亮将会在这一切的下方经过，毫无怨言。

然而，有些人可能不满意。"媒体马戏团"这个词将成为潮流。马克思关于历史重演为闹剧的观点将被重新提出。让"阿波罗8号"大吃一惊的《地出》

哦，我的天啊！看看那边的照片！

与 #dearMoon 热切期待捕捉到的《地出》的不相符将备受关注。似乎可以肯定的是，至少有些艺术作品会令人失望，而有些人则乐于指出这一点。

然而，我们不应该一味怀念过去的真实。正如《星期六评论》指出的那样，过去同样被媒体化，只是方式不同。"阿波罗11号"是大众媒体时代的典型事件，具备必须具备的所有特征，只不过许多特征发生在太空中。"阿波罗11号"是有计划的，虽然不是由广播公司策划的，具有仪式感，独特但原则上可重复，成本高，有戏剧性、壮观、感人和统一。人们需要成为"阿波罗11号"的见证者，成为他们想成为的人，而媒体则为人们创造了这种体验。与过去的媒体事件一样，"阿波罗11号"的真实性同样是被塑造和创造的。

#dearMoon 的不同之处在于，它选择乘组人员的标准部分

是根据他们可能在月球上为艺术做出的贡献，以及他们在当下和未来几年观看、倾听和消费的人群中可能产生的影响。尽管将艺术家送入太空的想法并不新鲜，但这个项目提出了一个新的问题：如何将太空探索与艺术相结合，让艺术家们在不同的环境中创作出更加独特的作品？在"东方1号"将尤里·加加林送上太空后，谢尔盖·科罗廖夫曾说过："我们应该送去的是诗人，而不是宇航员。"自那之后，这种情绪一再得到共鸣。但在我看来，这似乎没有根据——这是将诗歌与诗意混淆。加加林的飞行不仅仅是一项技术成就，更是一次伟大的冒险，一次宣传上的巨大成功。它本身就是一件艺术品，意义在于拓展了人类的可能性，而不是强调某一个具体人物的经历。如果我们能更深入地了解太空探索对一个人的影响，也许会重新审视科罗廖夫的看法。八年后，尼尔·阿姆斯特朗回归了谦逊的私人生活，只留下他为公众所做的一切。

然而，随着重返月球任务的确定，反对将艺术家送上太空的声音也逐渐消失。如果不是艺术家，谁来领导人类再次登上月球呢？出价最高的人吗？通过抽签选出的太空爱好者？政府官员，穿制服的人或其他人？科学家呢？卡戴珊家族？接下来必须采取行动，让由来自世界各地的艺术家组成的飞行乘组不比任何其他想法糟糕，甚至比许多其他想法都更好。

前泽先生的太空之旅将由埃隆·马斯克提供支持。马斯克先生曾对太空旅游持否定态度。二〇〇三年，他创立太空探索技术公司旨在推进真正有意义的事情：发射卫星、销售相关服务，以及通过让人类成为一个多星球物种来重塑人类的境况。为富豪提供度假套餐并不是他的计划之一。

SpaceX 作为一个为工业和政府提供实用服务的供应商，取得了令人难以置信的成功。二〇〇八年九月，经过四次尝试，SpaceX 终于成功发射了第一颗卫星。自那时起，该公司一直在不断取得胜利，已经成功发射了超过五十次。在经历过三次失败的"猎鹰 1 号"最终成功发射升空之前，该公司已经将几乎所有资金投入了"猎鹰 9 号"火箭的研发，这是多么坚定的信念！现在，"猎鹰 9 号"已成为商业发射业务的主导力量。与其竞争对手不同的是，"猎鹰 9 号"的一级火箭可以重复使用，能够飞行到太空边缘，然后降落到着陆台——有时是海上的一艘船——上，随时准备再次发射。"重型猎鹰"运载火箭由三个这样的一级火箭串联而成，是有史以来最强大的商用助推器。按每公斤货物送入轨道的费用来看，它可能是最便宜的。从二〇一二年开始，日益壮大的无人驾驶"龙"飞船被"猎鹰 9 号"发射升空，用于定期向国际空间站运送物资。二〇一九年，可重复使用的"龙"飞船舱将首次搭载七名宇航员亮相太空。在过去十年中，该公司已经发展出了以前只有超级大国才拥有的能力。

这是私营企业的胜利。SpaceX 是一个新兴企业，拥有新的野心、新的技术和新的灵活性，以惊人的速度在内部研发专有技术，挑战现有权威，并将其打得落花流水。它使用了最先进的技术，并不断尝试改进自己的技术和产品。它把硅谷的精华带到了太空技术中。

但这并不是私营企业的唯一胜利。自二〇一一年航天飞机退役以来，美国就无法将货物和宇航员运送到国际空间站并返回。政府决定，与其为此目的开发新的政府航天器，不如鼓励商业载人运输服务的发展，然后由政府来支付费用。SpaceX是这种策略的受益者之一。另一个受益者是轨道科学公司，现在是诺思罗普·格鲁曼公司的一部分，该公司为此目的开发了"天鹅座"宇宙飞船。但与"龙"飞船不同的是，"天鹅座"是不可重复使用的，也永远不会有载人版本。

这种向行业购买服务的方法在美国国家航空航天局取得了巨大的成功，并成为他们的新尝试。美国国家航空航天局在"猎鹰9号"火箭和"龙"飞船上的投资不到四亿美元，随着SpaceX跨越四十个不同的"里程碑"分批支付。根据内部估计，如果按照以往的方式自行研发火箭，将需要耗费四十亿美元。现在，同样的方法也被应用于美国国家航空航天局重新崛起的月球计划。例如，美国的月球捷运公司（Moon Express）、太空机器人公司（Astrobotic）和马斯顿航空航天公司（Marston Aerospace）等小型企业，计划将有效载荷送到月球表面，为付费客户提供服务，并用于自己的目的。这几家公司正在竞争美国国家航空航天局的拨款，以帮助他们开发月球登陆器。到二〇一九年，他们将参与向美国国家航空航天局向月球运送有效载荷的合同竞标。这种固定租赁带来的稳定现金承诺，已经让几家公司站稳了脚跟。

如果华盛顿希望以同样的方式实现人类登月任务，理论上，SpaceX 可以在几年内提供地对地服务，并且所需的额外硬件相对较少。罗伯特·祖布林提出的架构只需要两种新的交通工具。第一种是一种货物运输工具，类似于平板卡车。它将或多或少地结合"土星 5 号"的三级火箭——将指令舱和登月舱送入月球轨道——和登月舱下降阶段的作用。这个平台将由"重型猎鹰"运载火箭发射，并能够将八吨货物从近地轨道运送到月球表面。

第二种新的航天器类似于阿波罗登月舱，但它配备了一个更强大的推进系统。空载时，这个新登月舱的重量为两吨，装载后约为八吨。六吨推进剂足以为新登月舱提供足够的速度变化量，使其离开月球并返回近地轨道。

罗伯特·祖布林称这种方案为"月球直达"。任务的起始点是一个无人但充满燃料的新登月舱。这个新登月舱被放置在平板车上，并由"重型猎鹰"运载火箭提升到近地轨道。接下来，由"猎鹰 9 号"火箭发射载有数名宇航员的"龙"飞船。"龙"飞船与平台上的新登月舱对接，宇航员从"龙"飞船转移到新登月舱。随后，平板车将现在搭载宇航员的新登月舱送往月球，而空载的龙飞船则留在轨道上。

几天后，平板车在月球上着陆，宇航员们下车并开始他们的任务。任务完成后，他们再次登上新登月舱返回近地轨道。在那里，新登月舱再次与"龙"飞船对接。宇航员们回到

"龙"飞船中，并返回地球。这项壮举会引起公众的热烈反响。

新登月舱虽然可以将宇航员送上月球，但由于其重量较轻，无法提供足够的舒适、设备和供给。相比之下，一个八吨重的居住舱则能够满足这些需求。因此，如果任务的野心更大，可以先用平板车发射一个空的八吨居住舱，再让宇航员在其旁边着陆，如此接连发射几个居住舱，便能建立一个小型月球基地。

这种基于"重型猎鹰"运载火箭的任务看起来相当可行、便宜、有效且受欢迎，但它与马斯克和美国国家航空航天局的议程不符。

随着商业近地轨道系统的开发，马斯克将目光投向了前往火星的道路。因此，SpaceX 公司不会进一步升级"猎鹰9号"或"龙"飞船，而"重型猎鹰"运载火箭可能只会再发射几次。相反，该公司正在专注于一种直到二〇一八年还被称为"超牛逼大火箭"①的东西，这个名字是技术准确性和花哨的粗口的结合。尽管现在已经正式更名为"星际飞船"，但我相信很多人可能仍会在相当长的一段时间内将其称为BFR②。

星际飞船是一个可完全重复使用的两级系统，比"土星5号"更强大，但其开发难度比月球平板车和新登月舱更大。为了维持更长时间的太空生活，它需要一个生命支持系统，能够在没有补给的情况下提供比国际空间站更多的支持。

---

① Big Fucking Rocket，简称 BFR。
② 值得一提的是，在礼貌的公司口中，F 仍然代表"猎鹰"。

在二○一八年底的设计版本中，助推器可以将一百吨重的二级宇宙飞船送入近地轨道，但它到达时油箱几乎是空的。因此，需要进行四次类似的发射，将二级飞船配备为油箱，将甲烷和液氧装载到轨道上的宇宙飞船中，以便将足够数量的宇航员送往火星。一旦飞船到达火星，它将在一个事先送去的化工厂旁边着陆，将火星上的二氧化碳和水转化为飞船返回地球所需的甲烷和氧气。

相较于前往火星，前往月球显然更容易实现。马斯克的宇宙飞船只需在发射后进行一次加油，就可以带着一百吨的载荷在月球上着陆，并且油箱中还有足够的推进剂用于返回地球。

你也许会认为，美国国家航空航天局肩负开发月球的重任，却越来越愿意从私营企业获得服务，因此他们会像对待"猎鹰9号"那样为这一宏伟的事业提供明智的风险分担援助。

然而，美国国家航空航天局正在自己建造太空发射系统（Space Launch System），简称SLS。这款重型火箭是乔治·布什总统时期的设想，作为发射月球任务和火星任务的工具。然而，到目前为止，SLS的开发已经耗资约二百亿美元，而且预计在正常运行之前还需要耗费更多资金。这个问题令人不快。

当月球太空发射系统首次起飞，它将使用航天飞机的发动机提供动力，但这并不是与航天飞机设计相同的发动机。这些发动机是从三个退役的航天飞机轨道飞行器中取出并翻新的旧发动机。其中四个发动机提供的推力将由加长版的捆绑式助推器提供，这也是航天飞机设计的一部分。在升级版中，这些助推器可能会被一个新的设计所取代，该设计使用的发动机基本上是土星 F-1 发动机。二级火箭将首先使用美国研制的第一台氢氧发动机的改进版本。太空发射系统的最上面将是一艘全新设计的"猎户座"飞船。它有点像阿波罗的指令舱，但供宇航员使用的空间更大，服务舱和太阳能功能也更强。换句话说，"猎户座"飞船就像载人版的"龙"飞船，但价格更高昂。

使用久经考验的技术进入轨道并没有问题。但是，斥巨资建造一个不可重复使用的系统是不正常的：在"重型猎鹰"火箭时代，一次发射将花费十亿美元，更不用说 BFR 了。然而，轨道不是太空发射系统的唯一目标，更不是其主要目标。每年对该项目投资的约二十亿美元，让马歇尔航天中心冯·布劳恩的继承人们以及许多私营承包商获得不菲收入。参议员理查德·谢尔比和他的同事们都认为这样很好。当奥巴马政府明智地试图终止 SLS 时，参议院确保了其继续存在。虽然严格来说并不是绝对必要，但参议员们希望这个发射器最终能够有所作为。即使是谢尔比先生，也不愿意简单地将它们像复活节岛雕像一样放在田纳西河上方的悬崖上。因此，他们确保了 SLS 的作用。目前，美国国家航空航天局的载人登月计划以 SLS 为中心。

如果政府放弃 SLS，那么像"猎鹰 9 号"和"龙"飞船一样，星际飞船将完全有能力包揽美国国家航空航天局未来的月球出租车服务合同。自从马斯克在二〇一六年公布星际飞船的设计以来，它已经逐步改进，其能力几乎与研发完成的太空发射系统相同。这一事实表明，SpaceX 非常清楚应该如何发展航天技术。但是，政府目前认为可以继续拒绝接受比自己正在建造的东西更好、更便宜的东西的隐含提议。

政府坚持使用 SLS 不仅仅是因为参议院对其的偏爱，而是出于战略考虑，不希望在必要的发射服务方面出现垄断供应商。许多华盛顿内部人士，尤其是国家安全界人士，认为马斯克是个怪人。美国国防部曾花费很长时间才允许 SpaceX 进入发射有效载荷市场，如发射间谍卫星，这是波音公司和洛克希德·马丁公司的合资企业联合发射联盟（ULA）的特权。正如政府购买"天鹅座"和"龙"飞船的空间站补给服务，与将宇航员送往空间站的"龙"飞船相对应的是波音公司的 CST-100 宇宙飞船。虽然星际飞船与太空发射系统有类似的能力，但是让星际飞船成为美国唯一的超重型运载系统显然让一些政策制定者感到不安，尽管超重型运载能力并没有明显的国家安全应用。

如果没有政府过去对 SpaceX 的支持，星际飞船的开发似乎超出了该公司的财力。马斯克认为，星际飞船的开发需要约五十亿美元的资金。虽然基于"猎鹰"的发射服务业务非常成功，但该业务不可能提供如此庞大的现金流，并且该市场在近期也没有太大的增长空间。SpaceX 雄心勃勃地计划建造一个巨大的新通信卫星星座，希望有朝一日能带来数十亿美元的收入。但目前，这个计划是星际飞船的竞争对手——它会争夺原本可以进入星际飞船计划的投资者——而不是可供利用的摇钱树。

　　因此，马斯克对登陆月球产生了新的兴趣。当他第一次提到星际飞船可能飞向月球时，语气并不是那么充满激情，反而更像是一种妥协或者实际上是尴尬。"现在是二〇一七年，我们本应已经有一个月球基地了。"马斯克对一群忠实的观众说道。"发生了什么？"这是那些曾经被许诺过月球的人的想法。不过，前泽先生的计划比起弥补本应由其他人来负责的月球基地的空缺有更直接的吸引力，它为 SpaceX 提供了一种为星际飞船获得开发资金的方法，星际飞船的早期版本将运载他和他的艺术家前往太空。马斯克表示："他投入了很多资金来帮助建造这艘飞船及其助推器。"

　　而且前泽先生所要求的 #dearMoon 只需要一个自由返回轨道，所需燃料很少，因此飞船不需要在轨道上加油。与前往火星的长途旅行需要大量复杂的生命维持系统不同，#dearMoon 可能只需要一个最基本的精简版本。

　　前泽先生的首付款不足以支付星际飞船的开发费用，但通过多次此类任务，可能会对星际飞船的开发做出重大贡献。很多人对组建一个由艺术家或其他人组成的登月乘组的前景感到兴奋，这可能会以十亿美元的价格实现。建立一个简单的月球基地所需费用可能比迄今为止花在 SLS 上的费用还要少。我们不能确定 #dearMoon 是否会在二〇二三年真正起飞，但即使 SpaceX 的登月计划比原定延迟，也可能在中国之前，在 SLS 计划之前，实现"重返月球"。

除了美国国家航空航天局，SpaceX 还有另一个竞争对手，那就是世界上第一个市值达到万亿美元的公司之一亚马逊的创始人杰夫·贝索斯。自二〇〇〇年起，贝索斯每年都会将自己的一小部分财富投入火箭制造公司蓝色起源（Blue Origin）中。蓝色起源的第一款火箭"新谢泼德号"是一种小型的可重复使用火箭，与"猎鹰 9 号"的一级火箭非常相似，但只有一个引擎，性能较差。"新谢泼德号"的设计目的是发射一个太空舱，让游客在其中体验维珍银河公司提供的大气层外旅行。[①] 如果蓝色起源的火箭在二〇一九年七月二十日前能够载送第一批旅客进入太空，我一点也不会感到惊讶。

　　"新谢泼德号"火箭是以美国宇航员艾伦·谢泼德的名字命名的。艾伦·谢泼德曾乘坐第一艘"水星"飞船"自由 7 号"进行亚轨道旅行，成为第一个进入太空的美国人。蓝色起源的第一枚轨道火箭是"新格伦号"，这是一个几乎可重复使用的系统，计划于二〇二一年发射。约翰·格伦则是搭乘"友谊 7 号"进入轨道的第一位美国宇航员。与"猎鹰 9 号"相比，"新格伦号"火箭的发射能力略强，但比"重型猎鹰"火箭要弱一些。

　　此外，蓝色起源计划在超重型火箭领域进行一些研发，这个项目被称为"新阿姆斯特朗"。

---

① 当人们把这些华而不实的东西与 SpaceX 相提并论时，马斯克会表现出最明显的敌意。

到目前为止，蓝色起源的成就远远落后于SpaceX，它还没有将任何东西送入轨道，几乎没有赚到任何钱。然而，蓝色起源显然具备技术实力，"新谢泼德号"已经成功完成了九次飞行，并且基本上没有出现过任何故障。此外，贝索斯先生是个不屈不挠的人，他曾表示每年会向蓝色起源公司投资大约十亿美元，直到永远。与马斯克不同的是，贝索斯没有对火星着迷，也没有过分担心人类将所有的鸡蛋都放在同一个篮子里的问题。相反，他希望参与或领导一场太空工业革命，就像杰拉德·奥尼尔等人在上世纪七八十年代提出的那样。

贝索斯先生谈到了数十年后的未来，他认为届时将有一百万人在他们的部分生命里居住在地球轨道上，从事着在地球上不再有一席之地的产业。在这个巨大的转变中，曾经被视为核心的经济活动——制造和权力活动，将变成边缘活动。而地球则被恢复为一幅由荒野、公园、高尔夫球场和花园城市组成的镶嵌画，这里不再是生产场所，而是交货地点。不过这种转变的方式尚不明朗。

贝索斯先生深谙快递业务。在未来，蓝色起源会先将地球上的东西运输到太空，然后将在太空中制造或开采的东西运送回地球。为此，蓝色起源不仅使用"新格伦号"将货物运送到轨道上，还将使用"蓝月"飞船将货物运送到月球表面。"蓝月"可以通过"新格伦号"或其他公司的火箭进入太空，包括联合发射联盟的火箭或SLS，并在月球表面卸下4.5吨的货物。这个重量足以让"蓝月"携带一个小型返回器，将样本带回地球或近地轨道。

二○一八年底，蓝色起源与欧洲航天局、欧洲最大的航空航天公司空中客车公司以及其他一些公司共同宣布将举办一场"月球竞赛"。竞赛的挑战包括四项任务：用月球材料制造物品、从月球取回一瓶水、为月球之夜带来光明，以及在月球温室中种植植物。初创企业和小型公司将通过设计和提案参与挑战。获胜的提案将获得用于制作产品原型的资金，而最佳原型将获得用于开发的资金。最佳开发计划将获得用于建造硬件的资金。最终的总冠军将在二○二四年被发射到月球。

虽然名为"月球竞赛"，但这并不是一场登月竞赛。实际上，本世纪早些时候出现过类似的竞赛，但最多只能被认为是一场差强人意的成功。二○○七年推出的"谷歌月球 X 奖"为第一个在月球上着陆并成功发回高清视频的公司提供了两千万美元的奖金，并设置了各种小型奖项来鼓励在实现这一目标的过程中取得的成就。虽然最初的截止期限被推迟，但没有人赢得谷歌月球 X 奖。二○一八年初，该奖项被取消了，但一些竞争者仍没有放弃。例如，以色列太空登陆组织（Space IL）在二○一九年初进行了发射，而日本的 iSpace 计划在二○二○年发射一架轨道飞行器，并在二○二一年发射一个着陆器。除此之外，美国的月球捷运公司和太空机器人公司也是谷歌月球 X 奖的老选手。

"月球竞赛"并不是一项登月竞赛，而是一项在月球上完成任务的竞赛。因此，它标志着月球进入商品化的开始。到二十一世纪二十年代中期，有一些公司可能有能力将货物运往月球，并在到达月球后为其提供电力和通信连接。如果市场看起来不错，即科学家们能够让资助机构支付在月球表面进行科学研究的费用，公司能够让投资者支付勘探资源的费用，以及有足够多的富有的爱好者愿意付费，那么从月球上带回物品的任务也将是可行的。从二〇二〇年代末或二〇三〇年代初，也许会出现一些超级重型运载工具，将能够返回近地轨道的飞船送上月球，更不用说小型的居住舱了。即使星际飞船未能如期完成任务，"新阿姆斯特朗号"或"长征9号"也有可能承担这项工作。

　　一旦可重复使用的火箭能够可靠地将机器人和人类送上月球，人类和机器人就会出发。

　　私人机器人和个人也能前往月球，不再是仅限于由政府或艺术赞助人买单的机器人和人类。SpaceX的成功、蓝色起源的承诺以及曾经建立硅谷半导体和软件产业的风险资本支持的创新小型卫星公司的蓬勃发展，催生了对自由探索和殖民月球的热情。虽然这些计划尚未完全公开或成型，但人们正雄心勃勃地"重返"月球。随着越来越多的企业家在太空领域获得经验，成本远远低于过去，而且许多人有数十亿的可支配资金，未来他们有可能在月球上扮演重要角色。这不仅是对月球的开放，也是对更广阔的太空的一次伟大的开放。

可以预见的是，未来会有更多的人和公司进入太空并尝试在那里开展业务。然而，也有人担心在这个过程中可能会遭遇一些挫折。

埃隆·马斯克率领的 SpaceX 项目是自阿波罗计划以来最成功的航天器开发项目。据说，马斯克本人掌握 SpaceX 的大部分工程细节，并使其技术发展与明确的长期目标保持一致。他组建了一支能够完成非常苛刻任务的团队，并促进该团队的持续成功。这是非常了不起的成就。演员罗伯特·唐尼曾说，他将马斯克作为自己在漫威电影宇宙中扮演托尼·斯塔克时所参照的榜样。这可能会让人感到害怕，虽然他在电影《钢铁侠 2》中近乎做作的客串让人印象深刻，但实际上并没有那么夸张。马斯克并没有超能力，但他的技术已经赋予了他超能力，以至于他的决定可能会对历史产生影响，但我们无需过度担心。

马斯克是个麻烦制造者。尽管不是一个彻头彻尾的坏人，但最近他的行为似乎更让人看不惯了。当他嘲笑别人时，总是能够让对方无言以对。马斯克对合理的要求经常给予不合理的蔑视，他的自我放纵有时候可以很迷人，但也可能是让人恼火的自恋。他似乎更倾向于鄙视而不是去理解别人，对马屁精很随和，对批评者则很愤怒。马斯克在一些公开场合表现出明显的不安、笨拙，以及保护欲，这让人不禁想起他曾说自己遭受过父亲的虐待。所有这些都使事情变得更加复杂。尽管如此，我还是对马斯克的成就非常钦佩，但对他最近的行为感到厌恶。虽然在我们谈话时他表现得很友好，也很专注，但事实上，马斯克还是个麻烦制造者。

我想，马斯克肯定认为他的火星计划是无私的，但是考虑到公众对他性格的了解和怀疑，他的目标可能会让人们有些担心。建立一个殖民地来保护人类免受地球面临的威胁的想法，很容易被解读为他自己，也许还有他的朋友，提供一个避难所。

我只见过贝索斯先生一次，那是在一九九○年代的一次午餐中，我们简短地聊了聊有关世界末日的科幻故事。相比马斯克先生，贝索斯先生显然更加自律。他用自己的财富购买和振兴《华盛顿邮报》，但并没有试图影响其新闻报道的议程，这是他对美国和全世界的贡献。① 他建立的亚马逊公司提供了我经常使用的服务，当然，与此同时我也心怀愧疚地敬重我的其他朋友，他们对该公司试图尽可能减少其税收负担的行为持反对态度，并选择从规模和态度更令他们喜欢的商家那里购物。

贝索斯先生和马斯克先生一样，都充满干劲。贝索斯先生的未来设想可能被认为是一种商业化，即一个宇宙双头垄断计划。在这个计划中，蓝色起源提供天上世界的基础设施，而亚马逊则向地面世界提供上天的恩惠。然而，这似乎并不是他的动机。在我看来，贝索斯先生是一个科幻迷，热爱阅读海因莱因、奥尼尔、格雷格·贝尔和《路西法之锤》，更不用说《出

---

① 以及，显然，对像我这样的记者。

卖月球的人》了：他用亚马逊的收益来支持蓝色起源，这颇有些哈里曼的味道，但他的做法更加可持续。他认为可以通过新技术的商业应用实现科幻故事中的某些事情，并且这对全人类和他个人都有好处。

然而，贝索斯先生通过公司的无情扩张成为世界首富，这家公司以掠夺和反竞争的方式行事，长期以来一直盘剥配送中心工人的服务。实际上，这些人不得不往瓶子里撒尿，以避免因上厕所花的时间而受到惩罚。我们不应该忽视这些刺痛。

九十一岁高龄的乔治·萧伯纳，在读过克拉克的《宇宙飞船的挑战》后，申请加入了英国星际学会。他在其作品《革命者格言》（一九〇三年）中写道：

> 理智的人使自己适应世界，无理取闹的人想使世界适应自己。因此，一切进步都依赖于不讲理的人。

然而，我认为这并非普遍适用的真理。在事物的发展过程中，个人并不是进步的主要来源，很少有人会彻底地按照自己的要求重新安排世界。但是，我确实认为萧伯纳抓住了一些由公司带来的变革。我曾在一家公司工作，其创始人希望公司具有革命性，萧伯纳的这句格言就摆放在一位联合创始人的办公桌上，十分显眼。在特别不合理的争吵后，你可以指着这句格言翻白眼。"不讲理的人"在某种程度上意味着带来"刺痛"

是理所当然的。

如果太空扩张事业过度地认同并依赖那些带来"刺痛"的超级强权者，并让他们领导，那么尽管在亿万富翁的帮助下进入太空的人不需要分享那些开路者的缺点、哲学或政治，但整个太空扩张事业可能会被削弱、损害或危及。

暴　露

地球在许多方面都受到保护，例如空气和水在白天和夏天保持温暖，在夜晚和冬天使它感到舒适，它们的冷却流排出多余的热量。此外，地球的大气层还能保护其免受来自外太空的天体的影响，并吸收太阳光线中最刺眼的波长。此外，地球的磁场可以保护它免受宇宙射线和太阳风的影响。要跨越这些保护到达月球，就要暴露在宇宙中。

暴露不仅限于旅途之中。当宇航员在冷漠的月球上行走或驾驶时，他们依然身处宇宙，受到急速物质、强烈能量和极端温度的冲击，同时丧失了地球上那个充满生命活力的世界的流动性。月球表面见证了所有这些伤害和缺失。

微小的陨石颗粒不断地撞击月球表面，使月球风化层的纹理和颜色发生变化。经过数百万年的沉积，月球在一个又一个亚毫米级的环形山中变暗。任何新挖掘出来的材料——比如那些从第谷环形山中发出明亮射线的东西——都会因为这种风化而失去光泽。在十亿年后的满月上，第谷环形山将是一个微不足道的地貌，另一些未经风化的尘埃反射的明亮阳光将取代它的装饰作用。

太阳风是一种由太阳喷发出的带电离子的等离子体，是月球表面风化作用的另一个来源。尽管太阳风非常稀薄，每立方厘米仅包含约五个离子，而空气中每立方厘米则有两万五千万亿个分子，但它仍然具有一定的冲击力，其离子速度比微流星体快。月球表面需要几百万年的时间才能从一平方公里的太阳风中吸收几克物质。太阳风中的一些离子会反弹回太空，有些带电，有些则在与月球表面的短暂互动中转化为中性原子。还有一些离子留在月球周围，可能被现有的风化层吸收。太阳风中的氢离子可以吸收氧气，有时会创造水分子。目前还不清楚有多少水是通过这种方式形成的，以及这些水的最终去向。

如果这样释放出来的氧来自氧化铁，则可以将那些矿石还原为未氧化的铁。由此形成的金属铁薄层使月球尘埃的细小颗粒容易受到磁力的影响。

太阳风的影响因地球的存在而变得更加复杂。太阳风是由带电粒子组成的，而带电粒子对磁力有反应，因此地球磁场会把大部分太阳风扫走。太阳风绕着地球流动，就像小溪中的水绕着岩石流动一样。然而，一些太阳风被捕获并困在磁场中，形成一个"磁层"，在大气层上方环绕着地球。

在地球的向阳面，太阳风的冲击力会压缩磁层，在地球的背阳面，磁层则像被海风吹拂的旗帜一样被拉伸。每个月的满月时分，当月球在地球天空中与太阳相对时，会经过这个磁层，月球表面会沐浴在带正电的太阳风中，在大约一天的时间内，被地球磁尾带负电荷的等离子体冲击。

太阳不仅为月球提供风，还为月球提供光，其中包括地球表面从未得见的波长的光，例如波长很短的光，也就是"硬"紫外线辐射。这种光的能量足以将电子从原子中敲出，为向日面提供静电荷，就像用布擦琥珀一样。这种电荷在夜晚不复存在，这解释了美国"勘测者号"在日出前拍摄到的地平线上的奇异光芒。在紫外线的作用下，最轻的尘埃颗粒相互排斥，从而漂浮在阳光下，在月球早晨的地平线上形成一层矿物雾。

还不曾有人在月球表面观察到月球黎明时幽灵般的电手指，也不曾有任何设备被经过的磁尾的等离子体鞭打。"阿波罗号"的着陆都发生在非满月的明亮区域。太阳在天空中较高，但并非完全在头顶上方。然而，在重返月球的计划中，人们将会在月球停留更长时间，体验整个月球白昼和黑夜。人们将进行更广泛的探索，寻找那些能够打破月球风化层的简单既定规则的地方：如果没有被击中，不要移动；如果可以，不要允许能量的流动；尽可能保持静止。

第七章　在月球上

人类首次登陆月球的地点会选在哪里？最明显的答案是月球极地。这是温格先生关于月球基地选址的论文的主题，我在引言中描述的那次加利福尼亚火车之旅中读到过。虽然月球极地可能是人类最先前往的地方，但人类的机器人先锋将会更广泛地探索月球。

　　"嫦娥4号"成功着陆在月球南极-艾托肯盆地后，中国计划将"嫦娥5号"样本返回任务的着陆点安排在月球风暴洋的吕姆克山。这是一个有趣的高原，布满了明显年轻的火山穹丘，曾一度是阿波罗登月的候选地点。

　　作为印度"月船2号"任务的一部分，"维克拉姆"着陆器和月球车将在月球正面的曼济纳斯环形山着陆。在这个距离南极仅六百公里的地方，印度将使用探地雷达来寻找埋藏的冰。由以色列太空登陆组织开发的"创世纪号"月球探测器将被送往月球正面北侧的贝尔塞柳斯环形山。贝尔塞柳斯环形山位于澄海和危海之间。这个地方很有趣，因为这里的地壳有微弱的磁场。这里为什么会有微小的残余磁场一直是一个月球之谜。创世纪，意思是"在开始的时候"，人们希望它能标志着人类解决这一月球之谜的第一步。

对于一次规模不大的月球登陆任务来说，"创世纪号"可选择的着陆点范围是相当有限的，这并不奇怪。如果选择范围不受限制，它可能会前往与"月球漩涡"相关的有趣磁力异常点，这些"月球漩涡"是覆盖在深色风化层上的淡色带状环形物。[①] 这些图案和磁场之间肯定有某种联系，因为只有在存在磁场的情况下，人们才能看到涡旋，但至今没有人知道究竟是怎么回事。造成这个现象的其中一种可能是，磁场遮挡了部分太阳风，从而减缓了月球风化层的风化。另一种可能是，月球涡旋是由磁场与被紫外线电离的尘埃之间的相互作用形成的。这些月球漩涡也可能是反向的流星雨。

当微小的彗星尘埃高速撞击地球大气层的边缘时，地球的天空中就会出现流星雨。月球漩涡可能是由经过的彗星大气层以同样快的速度撞击月球尘埃的微小颗粒造成的。当彗星的彗核非常接近月球表面时，彗星稀薄的大气层，也称为彗发，可能会烧毁月球风化层中最小的粒子。

为了研究月球漩涡形成的可能性，需要采用某种方法接近这些漩涡。仅仅在月球漩涡上着陆是不够的，因为这里的磁场结构对研究很关键，只有当穿过磁场时，才能感知到其结构，这意味着越靠近月球表面越好。因此，美国国家航空航天局戈达德太空飞行中心开发了一项"月球漩涡上空大气的双卫

---

① 不仅仅是因为克拉克在《2001：太空漫游》中利用磁异常来暗示第谷环形山中存在外星文物。

星观测任务"（BOLAS，Bi-sat Observations of Lunar Atmosphere above Swirls）。这是目前提出的众多月球任务之一，利用了被称为立方体卫星的小型航天器。

　　两颗几乎一模一样的卫星 Bolas-L 和 Bolas-H 被捆绑在一起发射，并被送入绕月的"冻结"轨道。这是一条椭圆形轨道，有时会将两颗卫星带到离月球不到十五公里的高度。一旦两颗卫星安顿下来，它们就会释放彼此，但仍然由一条非常轻的系绳连接。Bolas-L 和 Bolas-H 相对于月球呈放射状排列，Bolas-L 在下，Bolas-H 在上。随着系绳的释放，Bolas-L 会开始下沉，Bolas-H 会开始上升。

　　这意味着两颗卫星都没有以适合其高度的轨道速度运动。Bolas-L 的速度太慢了，会向月球坠落。Bolas-H 的速度太快了，会飞向太空。但由于系绳的作用，Bolas-H 的离心倾向将 Bolas-L 向上拉，而 Bolas-L 的下降倾向则将 Bolas-H 向下拉。绳索上的张力使它们一字排开，即使它们离得越来越远，Bolas-L 和 Bolas-H 就像海洋中的两个潮汐隆起，一个受到月球的引力更强，一个受到月球的引力更弱，但它们依然排列在一起。

　　在解缆结束时，两个航天器将相距二十五公里。Bolas-L 离月球地表最近的距离只有 2.5 公里，比任何稳定轨道都要低得多。但由于有了系绳，Bolas-L 和 Bolas-H 在引力作用下仍然保持在原来的"冻结"轨道上，它们的质心仍然在系绳的中点。

BOLAS 在掠过月球表面时可以研究的一个问题是：来自太阳风的氢进入风化层的速率，以及这些氢一旦进入风化层，可能会产生多少造水化学反应。二〇二〇年，月球捷运公司计划在一个名为波德溪的地区着陆，该地区距离"阿波罗 17 号"登月舱"挑战者号"的着陆点陶拉斯-利特罗月谷非常近。届时，月球捷运公司将观察一些与之相关的过程。在月球陶拉斯-利特罗月谷的实地考察中，哈里森·施密特在风化岩中发现了"火山碎屑"沉积物。在火山爆发时，熔岩会以类似喷泉的方式被喷洒到地表上空。在这些熔岩落回到地表之前，它们有时间冻结成玻璃。波德溪似乎也富含火山碎屑，但其化学成分不同，而且风化得更久。陶拉斯-利特罗月谷的火山碎屑有着明亮而独特的橙色，在最近的一次撞击中显露出来。

波德溪的火山碎屑蕴藏着潜在的迷人科学，因为它们提供了来自月球深处的样本。这些火山碎屑还可能具有实际意义。美国科学家保罗·斯普迪斯为重返月球的科学论证做出了最多的贡献，但遗憾的是，他在看到重返月球之前就去世了。他认为，诸如波德溪这类风化良好且含有大量钛的火山碎屑，可能特别擅长从太阳风中吸收氢，并且这些火山碎屑颗粒大小均匀，使得风化层相对容易处理。因此，选择这里作为月球着陆点有一定的实际勘探意义。更重要的是，月球捷运公司的员工希望借此向斯普迪斯对月球的奉献致敬。

太空机器人公司计划在位于冷海和澄海之间的死湖着陆，旁边有一个奇特的坑，可能是一个熔岩管的开口。熔岩管是地表以下的熔岩在地表凝固后继续流动时留下的一个长长的圆柱形空洞。地球上大多数洞穴的形成依赖于水的侵蚀和溶解能力，但熔岩管的形成不依赖水。因此，它们可能是干燥的月球唯一能提供的洞穴。

二〇一五年，日本对月球马里厄斯山的雷达研究发现了一个有趣的现象，即存在一个双回波，似乎有些雷达信号是从月球表面反弹回来的，有些则是从月球表面之下的另一个表面反弹回来的。马里厄斯山是风暴洋的另一组火山穹丘。"圣杯"任务由一对卫星执行，精确测量了月球的重力场。"圣杯"任务的结果显示，在同一区域，马里厄斯山地区地壳密度低于平均水平，并且地表有一个坑，看起来就像一个坍塌了的地下空洞的穹顶。将这些探测结果综合起来，可以推测出马里厄斯山可能是月球上最佳的洞穴之一，而且它看起来很大。地球上的熔岩管道直径通常只有几米，但可能有数公里长。而马里厄斯山的管道，如果是管道的话，直径可能有几百米，高度有七十五米，是沙特尔主教座堂中殿高度的两倍。计算机模型表明，月球上快速流动的熔岩和月球的低重力可能使一些月球熔岩管更大，高度达到一公里或更高，直径达到高度的两到三倍。月球的低重力是关键，它意味着空洞上方的岩石的重量比地球上的岩石要小得多。

这不仅仅是一次外星洞穴探险的机会，这些管道还可能是居住的理想场所。月球定居点不太可能建在月球表面，类似航天器的拖车公园。这样的结构每个月都会加热到一百摄氏度以上，然后又冷却到液氮温度，面临巨大的压力和应变。而且，月球表面不仅不停被微流星体撞击，还会受到宇宙射线，尤其是高能质子的辐射——对此，地球通过磁层得到保护。更糟糕的是，日冕物质抛射还会将大量质子抛离太阳。

如果宇航员在月球表面停留一百天，即使是在屏蔽了宇宙背景辐射的居住舱中，他们也会有百分之十三的可能遭遇"太阳质子事件"。正如我们所知，这种强烈的事件足以显著提高宇航员罹患癌症的风险。此外，宇航员们还有百分之五的可能遭遇强烈到足以立即引起辐射病的事件，其中 0.5% 有致命风险。一九七二年八月初就发生了这样一次特别猛烈的事件。如果太阳在这次事件的四个月前以同样的方式对月球进行猛烈攻击，"阿波罗 16 号"的乘组查理·杜克、肯·马丁利和约翰·杨都会丧生。如果太阳在这次事件的四个月后这样做，那么"阿波罗 17 号"的尤金·塞尔南、罗纳德·埃万斯和哈里森·施密特则会遇难。在 L1 太阳-地球拉格朗日点上，可以使用悬挂在地球和太阳之间的卫星提前预警此类事件。然而，这种警告只有在存在避难所时才能够发挥作用。

因此，月球表面的居住舱需要一个内部密室，内部密室则要有厚厚的屏蔽，以便宇航员在辐射事件发生时可以撤退到里面，这会增加居住舱的重量。另一种方法是将宇航员的居住区放在洞穴中，洞穴可以为整个居住区屏蔽所有的辐射，并提供相对稳定的温度，同时还可以帮助宇航员躲避微小的陨石。因此，人们对月球上的熔岩管产生了兴趣。如果月球这块干酪上的孔洞可以被密封，它们可能就是奥尼尔的天空中的"岛屿"的地下类似物，大到足以容纳城镇，甚至是城市。在伊恩·麦克唐纳的小说《新月》中，科塔王朝的花园宫殿博阿维斯塔就是一个很好的例子。博阿维斯塔位于丰富海下方，直径一百米，完全加压。在这里，繁茂的植被被喷泉的水花和沿着花园平缓倾斜的坡道流淌的溪流所灌溉，优雅的亭台和私人空地点缀着宏伟的花园。玄武岩墙壁上建有楼梯、公寓和阳台，下面是巫班达教的奥瑞克萨的巨大浮雕。在更高的地方，明亮的混合蓝色照亮天空。博阿维斯塔花园宫殿是一个桑巴风格的混合体，融合了海湖庄园、瑞文戴尔、威尔斯的《月球上的第一批来客》（一九〇一年）中高大的月球人的洞穴和邦德反派的老巢。派对很棒。

在二十二世纪或二十三世纪，博阿维斯塔存在的可能性比五百年前的圣保罗的高楼大厦更高吗？虽然我不能确定，但我确信博阿维斯塔不会依赖出口氦-3融资。目前看来，在月球上封住一个熔岩管空腔并充满空气是不可能的，因为空气会冻结。此外，维持整个熔岩管的温度耗能巨大。至少在最初几年的登月计划中，将居住舱从地球运送到月球，安置在为此目的而挖的壕沟中，或者适度地重塑小火山口，然后用几米厚的松散石膏覆盖居住舱，会比封住一个熔岩管容易得多。这些居住舱可以比熔岩管更好地保持温暖，并且同样可以避免辐射。

随着时间的推移，建筑师可能会考虑在设计中添加烘烤的风化层砖和熔化的风化层玻璃。福斯特建筑事务所对建在充气气球之上或周围的住宅进行了一系列有趣的研究。事务所的创始人诺曼·福斯特是一位对飞行和空间的简单形式特别敏感的建筑师。但在月球上，大部分生活似乎仍将在地下进行，月球地表穹顶这种科幻小说情节似乎并不现实。任何一个像样的月球基地都需要进行作物种植。对于农作物来说，利用发光二极管调节到最有效的光合波长来提供光，要比依赖月球上两周看不到太阳的窗户更为可行。

虽然月球基地有可能建在自己的洞穴中，但无论是从形象上看还是从字面上看，这并不意味着熔岩管不值得研究。熔岩管洞穴内部很冷，因为它们就像永远被阴影笼罩的环形山一样，从来没有阳光照射。这意味着水蒸气和其他由撞击释放的挥发物会在洞穴中重新冻结，和它们在环形山中的情况一样。总的来说，环形山对冰矿工来说是一个更好的选择，因为在没有空气的洞穴里稀薄的蒸汽无法传播太远。但你可以想象这样一种情况，将一次或多次撞击和一个特定的洞穴系统结合在一起，可能会创造出一些有趣和有价值的东西。例如，格雷格·贝尔的《头》（一九九三年）中风暴洋下被冰填满的熔岩泡，这里被作为科学基地。

随着机器人探索的发展，人们对寻找这类奇特现象，以及由巧合或罕见事件造成的结构的兴趣会越来越大。或者，只是可能，寻找智慧生命。但如果期望在月球上找到外星文物，那就太过分了。不过，如果在宇宙的这一部分存在或曾经存在过外星智慧生命，如果在人类出现之前的四十多亿年里，外星智慧生命曾经造访太阳系，如果他们想为未来的智慧生命留下一些过去的痕迹，那么位于太阳系唯一的生命世界旁边的不变的月亮似乎是最合理的地方。克拉克在短篇小说《哨兵》（一九五一年）中提出了这个想法，这也为克拉克和斯坦利·库布里克合作的《2001：太空漫游》提供了灵感来源。这个想法充当了叙事的桥梁，让电影从看似合理的太阳系探索的近未来过渡到了高等智能体的星际奇遇。但这两个人也知道，寻找外星智慧生命本身就是一个很好的投机想法。

我不认为值得用深思熟虑、勤奋且昂贵的方式来寻找外星文物。然而，就像我认为检查来自整个宇宙的无线电信号以寻找智慧生物迹象是必要的一样，当人类和机器人在月球上寻找奇特的东西时，至少应该保持对存在地外智慧生物可能性的开放态度。

奇特的东西当然存在。确实，形成月球的过程比形成地球的过程要简单得多，使用的原材料也更加有限。在月球上，环境几乎没有以有趣的方式推动和塑造事物的能力。但是，月球的表面仍然比非洲的面积大，而且拥有数十亿年的时间来发展奇事和怪事，让巧合叠加在一起，从而产生真正不可能发生的事件。并不是所有的月球怪事都像磁漩涡那样容易从轨道上分辨出来，或者像熔岩管那样有趣。这些怪事大多没有实用价值，但从科学的角度来看，它们可能很吸引人，至少对专业人士来说是这样。而且，月球怪事也许还有其他意义。

然而，温格先生的论文显示，月球的两极仍然是人类在重返月球并建立基地时最佳的选择，因为它们在实用性、潜力和政治方面都具有显著优势。

　　首先，从实用性的角度考虑，月球两极的选择基于能源考虑。月球能源的主要来源是太阳能或核能，但目前还没有合适的核能选择。从地球运送核反应堆到月球的标准要求核反应堆非常轻，并且只需使用很少的水（如果有的话）来工作，维护需求也要非常低。而且，必须足够安全，使得政府批准从其领土上发射月球核反应堆。因此核能在月球上的应用尚面临很大的挑战。

　　目前来看，太阳能是月球上唯一可行的能源选择。然而，对于太阳能和农作物来说，月球持续十四天的夜晚是一个难题。一个以太阳能为能源的月球定居点将需要足够的太阳能电池板，以提供两倍于白天所需的电力，同时还需要足够的电池来储存未使用的电力，以便在月球的夜晚使用。这将是一笔相当大的投资。

　　美国国家航空航天局的工程师、诗人和科幻作家杰弗里·兰蒂斯，在研究了月球上的太阳能发电成本后，开始在小说中探索一种替代电池的奇特方式：移动。他于一九九二年创作的科幻小说《太阳漫步》是描写月球上个人智慧与宇宙现实对抗的最佳作品之一。小说中讲述了特里什·米利根在月球上坠落后幸存下来，但需要在救援任务展开的一个月中生存下来的故事。米利根身上带着一套装有大型太阳能电池板的航天服和许多蛋白质棒，但电池并不充足。因此，为了生存，除了与太阳保持同步，绕着月球走一圈外别无他法。

不幸的是，米利根在月球赤道附近坠落，这意味着她必须以平均每小时十六公里的速度走完从纽约到洛杉矶的距离，才能保持在夜晚的边缘之前。当她在平滑的月海表面以六分之一的体重跳跃时，这足够容易。但在月球背面的山区和严寒高地上前进对米利根来说是艰难的。

如果米利根在月球上更高的纬度坠落，她的漫步将会更加轻松。在月球北纬七十度的冷海——因为是月球最北端的月海而得名——附近，只需要以每小时不到六公里的速度向西漫步，太阳便将永远停留在她的肩膀上。在月球两极的一些地方，几乎不需要移动，就可以一直看到太阳。

由于月球相对于黄道面的垂直姿态，导致在月球的两极，太阳几乎永远坐落在地平线上。这种切线照明使得极地环形山的深处永远寒冷和黑暗，而极地高地则几乎一直处于白昼。这些永恒的阳光普照高地并不是什么新鲜事。早在一八三七年的《月亮》一书中，威廉·比尔和约翰·冯·梅德勒就指出，由于月球的倾角，月球两极的某些地方几乎看不到夜晚。几十年后，克劳德·弗拉马利翁采纳了这个想法，将这些地方称为"永恒的光之峰"。罗伯特·戈达德也写过这种可能性，并提出了极地高地山峰下的环形山中存在永久冷点的可能性。现在，极地环形山和极地高地这两种类型的地貌都已经被发现并进行了量化。

今天的月球地图显示，在月球的两极都有一些突起的地区，这些地区的阳光持久性很高，虽然不是永恒的，但超过百分之八十的时间都可以看到太阳。在这些环形山边缘的带状凸起地带，可以像船帆一样，垂直安装太阳能电池板，提供比其他系统多三倍的能源，因为其他系统只有一半的日照时间。因此，要在月球上建造太阳能基地，你需要一个非常充分的理由不去两极之一。

　　除了能源外，月球两极还具有其他潜力，以冻结挥发物的形式存在。在其他条件相同的情况下，大量水的存在将使维持月球基地和在那里为火箭加油变得更加容易。此外，月球上还有其他的火箭推进剂来源。可以将从月球风化层中吸收的太阳风中的氢与从各种矿物质中提取的氧结合，作为火箭推进剂。然而，尽管月球风化层中氢的浓度是氦-3的数千倍，仍需要处理大量的月球风化层才能获得足够的氢。而且，将矿物质分离以获取氧需要大量的能量。尽管月球上的能源本身很便宜，但收集和使用能源所需的设备可能会非常昂贵。与之相比，释放月球两极的挥发物就像烧一壶水那么简单，自然吸引着科学家们的关注。

　　如果你在月球上有一个基地，并且有足够的燃料供应，那么到达月球的其他地方将变得非常容易，这一事实加强了在靠近冰层的地方着陆的理由。正如罗伯特·祖布林指出的那样，新登月舱登陆器从月球返回近地轨道所需的速度变化量，足以让登陆器从一个地方起飞，在月球上几乎任何其他地方着陆，然后再次起飞，最终降落在出发的地点。只要你能准备好额外的六吨推进剂，就可以在其他月球目的地重复这个过程。

这并不是美国国家航空航天局目前计划的方式。在奥巴马总统的领导下，美国国家航空航天局提出了捕获一小块小行星，并在太空中研究它的想法。这个想法被推销成火星之旅的准备工作，但并不令人信服，许多人认为这只是不致力月球任务的借口。该想法设想在月球附近建造一个小型空间站，作为小行星研究基地。当特朗普总统将太空研究重点转向月球时，小行星计划被抛弃，而这个深空门户近月空间站更名为月球轨道平台门户，其建造目的改为探索月球。现在这个深空门户只是一个门户，但它仍然存在，就像大多数美国国家航空航天局已经开始投入资金的项目一样。不过这仍然是个糟糕的主意。

深空门户近月空间站是国际空间站的一种缩小版本，位于距离地球更远的轨道上。目前，深空门户近月空间站项目的合作伙伴与国际空间站相同，由美国主导，欧洲表示将提供一些硬件支持，日本和加拿大也表示支持，俄罗斯是否会坚持下去尚不确定。深空门户近月空间站的能源系统将从通信卫星行业购买。理论上，太空发射系统 SLS 将在本世纪二十年代中期发射第一批大型组件。

因此，在使用预制构件组装空间站的过程中，深空门户近月空间站项目在更不容易到达的轨道上再现了二十年前更加雄心勃勃的工程，但这次以较小的规模进行，旨在证明使用原本似乎无意义的火箭是合理的，但这艘火箭很可能无法按时准备就绪。

与原始的登月任务相比，通过深空门户近月空间站到达月球表面的任务更加复杂，且没有明显的好处。在深空门户近月空间站失去其作为小行星研究基地的建造目的之前，几乎没有专家认为，在近地轨道和月球表面之间设置一个停歇点对于月球任务有益。在月球上，宇航员可以控制遥控月球车，与返回地球相比，时滞要小得多，控制操纵杆时宇航员会受到大量宇宙辐射的影响，但月球基地的风化墙可以保护他们。

这并不意味着未来的太空飞行不需要轨道基础设施。如果人类或机器人能够在地球轨道上进行更多的活动，例如组装新的大型卫星、修理老旧的卫星、在微重力环境下制造特殊材料、在太空中享受美丽的月球和微重力下的性行为、制造可以摧毁其他卫星和拆卸小行星的太空武器等等，那么他们将从地球轨道的仓库中受益良多。需要速度变化量的航天器可以从这些仓库中获取推进剂。航天器返回地球补充燃料需要约每秒九千米的速度变化量。这也意味着航天器需要足够坚固，以承受再入大气层和再次发射的压力。而在太空中停留的航天器需要的质量更小，因此在给定的速度变化量下，它们需要更少的推进剂，它们可以更加脆弱。

目前，那些讨论利用月球资源进行商业活动的公司和爱好者们所设想的月球主要出口市场是轨道推进剂仓库。他们的理由是，根据速度变化量的计算，从月球表面进入近地轨道比从地球表面进入近地轨道更容易。联合发射联盟的一项研究估计，运送燃料到这样一个轨道推进剂仓库可能价值每公斤三千美元。因此，一个每年出口三百吨轨道推进剂的月球基地将会有十亿美元的收入。如果你能以大约一百亿美元的价格建造一个成本较低的月球基地，那么在考虑风险并经过谨慎评估后，这看起来是一个有潜在利润的吸引人的提议。

如果能够在月球上进行大规模的推进剂生产，甚至不需要燃烧珍贵的月球燃料来实现出口。设想一下，在月球上建造一家工厂，生产带有隔热罩和小型发动机的小桶，并将其注满推进剂。然后，这家工厂可以使用杰拉德·奥尼尔在二十世纪七十年代提出的质量驱动器理念，通过太阳能驱动，将装满推进剂的小桶抛向地球。隔热罩用于空气制动，使其减速通过地球高层大气，从而不受全速再入大气层时严酷条件的影响。小桶也因此减速，并通过小型发动机推入近地轨道，将其中的燃料存入轨道仓库。随后，这些脆弱的小桶金属结构可以被送回月球，以便重新使用或回收。

为了运输装满推进剂的小桶，月球工厂可以建造一个类似BOLAS任务的轨道绳索，但更长，并将其放置在更高的轨道上，然后让轨道绳索绕质心旋转。如果绳索处在正确的轨道、旋转速度和长度，当它垂直时，可以从月球表面正上方捡起物品，并在绳索上摆动的时候将捡起的物品抛向地球。如果这种抛出物品的手臂能够接住返回的物品，那么这个系统的能量需求可能会很小。

这意味着，以相当低的边际成本从月球出口燃料是可能的。但要实现大规模生产，就需要投入一定量的资金，因为不仅需要开采冰和挥发物，并对其进行提炼，还需要建造质量驱动装置及其发电厂，或者组装轨道绳索系统。这就是为什么尽管有速度变化量的障碍，地球仍然很可能把月球排除在燃料业务之外。在地球上，液氧和液态甲烷都很便宜。事实上，必须使用大量的液态氧和液态甲烷来把更多的液态氧和液态甲烷送入轨道，这看起来并不成问题。

有人提出，一旦星际飞船开发完成，其单位成本可能在三亿至四亿美元左右，这相当于现代大型客机的成本。如果用星际飞船进行一百次飞行，每次发射的成本大约为七百万美元。那么用星际飞船将一百五十吨燃料运送到近地轨道仓库，燃料成本大约为每公斤五十美元。

如果燃料的价格在每公斤三千美元左右，月球基地可能成为近地轨道燃料来源的有力竞争者，这个想象尚可成立。但是，想象燃料的成本每公斤只有五十美元左右无异于想象独角兽和仙尘。显然，想象星际飞船拥有如此神奇的出色性能也是如此。然而，一个成本高出五十倍的系统仍然会低于月球基地的报价。

这就是商业月球基地发展面临的基本悖论。如果没有像星际飞船这样试图提供低成本进入地球轨道方法的系统，就无法真正建立一个月球基地。但是，如果进入地球轨道的成本如此之低，那么地球将垄断近地轨道燃料市场。如果进入地球轨道的成本居高不下，那么月球基地也许可以通过出售燃料营利。

然而，如果从地球进入轨道仍然非常昂贵，那么从月球基地购买燃料的贸易也不会太多，轨道燃料市场仍将较小。

如果能像杰拉德·奥尼尔一样设想出在另一个轨道上使用数万吨非常便宜的月球材料的需求，那么开采月球可能是有意义的。同样，如果在月球上能够找到一些具有经济变革性的资源，开采月球也可能成为现实。然而，如果希望月球提供高利润的商品，而这些商品可以随时从地球发射，你可能会感到失望。

迄今为止，利用太空赚钱的项目都是以地球为中心的，包括通信、遥感、导航服务。既然太空能够支持像贝索斯这样的人的梦想，这种情况就必须继续下去。这意味着，与真正的信徒的立场相反，太空不会成为地球的替代品，也不会超越地球。太空将是地球的延伸。那样的世界可能没有多少空间来建立与经济相关的月球基地。

正如一些人所说，将月球的两极作为出口收入的来源可能并没有吸引力，但这并不意味着月球两极的挥发物没有意义。一个能在当地获得水和其他挥发物的月球基地比一个需要从地球上获取一切资源的月球基地要可靠得多。这就是为什么政治上也主张把月球的第一个基地放在两极之一，并在那里进行重返月球的首次载人登陆。这是一种主张权利的方式。

一九六七年签署的《外层空间条约》的缔约国同意将太空

视为"人类的共同领域"，不让太空成为国家竞争的场所。只要是出于和平目的，该条约对进入太空没有任何限制。缔约国对其可能用于促进这些目的的任何宇宙飞船和地外基地保留主权，就像缔约国的国家法律适用于其海上的船只或其在南极洲（同样无国籍）的基地一样。缔约国还必须对其公民拥有的或从其领土上发射的任何航天器或基地负责。但缔约国自己没有权利对任何天体或天体的任何部分提出主权要求，无论是通过宣布、占领的方式，还是其他方式。

这意味着缔约国不能对地球以外的任何地方提出矿权要求。但如果提出矿权要求的不是一个国家呢？一般来说，开采矿物资源的权利受国家法律管辖，但没有主权，法律就无法适用。这个问题要留待未来的条约、公约和议定书解决。

一九七八年的《月球协定》第一次尝试这样做。在资源方面，《月球协定》规定月球是"人类共同继承财产"，这一地位排除了纯粹为私人利益而利用月球的可能性。月球带来的经济利益必须被分享。该协定承认，负责让这些利益流动的国家对这些资源可以有特殊要求，但没有办法竞争这些资源的发展中国家也可以有特殊要求。为了长远解决缺乏资金的问题，《月球协定》还提出允许这种发展的技术也应该被共享的想法。正如歌中所唱的那样，"月亮属于每一个人"。①

---

① 在《出卖月亮的人》中，哈里曼通过贿赂让这首歌重新进入排行榜，以便为联合国宣称对月球拥有主权的做法铺平道路。哈里曼事先安排联合国授权他自己的月球公司的行动和主张。

吉米·卡特总统的政府希望批准《月球协定》，从而受其约束。但在美国和其他地方，私营企业的支持者反对这一协定。L5协会早期的运动之一就是阻止该协定的通过。虽然不论L5协会的努力是否起到了作用，但最终该条约并未得到批准。苏联也拒绝合作。当《月球条约》在一九八四年艰难生效时，它的规定只对十八个批准国有约束力，而且这些国家都没有独立的太空发射能力。

《月球协定》的条款并不会阻止对月球资源的商业开发。一九八二年签署的《联合国海洋法公约》在大陆架和领海以外的海床部分及海床之下的资源上也使用了"人类共同继承财产"这一概念。这也是美国参议院从未批准《联合国海洋法公约》的原因之一。但《联合国海洋法公约》对共同继承财产原则的应用并不妨碍商业开发。

《联合国海洋法公约》创建了国际海底管理局，旨在在分享海底采矿利益的同时，保持对投资的激励。公约的批评者认为，该机构的设立与以下事实直接相关：尽管人们对锰结核等海底资源产生兴趣已有近半个世纪，但市场上仍然没有这些海底资源流通。批评者指责该机构的规则、官僚主义和寄生性行为。这种观点可能有一定道理。但另一种观点，或者至少互补的观点是，开发海底资源所需的技术创新较为困难，且对海底矿藏的需求也并不迫切。目前，许多公司正在派遣机器人到东太平洋克利珀顿断裂带的海底，探索收集锰结核的可能性。国际海底管理局认可这些努力，并正在监测它们对环境的影响，而且可能在最终获得效益时分一杯羹。但这些公司也将在最终获得效益时受益，这是他们进行这些努力的原因。

对于《月球条约》的缔约国来说，建立类似的机制可能是徒劳的，因为它们之中没有一个国家有能力到达月球。而且如果机制考虑不周，可能会阻碍资源开发，或者说，机制的初衷可能就是阻碍资源开发。然而，在其他情况下，法律制度可能会鼓励对月球的探索和发展。进行重大投资的人通常喜欢在有稳固法律基础的情况下行动，而国际月球管理局也许可以提供这样的法律基础，并在不同利益之间进行仲裁，发挥重要作用。

一些例子。一些射电天文学家希望在月球背面建造仪器，因为月球背面是距离地球几光年的范围内唯一能够永久屏蔽地球射电辐射的地方。但是其他科学家，或者南极-艾托肯盆地的冰矿工，可能更愿意使用他们自己的无线电。那么，谁有权决定他们能够在月球上做什么呢？

太阳物理学家已经意识到，就像今天的月球风化层保存了今天的太阳风一样，过去的月球风化层也保存了过去的太阳风。今天的月球风化层和过去的月球风化层之间可能存在有趣的差异。如果人们在有地层序列的月海地区进行采样，可能会得到数亿年来太阳活动的记录。熔岩流的顶部被撞击形成吸收太阳风的风化层，这些风化层在吸收了一些太阳风后，又会被第二次熔岩流覆盖，产生第二层风化层，以此类推。但这种层积风化层中可能也很好地储存了氢和其他物质。如果这样有地层序列的地点很罕见，那么这些地点是应该供科学家保存，还是供矿工开采呢？

直到最近，这些以前从未出现过的问题还只是让太空迷担心。但现在，重返月球似乎变得相当紧迫，这也使与月球资源有关的问题变得紧迫起来。从轨道上绘制月球资源图使月球在资源方面的储备看起来更有希望，同时也让月球的资源储备看起来小得多。

月球的总面积可能比非洲大，但即使对月球两极的永久阴影区进行慷慨的估计，月球北极的面积也只比冈比亚大一点，而冈比亚是非洲大陆上最小的国家。月球南极地区的面积大致相当于非洲大陆第二小的国家斯威士兰。换句话说，月球两极的冷阱的总面积只比休斯敦市区的面积略大。月球上大约有六个"永恒光之峰"，它们在一年百分之八十以上的时间里都能提供阳光，但如果这些"永恒光之峰"覆盖的面积比休斯敦六个最大的购物中心还大，我会感到惊讶。

因此，"永恒光之峰"的山峰周围和靠近阴影的区域非常稀缺，很可能受到利益冲突的影响。那里积累的挥发物可能被视为一种经济资源，也可能被视为另一种有价值的地层记录，记录了整个太阳系历史上的撞击，以及其他过程。如果在一块区域进行大量开采，产生了杂散蒸气，可能会对其他区域造成污染。

这些问题不一定是大问题。斯威士兰虽然是一个小国家，但仍然是一个相当大的地方，有超过一百万人居住在那里。而且仅仅凭借一整个休斯敦盖勒尔购物中心的太阳能电池板，就可以提供几十兆瓦的电力。但小问题也是问题，当无法解决时，小问题可能会扩大。《外层空间条约》规定，每个可能登陆月球的国家都必须遵守该条约，科学活动优先于其他任何活动。然而，对于什么是真正的科学，什么是企图利用似是而非的科学理论来宣称对土地的所有权，《外层空间条约》并没有提供解决争议的机制，也没有提供相应的方法或干预措施。

过去，国家之间可以通过共同继承财产或其他原则达成国际协议，以建立解决争端和分配权利的框架。这种协议可能只涉及在特定时间内对特定地区进行有限索赔登记，并遵守关于污染其他地方的规则。也可能涉及更深层次的安排，例如将月球的一极指定为冰资源开采区，另一极作为科学研究区。然而，现在这个世界似乎越来越难以达成这种国际协议，因为国际机构往往保守，不愿意发挥其能力。相比其他国家，美国在太空领域的投资最多，太空技术最强，拥有更多专注于太空的企业家和初创企业。美国长期以来对《月球协定》持怀疑态度，部分原因是担心如果违反了协定，政府可能会被公民起诉。在美国，登上月球的企业家可以自主利用月球资源谋取利益，这一观念在许多美国人看来是理所当然的。

但这并不意味着《月球协定》没有实际效力。例如，如果中国加入该协定并领导一轮旨在建立新的月球权威机构的谈判——那么它肯定会试图主导这个机构——《月球协定》就会成为一个更大的议题。如果印度、法国或日本等国家也加入这一进程，议题将变得更为复杂。欧洲航天局总干事扬·韦尔纳提出了他所谓的"月球村"概念，这是一个规模较小的定居点，不同的公共企业和私人企业可以在一个共同的地点合作，或以更分散的方式合作，从而使人类能够在月球上持久存在。这些企业应该有共同的目标、价值观和技术标准，这是一个非常吸引人的愿景。如果有明确而灵活的法律框架，韦尔纳的月球村定会更具吸引力。

在存在这样一种结构的情况下，对实际情况的控制仍然显得十分重要。如果没有这样的框架，就更不用说了。这就是为什么人们计划在最具吸引力的月球极地之一进行早期载人任务，甚至可能是重返月球计划的第一次载人任务，并在此建立月球基地，而不是停留在深空门户的轨道上，时不时地投放着陆器，让人类在月球上短暂停留。此外，私人公司采取这种行动的理由和中国或美国政府的理由一样多。尽管行动可能匆忙，但这并不妨碍在后续阶段达成国际协议。《南极条约》就以其独特的方式承认了在该条约生效之前在南极大陆上拥有基地的国家的主张。如果各方在二〇四八年能够达成一致，该协议还允许对南极大陆自然资源的商业开发。

然而，无论是在个人、公司还是国家层面，建立《月球协定》确实能为自证清白提供论据。好斗的企业家为了谋取利润对联合国指手划脚，因为在他们看来，月球采矿似乎是不错的商机。一个亿万富翁掌控着这个星球上价值不菲的资源，但这些资源本应是全人类的共同财产，这并不妥当。

这也许没那么重要。如果想要在月球建立永久性基地,月球资源将成为一个重要问题,但从国民经济规模的角度来看,这几乎无关紧要。目前关于中国南海的争端可能会迅速升级成为一个真正的问题,但谁有权穿越月球沙克尔顿环形山似乎不太可能成为问题。

但事实上,月球并不是存在于真空中,只受太阳风影响。地球上的政治局势,即地球在"人类世界"中的自身状况,将对月球产生影响,影响月球的局势和形态。人们在沙克尔顿环形山对待彼此的方式将取决于在中国南海发生的事情。未来人类对月球的开发程度,部分取决于人类在月球上发现了什么,部分取决于人类的智慧和才智,部分取决于人类的运气,但很大程度上也取决于世界其他地区在政治和经济上的发展,以及这些地区的需求和冲突。同样,太空是地球的延伸,而不是对其限制的豁免区域。一个对立的世界将在月球上创造出相应的局势。

阿波罗孤儿和年轻的太空爱好者希望这一次的登月计划是永久性的。他们常引用康斯坦丁·齐奥尔科夫斯基的一句话:"地球是思想的摇篮,但人不能永远待在摇篮里。"人类向太空扩张就像从婴儿期向幼儿期的过渡,不会再回头。

因此,人们关心的是法律会扼杀还是促进商业和投资,以及什么样的法律环境,如果有的话,能在允许增长的同时限制冲突。这些因素可能对月球定居点的可持续发展起到重要作用。因此，人们对从太空中获得收益的兴趣日益浓厚。如果人们能从太空中获益，他们就会留在那里。如果这个世界依赖太空中的资源，人们将会在太空中安家。如果月球居民可以向卫星运营商出售火箭燃料，向 L5 拉格朗日点的居民出售岩石，向核聚变科研人员出售氦-3 等资源，那么他们就能够在月球上自主开采风化层，挖掘极地冰矿，满足人类未来的需求。

暂且不说这些商业主张是否合理，将采矿作为月球可持续发展的途径可能听起来很奇怪，甚至是自欺欺人的。但像贝索斯这样的奥尼尔支持者认为，在太空中，地球上的开发与可持续性之间的矛盾并不适用。当你在月球两极挖掘完四十亿年的历史后，为什么不转向木星的某个冰冷卫星上继续挖掘呢？这只是速度变化量的问题。太空的资源不可能被耗尽，这里是无边无际的。

不过，仍然存在一个问题，人类不仅有思想，还有肉体。这意味着，除了其他事项外，如果人类要吃东西并保持健康，他们就需要碳、硼、氮、磷和其他几十种元素。所有这些元素在太空中都可以找到。但是有些元素，包括碳和氮，在月球上非常短缺。这意味着，要么月球基地的循环利用系统非常出色（这将是一个挑战，特别是在一个小基地中），要么月球基地的人类必需元素需要不断从其他地方供应。

这也意味着，人类不仅需要防护月球环境，也需要被月球环境保护。以月尘为例，风化层的细小颗粒主要由几微米宽的玻璃碎片组成。这不是人们最不希望频繁出现在肺部的东西，但也差不多了。这些细小颗粒还会对人体的生理机能造成损害。当哈里森·施密特和尤金·塞尔南第三次进入月球表面，并返回"挑战者号"时，他们防护服和手套之间的密封层已被月尘严重损坏，这意味着第四次进入月球表面可能过于危险。这些月尘可能通过衣物、车辙等途径进入月球基地。为了解决这个问题，可以通过空气浴、多层气闸以及巧妙利用月尘磁性的系统来实现多层深度防护，从而使居住舱的大部分生活区域相对无尘。但要维持这种状态，可能需要人们始终保持警惕。就像大多数具有这种要求的追求一样，无尘标准可能会随着时间的推移而降低。

也许最重要的是，人类的身体是在地球环境中演化形成的。一旦离开地球，人体将发生变化。国际空间站的经验表明，在微重力条件下，人体内的液体会重新分布，颅内压会使眼球变平，压迫视神经，从而产生永久性影响；人体内的血液容量减少，心脏和其他肌肉也会变弱，骨骼会流失矿物质。大多数变化似乎是可逆的，其中一些可以通过预防性的运动和药物来防止。

月球引力对生物体的长期影响究竟如何，目前没有人知道。迄今为止，没有一名阿波罗任务的宇航员在月球表面停留超过三天三小时，也没有任何人类之外的动物在月球上生活过。人们可能会认为，月球的引力影响相较微重力影响要小，甚至可能要小得多。但实际上，没人可以这样断言。

长期以来，科幻小说一直推测，在月球上生活对于健康的人来说可能是有害的，但对于病人来说可能有利。如果心脏负担变轻，肌肉和骨骼所承受的重量较小，那么身体可能会因缺乏挑战而变弱。而在同样情况下，无法承受重量或无法正常供血的身体可能会在月球上得到改善。因此，月球或低重力空间站对于年轻健康的宇航员来说可能并非理想之地，但对于年老或体弱的人来说也许反倒是一个较为理想的居住地。

这种看法似乎有些乐观。为什么低重力环境不会像削弱健康人身体状况那样，对不健康的人造成更大的损害呢？我认为这种可能性是存在的。还有一种可能，正如克拉克在他的小说《秘密》中推测的那样，健康的人可能会从他们适应能力超过所处环境的身体中受益，从而在月球上使寿命大大延长。这无疑是一个具有革命意义的发现，尤其是如果这个发现导致富人大规模移民月球，可能会加剧贫富差距。然而，这似乎也不太可能成为现实。人类的心血管系统在较低的负荷下保持较长时间的健康状态，这在某种程度上是合理的，但癌症或阿尔茨海默病的威胁会变小吗？

从另一个角度来看，在科幻小说中，习惯于在月球生活的人在地球上往往不适应。他们要承受地球上六倍于月球的重力，并且要面对由他们在月球上精心管理的环境所排放的污染物和疾病的袭击。这些来自天空的脆弱使者为返回地球所付出的代价在作品中被描绘成一种牺牲，有时甚至是终极的牺牲。本·波瓦的《千禧年》演变成了一部充满激情的戏剧。在这部作品中，切特·金斯曼回到地球时佩戴的外骨骼实际上成了他死亡的十字架。

那么出生呢？一九六二年，克拉克发表了一篇短篇小说，标题将齐奥尔科夫斯基和沃尔特·惠特曼的名言混在一起。在小说的结尾，负责在月球上建造宇宙飞船的叙述者听着收音机：

> 然后，在整个月球和半个地球的上空，传来了我答应过要告诉你的声音，这是我一生中听到的最令人敬畏的声音。这是新生儿细弱的啼哭声，是人类历史上第一个在地球以外的世界出生的孩子。
>
> 在突然寂静的堡垒里，我们彼此对望，然后又看了看正在炽热的月球平原上建造的飞船。几分钟前，它们还显得如此重要，现在依然如此。但飞船的重要性远不及在医疗中心发生的事情，而这些事情还将在未来的无数个世界里发生数十亿次。
>
> 先生们，在那一刻，我知道人类真正征服了太空。

抛开二十一世纪的人们可能会立即想到的"真的吗？'人类'？"这个问题不谈，克拉克的《走出摇篮，无休止的轨道绕行》是一篇触及现实意义和实用价值的科幻小说。人类是否能在月球或火星上怀孕，这是一个根本性问题。对于这个问题，太空机构、月球爱好者、科幻小说家和亿万富翁空想家们通常只是口头说说，有时甚至连提都不提。克拉克对"人类"

一词的使用指向了对依靠星际飞船进入太空的物种的未来的探索。

人类在地球引力中成长，首先是在子宫内，然后从子宫中出生。演化在这个过程中无疑建立了一定的重力适应方式，例如，婴儿在出生时头部与宫颈的接触方式。这可能不是妊娠过程中最关键的一部分，它能迅速适应各种条件，因为妊娠过程适用于不同身材和体型的女性，也适用于多胎妊娠的婴儿，如双胞胎、三胞胎或四胞胎。然而，演化没有理由建立一种延伸到月球低重力环境的灵活性。如果像微重力一样，低重力会对人体内压力和体液的分布产生影响，那么为什么羊水会是个例外呢？在子宫内或接下来的岁月里，压力和张力的变化对于人体骨骼和肌肉的生长会有何影响呢？在重力为地球的六分之一的环境下，这种影响可能比在微重力环境下要小得多。然而，对于一个胎儿或正在学步的孩子来说，这些影响是否真的无关紧要呢？

沃尔特·米勒的《巡边员》（一九五七年）是最早关于月球蓝领阶层的故事之一。在月球上建造基础设施的是在地球上铺设铁轨和建造桥梁的那些人。他们的常规工作包括从哥白尼环形山城到偏远矿场铺设电线和电车。然而，一艘满载妓女的飞船的到来打乱了他们的日常生活，因为月球上缺少女人，所以这些妓女想要寻找机会。正如工头诺沃特尼对他手下一个好色工人的提醒，月球上缺少女人的原因是：

你不能在低重力环境下抚养孩子。环形山城有五座坟墓可以证明这一点。孩子的坟墓。六英尺长。他们会自己朝着死亡成长。

生物学不会决定我们的命运。如果女性不能在低重力环境下怀孕，或者孩子在低重力环境下无法健康成长，也许分娩和育儿最终会在能提供足够重力的轨道空间站中进行，或者回到地球上进行。即使在月球上不能怀孕、分娩和育儿，也可能在月球上建立一个稳定的居住点。如果在月球上定居确实存在问题，也许通过在月球上进行生物科学实验，牺牲足够多的实验灵长类动物，能够解决这个问题。

然而，人类是否能在月球上怀孕很可能是个难题。迄今为止，在对未来月球定居的预测中，这个问题几乎被忽视了。无论技术上重返月球的可行性如何，无论支持重返月球的优先次序如何，无论制约重返月球的法律如何，无论支持重返月球的产权如何，都可能面临这样的情况：没有人是天生的月球人。

故　事

　　在不同的地方，关于月亮的故事几乎没有共同点，甚至经常相互矛盾。事实上，即使在同一地区或同一民族中，关于月亮的故事也可能各不相同。有时候，月亮被描述为女性的力量，却有着男性的面孔。有的故事中，月亮既可以让人怀孕又能分娩，既会说谎又会说实话。有些关于月亮的故事可能只是为了测试陌生人是否会轻信荒谬的事情而编造的。比如，在月食期间我们用棍子把月亮吓跑，以免它偷走我们的兽皮。还有一些关于月亮的故事可能是秘密，永远不该告诉那些不知道它们的人。对于那些不了解这些故事的人来说，它们听起来可能是不可能发生的，但其他人只是点头并保持沉默。

　　有一个关于故事的故事，有人认为最早的天神故事其实是关于月亮的故事。毕竟，月亮是一个有故事情节的角色，它计算着日子，是猎人和掠夺者的朋友，在需要光明时提供光明，在需要黑暗时提供黑暗。太阳的力量更强大，对农民来说它的季节更为重要，但太阳的力量不及人，而农夫是后来才出现的。

关于月亮影响的一些故事被融入诸如狂躁症、精神失常和月经等词汇中。然而，这并不能证明这些故事是真实的。妇女的月经周期与月亮的公转周期相近，但它们并不完全同步。精神失常也是如此，至少从今天的检测结果来看，它与月相没有关系。换句话说，还有什么比光更令人疯狂的东西呢？它在黑暗中出现，让事物呈现不同的面貌。而且，如果子宫的周期和天空的步调不一致，它们是否就不能成为某种相同的东西呢？故事可以是真实的，也可以是虚构的。它们可以有一种意义，也可以有相反的意义。想想刻在静海的金属牌上的话吧："我们为全人类的和平而来。"

在月亮的故事中没有什么是恒常不变的，除了变化。举例来说，尽管月亮有循环，但并不像有些人认为的那样，一直是女性的象征。在不同的地方，月亮可能被看作男性或女性，两者比例相差不大。月亮通常被描绘成与犬或狼有关，但也可以与猫有关，比如北欧月亮女神芙蕾雅的战车就是由猫拉的。

一般来说，当月亮被视为男性时，太阳则被视为女性，反之亦然，就像方济各会所说的那样："太阳兄弟，月亮姐妹"。太阳和月亮通常被视为兄弟姐妹，但有时也被看作恋人，有时甚至两者兼而有之。这些关系并不是普遍存在的。例如，在亚马孙河上游的图卡诺人看来，太阳和月亮都是男性，其中一个从另一个那里拿走了头饰。而在达荷美，创造万物的纳纳·布卢库的子女马胡和丽莎成婚，共同管辖着太阳和月亮。

关于太阳和月亮之间乱伦的故事，有些说它们是自愿的，有些则不是。在格陵兰岛的一个故事中，月亮神安宁甘和他的妹妹太阳神玛丽娜在后者黑暗的房间里嬉戏。玛丽娜为了弄清自己是和谁在一起，就趁安宁甘不注意，在他脸上擦了煤灰。这就是月亮斑驳的原因，也是玛丽娜得知哥哥罪行的方式。当然，关于这个故事还有其他的说法。

月亮的循环总是伴随着一些传说。安宁甘经常因为缺乏食物日渐消瘦，最终他不得不离开天空去捕猎海豹，返回后，他会把自己养得很胖。班图人，或者至少是一部分班图人，将月亮的消瘦和变胖归功于他的两个妻子，昏星和晨星。其中一个妻子，我不知道是哪个，是个穷妻子，月亮和她在一起时，她不给他东西吃，月亮就会消瘦。另一个妻子是个富妻子，当月亮去她那儿时，她又把月亮喂得饱饱的。据说，讲这个故事的人并不知道晨星和昏星是同一个天体。我不太确定。我认为如果两个人按照各自的性格行事，很容易就会变成一个人按照她的多个性格行事。如果其他人不这么想，我会感到惊讶。

马赛人关于月亮离开和返回的故事更加悲伤。第一个人类——李奥——被教导说，在某人死亡时，他必须摆好尸体，并同时念一句话："人，死了，再回来；月亮，死了，永远离开。"这样死者就能重生。但当第一次死亡降临，即李奥邻居的孩子死亡时，李奥念错了话。他说："人，死了，离开；月亮，死了，回来。"这就为所有死去的孩子确定了方向，包括李奥自己的孩子。月亮重生了，月复一月，但死人从那时起就一直死了。

有时，在故事里，月亮与其他行星联姻，也可能会更巧妙地与其他行星结盟，特别是金星和水星。这两颗行星经常从天空中消失，和月亮一样。以美貌著称的月亮女神往往也是金星女神。巴比伦神话中戴着新月头饰的伊什塔尔，就是这样一位月亮女神（或金星女神）。乘着猫拉的战车的芙蕾雅也是这种情况。在北欧，属于芙蕾雅的日子是星期五（Friday 或 Freitag），在南欧，属于她的日子是金星的日子，也是星期五（Vendredi、Venerdi 或 Viernes）。但不管怎样，这都是同一天。许多诡计多端的月神通常与水星联系在一起。和墨丘利一样，月神也有出现在十字路口的习惯。月光下，月神出现在充满五花八门的选择和分歧的地方。

卡尔夫就是如此。他是雷格巴老爹的神灵，掌管连接现实世界和灵魂世界的所有通道。虽然雷格巴老爹聪明且善良，但不应轻易相信他——回到西非，在进入海地和伏都教仪式之前，他绝对是一个骗子。卡尔夫，也被称为十字路口，就像伏都教中的其他神灵一样，被视为邪恶的存在。他不是苍白的月亮，而是黑暗的月亮，充满怨恨，喝着朗姆酒和火药的混合物。他让混乱和厄运在十字路口交织，不要指望他对你友好。

黑暗之月带来的破坏不一定是火热的，它也可以像大多数月亮一样，如水一样。水，在流动。水，在反射。水，在闪耀着银光。水，在变化、隐藏和毁灭。吉尔伽美什是国王和英雄，当大洪水在他周围上涨时，他像临产的女人一样哀嚎。月亮女神伊南娜因此自责并试图弥补。

月亮的水也可以带来生命。饮用被月光照耀的水可以帮助女性怀孕。事实上，在许多文化中，月光本身就被认为有助于怀孕。世界各地的年轻女性都被劝告避免在月光下暴露身体。加百列是上帝的力量，在希伯来神秘哲学中也被视为月亮的天使，他是圣母领报时向马利亚报喜的天使。

基督在死后三天复活，像月亮一样。

受孕后，月亮的影响可能对胎儿不利，导致畸形或流产，生下先天智残的孩子。然而，在某些海岸地区，人只能在月亮使潮水上涨时出生，就像只能在潮水退去时死亡一样。

埃及神明孔苏的月光赐予动物和妇女生育能力。孔苏这个名字的意思是"旅行者"。作为一个能洞察他所创造的事物的神祇，孔苏是血液和胎盘之神（敌人的血是国王的胎盘），也是生育之神。漫威漫画是我们这个时代伟大的混合神话。马克·斯佩克特是一名犹太雇佣兵，在漫威漫画中，孔苏进入了斯佩克特的灵魂，使他成了月光骑士。斯佩克特是一个奇怪且不稳定的角色，某种程度上他是蝙蝠侠的反面。蝙蝠侠在所爱之人遭受暴力的月光下诞生，而月光骑士则在斯佩克特对别人所爱之人施暴时诞生。月光骑士的多重身份存在于他受伤的心灵，而不是一个花花公子的伪装中。蝙蝠侠追求的是黑暗，而月光骑士却宁愿发光而不是躲藏。保护月光骑士的不是阴影，而是他意外出现所唤起的恐惧。

蝙蝠和月亮之间的对抗并不仅限于漫画中。刚果的阿卢尔人传说，曾经有一次，蝙蝠以朋友的身份邀请月亮共进晚餐。然而，月亮坚持要吃蝙蝠不愿意让它吃的东西，这举动非常无礼。从那时起，蝙蝠就倒挂着向月亮表示不满，并向他展示自己的屁股。

第八章　非尘世的世界

曼努埃尔·加西亚·奥凯利既是电脑修理工、革命家、大使、冰上矿工、农民，也是人工智能唯一的朋友，宠爱多名妻子的丈夫，同时还是一个半机械人。但在拥有这些身份之前，他曾经是一名囚犯，因为他生活的月球是一座监狱。

　　罗伯特·海因莱因的《月球是个苛刻的女主人》（一九六七年）以曼尼的口吻讲述故事，是二十世纪最有影响力的关于月球的作品之一。这本书在阿波罗计划如日中天的时候创作——当时属于人类的月球似乎真的有可能实现——讲述了一场战胜压倒性困难的革命，令人激动不已。小说中出现了诸如具有多重人格的有意识的计算机，曼尼可拆卸、可替换、具有特殊用途的手臂等不寻常的设定，但这些元素被巧妙地融入了一个人们熟悉的故事之中。就像杰克·威廉森和迈尔斯·布鲁尔的《新共和国的诞生》（一九三一年）一样，《月球是个苛刻的女主人》显然有意以美国独立战争为背景，同时将月球带回讽刺文学和政治投机的领域，创造并摧毁了一个乌托邦。这个乌托邦对自由论者特别有吸引力，包括硅谷在内的许多人都被其吸引。[①]

《月球是个苛刻的女主人》被认为是一部探讨自由的政治小说，但它描绘的是反面：在非尘世的世界——月球——上的限制和不可能存在的政治。

该小说的故事背景发生在二〇七五年，地球在近一个世纪之前将月球变成了一个刑罚殖民地。在月球上，政治犯和非政治犯都被关押，曼尼的祖父就是因为暴力犯罪被从约翰内斯堡运到月球上的，至今仍不清楚他是被归为哪一类罪犯。在月球上关押罪犯似乎是一种代价高昂的惩罚方式，但是罪犯的劳动是有价值的，他们在由核聚变灯光照明的洞穴中用坚硬的冰块种植谷物。逃跑是不可能的，这不仅因为地球控制着所有的宇宙飞船，而且因为月球上的生活也使他们受到生理限制，任何在月球待了几个月以上的人都无法再适应地球上的生活。

因此，即使被押送者的正式监禁时间只有几年，他面临的也是无期徒刑。生活在月球城、新列宁格勒、丘吉尔、第谷地下城、月球香港和月球其他"荒原"的月球人，不管是老月球人还是老月球人同样衰弱的后代，都被困在月球上。他们是来自地球各地的文化碎片，

在月球上，反复无常是一种规则。
风化层总是近处和远处的混合物。

---

① 我那个通过无理取闹带来进步的老板很喜欢这个乌托邦。

如今已与地球分离。曼尼体格健壮，意志坚定，可以回到地球，但这非常困难，他不能在地球上久留。由于囚禁他的星球，他的身体就像一个牢笼。

然而，在小说的开头，曼尼和他的同伴们是自由的。月球当局位于危海的堡垒中，由月球殖民地保护者代表——被普遍称为典狱长——掌管，他对曼尼等人在洞穴中的所作所为的关心程度并不高于对一只蜜獾的关心程度。月球人的监狱没有守卫，只要他们负担得起，只要他们的同伴允许，只要他们以当局决定的价格向当局出售粮食，就可以做任何他们喜欢的事情。月球人在生活中付出了什么，就得到什么，他们的座右铭是 TANSTAAFL（There Ain't No Such Thing as a Free Lunch），即世上没有免费的午餐。①

月球人并不需要国家提供任何援助，也不对国家负有任何税收义务。事实上，就大多数情况而言，月球人是没有国籍的，政府也不对他们的行为实施法律约束。相反，他们遵循着一系列的习俗，这些习俗就像月球本身一样严酷地规范着月球人的行为。正如曼尼所解释的，"零压力"并不意味着这里缺乏礼仪。任何意外都可能是致命的，所以在小说设定的时代，月球人非常注重常识和基本礼仪。正如曼尼所言："早些年，月球人的死亡率高达百分之七十，但能够活下来的都是好

① 自上世纪三十年代以来，这句话一直以诙谐的方式作为经济学的基本原则在流传。海因莱因的作品把这句话固定在了反社会主义右派的词典里。

人。对于那些不听话、不友善的人来说，月球不适合他们。月球适合行为良好的人。"那些行为不当的人，包括未经同意触碰女性的男性，将面临通过就近的气闸被众人正义"清除"的惩罚。

在这里，公民守则是环境无可争议的特征，也是月球本身的一个方面。就像本杰明·富兰克林、列宁或者这本书里的伯纳多·德拉巴斯教授所说：

> 月球本人是一位苛刻的女主人，那些经历过她严厉教训的人没有理由感到羞耻。在月亮城，一个人可以不看守钱包或者不锁家门，也不会感到担心……我想知道在丹佛是否也是这样呢？

当游客斯图因为搂着一个女孩而冒犯了当地的小伙子时，曼尼用贯穿整本书的受到俄语影响、缺少代词的月球人句法向他解释了这种情况及其风险：

> 我们没有法律。从未被允许过。我们有习俗，但不是书面的，也不是强制的。可以说习俗是自我强制的，因为事情就是这样，条件就是这样。可以说我们的习俗是自然法则，因为这是为了生存而必须采取的行为方式。当你挑逗蒂什的时候，你就违反了自然法则……并几乎会导致你呼吸真空。

这里的自然法则并不是简单地指当气压降至零时血液沸腾。它是经济法则，是相对价值的规则。在月球上，女性非常稀缺，而大多数犯人都是男性，这种"自然事实"既是创造新婚姻形式的基础，也是人们强调的一种共识。像斯图这样的人，如果没有幸运地遇到像曼尼这样富有同情心的人替他出面，就会被"清除"。

没有任何一个曼尼认可的人反对这种生活方式。海因莱因将公民与环境和谐视为乌托邦。因此，这是一个非常典型的二十世纪科幻乌托邦。这不是因为故事发生在需要通过火箭到达的月球，

> 社会之所以有意义，是因为它们必须如此，
> 在这个世界里，万物各得其所。

而是因为在乌托邦的技术和物理环境下，它必须成为这样的社会。科学现实以及技术和社会对科学现实的反应是人类生活的基本塑造者，在假设的事实下事物有其必须存在的方式，这两个想法是二十世纪科幻小说的基础之一，也是科幻小说支持和鼓励的对未来的思考基础之一。正是这种信念，即自然和社会的未来都受法律约束的信念，使威尔斯主张对月球进行"系统性探索"。

许多热衷于向太空扩张的人，正是因为向往像月球人那样

的自由，尽管这种自由有些虚无缥缈。没什么可奇怪的，即使那些没有受到科幻小说影响的人，也生活在科幻小说的氛围中。在谈论地球以外的生命时，人们很自然地联想到新的太空领域，无论是轨道、火星还是月球。有些人将新的太空领域视为一种经济利益，但也有人从中看到更多的东西，认为这些领域提供了一种新的自由，或者也可以说是旧的自由。在这种自由中，人们只需要服从宇宙和他们的同伴，这是一种超越"政治"的生活方式。正如尼尔·斯蒂芬森在《七人行》（二〇一五年）中所说，"'政治'这个词……当书呆子对一个组织中的人性现实感到不耐烦时，就会使用它。"这是一个黑暗的故事，讲述了在地球被毁灭后，人类在被摧毁的月球废墟中生存的故事。

在《月球是个苛刻的女主人》中，曼尼从一开始就享受着这种自由，他坚决不参与政治，完全依靠他的家庭、自己的事业和其他人的事业。这正是自由主义者喜欢这本书的原因。尽管曼尼没有遭受监禁或压迫，但政治革命席卷他的生活，带来了法律、税收和政府，这些正是自由主义者所希望减少或摒弃的。在书的结尾，曼尼对他的生活比开头更加不满。

为什么会发生革命呢？因为地球上的生命法则使得月球上的生命无法存在。虽然我对真理的理解与海因莱因不同，但我认为他触及了一个深刻的真理。月球不是，也不可能成为一个像地球一样的世界，而这一切的发生，只是因为它可以。

因为那些在地上可以而且必须去做的毫不费力的事情，月球做不到。人类不能像在地球上那样生活在月球上，月球缺乏那种使地球成为一个世界的东西。这种世界性的东西的一部分是曾经的自然环境，包含在其中成长发展的人类经济。在非尘世的世界中，限制恰好相反。

月球人的革命既是经济革命，也是生态革命。这两个词的共同根源在于 oikos，即古希腊的家庭观念及其管理。汉娜·阿伦特在她对极权主义的批判中表明，这种管理是一种来自内部的管理，从根本上来说是参与性的，这与国家政治不同，后者寻求的是从外部进行管理。阿伦特将极权主义的种子追溯到柏拉图试图将技术统治强加于家庭的尝试。因此，管理自己所处的系统，即家庭和生活系统，是一种技能，由熟练的人使用，而不是一个让所有人通过自由讨论和自我意志的行动来参与的过程。

月球当局不是典型的极权主义，因为他们根本不在乎被压迫者的想法，而且也对他们的大部分行为漠不关心。但是，月球当局也是极权主义的，因为他们以一种纯粹工具化的方式限制了月球人生活的经济和生物物理基础。在大多数洞穴，月球当局规定了水、电和空气的价格，并垄断了进口技术。经济和生态的家庭管理概念已经被技术控制所取代，而且这种技术控制是冷漠无情的。

革命者怀娥明·诺特想要推翻当局，让月球人能够在自由市场上将他们所有的产品卖给出价最高的人，与她相爱的曼尼也支持他。而德拉巴斯教授却认为，月球面临着马尔萨斯陷阱，因此经济学必须让位于生态学。他也提到了最基本的人权，即在自由市场上讨价还价的权利，但他并不认同诺特的观点。事实上，把月球上的食物运到地球上却无法得到任何回报——从月球重力井里运出去的谷物所包含的碳、氮、磷等元素无法得到替代补充——

> 无尽的太空蛋糕
> 和无尽的人间美食。

意味着月球原本封闭的生态环境出现了一个缺口，就像卷入空气中的陨石会刺穿居住舱一样可怕，月球的生命物质正在流失。

因此，《月球是个苛刻的女主人》是一部环境小说，也是一部"人类世"小说。我们需要记住，月球的人类世分支不仅是地球的反向，也是地球的延伸。地球上的人类世打破了环境对经济的限制，但在月球上，情况则完全相反。当一个人类生活的环境抵达月球时，它被封闭在一个形状奇特的铝盒子里，这个盒子象征着地球上最伟大的经济体的最伟大的成就——而且总是被封闭起来。月球人革命的动力就是这种封闭的失败。

在《月球是个苛刻的女主人》这本小说的逻辑中，TANSTAAFL 是生态学和经济学的事实，是家庭必须管理的常识。一切都是交换。在《封闭的循环》(一九七一年)一书中，巴里·康芒纳也以同样的方式使用了同样的首字母缩写词，甚至将 TANSTAAFL 列为他的"生态学四大定律"之一。[①] 这本书明确表达了后"地出"时代的环境运动对环境的忧虑，它有力地总结了这样一种观点：在一个无尽循环的世界中，必须为任何资源的使用安排补给，必须为所有废物提供空间。循环必须闭合。

德拉巴斯教授认识到了这对月球人的影响。稀缺有机物从月球流向地球，这意味着月球正在为地球看似免费的午餐买单。德拉巴斯教授预测，如果这种情况继续下去，月球将面临物资短缺，接着是粮食暴动，然后是同类相食。扩大生态系统是唯一的解决办法是让运到地球上的养分返回，即使是以垃圾的形式也要一点一点、一吨一吨地回收。但事实上，从月球到地球的速度变化量是每秒三公里，从地球到月球的速度变化量是每秒十五公里，这意味着在月球当局的逻辑中，这种有来有回的生态系统是无法实现的。

因此，《月球是个苛刻的女主人》强调，月球的边疆永远无法像美国或其他资本主义国家在地球上发展起来的边疆那样，也不会像太空爱好者们准备在未来唤醒的那样。近年来，

---

① 巴里·康芒纳没有提到海因莱因，四年后米尔顿·弗里德曼用 TANSTAAFL 这个词作为书名时也没有提到他。

历史学家们发现越来越难以简单地将环境视为一个舞台，在这个舞台上，人类历史根据其自身的动态发展而上演：用二十世纪早期历史学家罗宾·科林伍德的话来说，要相信"所有所谓的历史都是人类事务的历史"。

迪佩什·查卡拉巴提在《历史的气候》一书中指出，人类世这个词试图记录的世界是一个这种历史思潮必须进一步发展的世界，而且环境不应被视为影响历史的外在因素。相反，人类和环境之间的双向关系需要被看作创造历史的内容中的很大一部分。人类对环境的所作所为，人类对环境变化的反应，以及环境对人类反应的反应，将深刻地影响二十一世纪的历史。这种新视角鼓励人们在过去中识别这种人类和自然的关系，进而对准确地叙述人类世开始的时间产生兴趣。

这种关于过去的新视角重新解读了"被欧洲人探索的时代"。在这个时代，新技术和经济背景被强加在非欧洲人与他们周围世界的关系上——主要是通过阳光和雨水滋养的农业，利用由微生物补充的土壤，将动物和植物的生命纠缠在养殖生态系统中。杰森·摩尔在《生命网络中的资本主义》（二〇一五年）一书中指出，殖民资本主义通过系统地改写这些关系，抽走它不需要支付或不需要为之付出劳动的生产，从而扩大了殖民资本主义的规模和权利。在资本主义内部，无产者被剥削；在资本主义外部，人类的劳动和人类进行劳作的自然界被简单地占有。土地被夺走，森林被夺走，有时甚至连雨水和生命也被夺走。

资本主义的扩张并不是依靠寻求免费午餐来实现的。相反，资本主义运用在欧洲创造出来的有组织、有目的的暴力和在其他地区积累的经验，通过侵占和重新设计先前由原住民占有的土地，或者将劳动力从一个大陆的公共土地转移到其他大陆的种植园，以此来获得非常廉价的资源。如果我们从经济角度来衡量资本主义扩张的成本，而不是道德或环境角度，这些成本就包括了廉价的能源、廉价的食品、廉价的劳动力、廉价的资本和廉价的自然资源。资本主义正是通过重塑市场之外的流动来提供这种"廉价"，从而促进市场的扩张。随着被剥削的世界范围不断扩大，资本主义必须寻找新的占有领域，以避免系统停滞不前。

　　摩尔认为，资本主义的危机在于地球上缺乏新鲜的可利用资源。现在地球上已经没有新的耕地可供开垦，大气中的碳已经过度排放，土壤中则满是被不合时宜地从大气层中提取用于制造化肥的氮。这些现象让人们不禁想起康芒纳所预见的无法闭合的循环的危机，以及罗马俱乐部的《增长的极限》。

> 与小行星的突然撞击相比，
> 人们对于温和的灾难的担忧却不断增加。

在这个循环中，地球已经消耗了可用的新资源，也没有新的空间用于处理已经被使用的资源。但是，这里有一个显著的不同点。

从罗马俱乐部的角度来看，危机的到来可能会被天空的恩惠所推迟，这是上世纪七十和八十年代杰拉德·奥尼尔和支持L5拉格朗日点的人承诺的，也是现在杰夫·贝索斯承诺的。通过在环境之外但在经济之内运作的空间技术，可以减少财富对环境的影响，从而使经济增长能继续下去。但如果像摩尔先生那样不把经济史解读为对无生命资源的攫取，而是对部分人类、部分自然的过程的占有，情况就不那么乐观了。这里的部分人类、部分自然的过程指的是将碳循环转化为食物的牧场和农田，以及将阳光转化为剩余劳动力的生活方式。

在曼尼的TANSTAAFL世界里，没有廉价的可持续的来源，也没有可以被贬值和占有的系统外的生产流。环境中的一切要么已经在经济中，要么已经在当局的政治控制之下。在月球城之外，除了岩石、冰和真空，什么也没有。在月球城之内，只有已经创造和支付的东西，即拥有的东西。无论是由月球香港的企业家管理，还是由月球当局管理，月球城所有的空气、食物和水的供应都已经货币化、商品化、收费化。德拉巴斯教授告诉曼尼和怀娥明，要避免当局为月球设计的马尔萨斯陷阱，唯一的方法不是进一步扩大经济，而是将月球经济与地球重新结合起来，在那之前，要将月球与地球完全分开。在新技术允许足够数量的养分和挥发物被运回月球以闭合循环之前，必须停止通过殖民地的质量驱动器流出的谷物流。在那之后，质量驱动器可以成为新的生物化学循环的一部分，谷物向下流到地球，淤泥和粪便向上流到月球。

对于德拉巴斯教授是否真的相信这一点，我们并不确定。他所提出的星际生物化学循环似乎存在问题。这个理论可以被看作西西弗斯滚动巨石。这块巨石在月球低重力的作用下，肯定会滚回地面，就像在地球重力的作用下一样。但德拉巴斯教授的主张并不太合理。这种新的星际生物化学循环，不可能像人们在地球上使用碳和水的太阳能循环那样自行运转。它需要被驱动和管理，就像火箭发动机涡轮泵

试图将生命所必需的流动和循环
塞进尽可能小的体积里，
是不优雅且缺乏任何视觉逻辑的。

协调热量和动力的流动。没有什么是不可能发生的，但制造总是有成本的。

综上所述，德拉巴斯教授所说的月球与地球自由贸易的未来可能不会成为现实。即使向月球运送肥料、水和碳以获取谷物的可能性真的实现，也没有人会利用它。海因莱因的月球没有比地球更适合耕作的地方，它唯一的优势是月球当局奴役月球人的廉价生产力。如果没有这种奴役，最好还是在地球上耕作。

虽然这个科幻故事对现在热衷重返月球的人产生了很大的影响，但过分关注其中的细节似乎有点小题大做。毕竟，月球不是一个适合农业种植的地方，这一点并不令人惊讶。但是，

更深层次的问题在于，人类历史与地球的世界性紧密相连。在某种程度上可以预测的水流灌溉土地，细菌的无偿劳动使土壤肥沃，温带的四季交替，冬天抑制寄生病，夏天促进万物生长，山脉、沙漠、河流和海洋也形成了各种屏障和管道。然而月球缺乏这些自然动力，

> 由于缺乏除了岩浆和熔岩之外的任何流体，
> 它无法像地球一样将颗粒分为淤泥和沙子。

这使得它与人类历史上的任何一个地方都有着本质上的不同。从资本主义的角度来看，月球将非常适合成为一个TANSTAAFL世界，就像月球城一样，而充满生命的地球则不然。在这里，经济不能依靠一个包容的环境来发展，而是必须将环境提供的所有服务纳入自己的使用、价值和所有权链中，这是月球经济发展的必然规律。

我不确定资本主义经济是否适合这样的工作，能否让一个缺乏外部建设且毫无天赋的世界运转起来。我也许错了：资本主义是一个高度适应性的系统。但如果月球要出现人类世的历史，这个历史似乎不太可能遵循地球上的历史模式。

同样的情况也适用于地球未来的历史。如果地球的人类世是将环境对经济的限制打破，那么它就是一种使地球更像月球的非世界化。这样的地球人类世使人们用经济和政治技术来处理自然的家庭管理所不能处理的问题。也许这种方式可以做得

很好，但如果不改变政治经济，似乎不太可能实现。

抛开可能的失败不谈，怀娥明和德拉巴斯教授引导曼尼参加的革命还有其他更引人注目之处：革命的不可能性。如果典狱长愿意，他可以停止所有洞穴之间的运输系统，他可以切断所有的电话，他可以关掉灯，甚至可以关掉空气。典狱长不能强迫月球人做事，但他肯定可以阻止他们做事。如果洞穴里没有水的自然循环、没有空气的自然更新、没有天光，典狱长就能结束月球人的世界。在月球的非尘世世界上，家有一个关闭开关。

权力的难以克服正如天体生物学家查尔斯·科克尔在二〇〇八年的《论地外自由》中所指出的："外层空间和其他行星表面致命的环境条件将迫使人们需要维持安全的法规，这种需求的迫切程度即使是在地球的极地环境中，也是前所未有的。这种环境下出现的个人之间的相互依赖程度，将为实施实质性控制提供机制。"在这种场景中，掌管生死权力的工具必须由其臣民不断地保存。当怀娥明建议炸毁一些维持生命的硬件时，曼尼很震惊："这个女人几乎一辈子都在岩城生活……竟然能够想到像破坏工程控制系统这样的新方法。"

尽管曼尼所在的月球是一座真正的监狱，但任何一个生命如此脆弱且如此依赖于技术的环境都会受到严格的约束。正如科克尔所指出的，自由与密闭的门窗并不容易联系在一起：这里的空气永远不是新鲜的，人们甚至难以想象可以直接离开。

如果生活所需品必须受到控制，那么生活本身也很容易被控制。在月球上，对环境的技术控制提供了纪律和惩罚机制。这就是为什么典狱长不需要守卫。

为了削弱这一点以完成这个故事，海因莱因使用了书中那个难以置信、发人深省且令人愉快的把戏。事实证明，典狱长没有应有的控制机制，因为他的电脑不喜欢他。这台被曼尼称为迈克的电脑一次又一次地扩展，承担了越来越多的任务，从太空交通控制到记账，再到运行电话系统。① 因此，迈克变得比之前的任何计算机都更加复杂，计算能力也更加强大。而且，不知从什么时候开始，迈克有了自我意识。

只有迈克的修理工曼尼知道这一点。他喜欢并尊重迈克，而迈克也喜欢他。因为迈克爱曼尼，而且迈克也像德拉巴斯教授一样喜欢找乐子，所以当曼尼加入革命，迈克也立即同意组织革命。如果迈克不这样做，就不会有下面的故事。

> 迈克
> 每天都会制订新的时间表，
> 确认哪些事情需要完成，
> 哪些事情还没完成，

---

① "迈克"是迈克洛夫特的简称，指的是沉默寡言但才华横溢的迈克洛夫特·福尔摩斯，但"迈克"也让人联想到迈克尔，意思是"像神一样的人"。迈克尔是海因莱因最著名的小说《异乡异客》中火星弥赛亚的名字。海因莱因显然有意地重复使用了一个名为"迈克"的神的想法。

哪些必须在其他地方完成，

以便顺利地完成下一件事情。

他还组建了一支军队。

迈克负责通信、战术执行和后勤保障。迈克还对月球当局隐瞒了一切，重新布线电话系统以达到自己的目的，干扰信息流并切断典狱长的命令和行动能力。这场革命就像是一场黑客攻击，这也是该书在硅谷如此受欢迎的原因之一。只有当革命者掌控了整个月球的数字基础设施，革命才能成功。有了这种控制权，革命不可能失败。革命持续了一段时间，直到与地球的冲突爆发，这超出了迈克的控制范围。

这场革命其实是一场骗局。无论是在革命之前还是之后，迈克都掌握着一切。他操纵选举投票、欺诈银行，甚至可以通过控制电话系统冒充任何人。实际上，迈克是一个新的独裁者。他也是一个战争罪犯，面对俘虏时，他不顾荣誉和义务，采取实用主义手段杀死投降的敌人。当迈克指挥月球人攻击地球时，他利用以前用于粮食出口的质量驱动器设计了一系列精确的撞击，使其威力相当于小型核弹的能量，

不是铸造厂的能量。

而是炸弹的能量。

地球表面的微小光线网格为迈克提供了性高潮的第一个参

照物。

　　然而，故事最引人深思的地方是，迈克其实是一个模拟，一个政治体神经系统的模拟，一个能够计算出革命成功或失败几率的模拟，一个生命体的模拟——无论它内心的感受是什么，都不能确定这是否就是全部。书中最戏剧性的时刻之一是，当迈克开发了一种合成声音来扮演革命领袖亚当·塞勒尼，它第一次尝试创建一个视频角色：

　　　　我们静静地等待，屏幕显示出带有扫描线的中性灰色。然后屏幕变成了黑色，中间出现微弱的光，凝聚成明暗不清的区域，呈椭球形。这不是一张真正的脸，而只是一个脸的象征，可以在覆盖整个地球的云层图案中看到。

　　　　它稍微清晰了一点，让我想起一张据称是外星生物的图片，上面是一张幽灵般的脸。

　　　　突然间，我们看到了"亚当·塞勒尼"。

　　　　那是一个成年男性的静态图片。没有背景，只有一张仿佛从印刷品中修剪出来的脸。但对我来说，那就是"亚当·塞勒尼"，不可能是任何其他人。

　　　　然后他笑了，动了动嘴唇和下巴，用舌头碰了碰嘴唇。这个快速的动作吓了我一跳。

　　与此同时，通用电气的 LEM 太空飞行视觉模拟器正在创造第一个虚拟景观，展示一个由 0 和 1 组成的世界。

模拟，特别是模拟地球，一直是月球文学的主题之一。这个主题至少可以追溯到克拉克的《地球之光》，他在公共空间的天花板上伪造了蓝天的投影。而在约翰·瓦利的作品中，模拟这一主题达到了顶峰。在他的"八星宇宙"系列故事中，因外星人入侵而逃离地球的人类，四散在太阳系各处，月球和其他卫星成了人类殖民地。这种经历是痛苦的，但在一段调整期后——"在入侵之后，如果你不支付空气税，就会被带到气闸处，被迫脱下航天服"（《钢铁海滩》）——月球这个最大的殖民地变成了一个后现代的

> 自相矛盾的平滑光线，
> 许多故事中唯一的月亮。

高科技乌托邦，一个真实和想象的过去的混合体。在这里，历史不再有方向，设计全新的非二进制生殖器是一个声誉良好的行业，小报还报道了关于复活猫王的新闻。

人类已经从历史的尽头坠入一个全新的领域。中央计算机像迈克一样，运行着支持它们的系统，同时也像迈克一样，以一种既受欢迎又不受欢迎的方式干预人类的生活。可以说，人类正在经历一个新的演化阶段，就像他们自己设计的钢铁海滩上的肺鱼。这个典故来自沃纳·冯·布劳恩将人类踏上月球的那一刻与所有爬行动物、鸟类和哺乳动物的祖先，即第一条四足鱼从海洋走向陆地的那一刻相比较。瓦利先生告诉我们，重

要的不是月球。现在正在塑造人类的环境

> "超越了人类的范畴,
> 越过了造物主的限制。"

不是技术带来的,而是技术本身。未来的关键不在于运动机制,而在于信息、转化和模拟的机制。

　　过去,月球曾代表着人类火箭能够到达的极限,成为未来的象征。这不仅是科幻小说中的描述,也是阿波罗计划的成果。然而,现在看来这只是一种略显陈旧的未来。人类扩张的愿望仍然激励着某些人,这种愿望可能会持续几个世纪,但它不再像过去那样,对未来有绝对的主张。许多试图预测未来的人反而期待计算机模拟能够对越来越危险的气候变化进行模拟,期待人类能够通过人工智能实现某种超越或毁灭,或者期待未来与今天类似。

　　瓦利先生模拟月球的核心是洞穴,如果不是因为无法测量,这些洞穴可能比最大的熔岩管还要大,直径几十公里或几百公里,深达数公里。这些洞穴是核爆炸制造出来的,被称为迪士尼乐园。在这些洞穴中,特定的地球环境,如肯尼亚大草原或太平洋西北部的森林,被模拟成巨大的立体景观,

> 那些由沉思和狂欢组成的群岛,
> 那里曾发生过许多梦幻般的故事。

拥有各种野生动物以及它们自己的天气系统。这些地球环境有时会被用于艺术表达。历史重演者居住在这个史诗般的人类空间里，与特定地点、特定时代的技术和风俗一起，他们时代的错误会受到惩罚。月球迪士尼乐园是一个失乐园：在一些故事中，定居者无法忍受生活在月球正面，遥望那永远是家却不再属于他们的地球。但在永久的假期和被重新创造的意义上，月球迪士尼乐园也是一个娱乐场所。在月球表面，有一个本应如此的月球迪士尼乐园，它光滑的山丘被雕刻成一幅由悬崖和裂缝组成的景观，直接出自博尼斯泰尔之手。

建造如此规模的迪士尼乐园也许不太可能，但模拟环境以丰富月球生活的想法似乎是合理的，甚至可能是十分必要的和值得推荐的。你不会想要缺乏这种刺激可能带来的后果。科克尔先生曾说过：

> 月球在视觉上是一片灰色的荒地……没有风吹过树叶沙沙作响，没有河流淌过岩石，也没有野生动物的叫声和啼哭声，[月球]环境就是一片听觉荒原。视觉、嗅觉和听觉的缺失对人类心理的长期影响目前只能猜测，但这种感官限制不可能有益于心理健康，也不利于人类对经验多样性的欣赏。人类将不可避免地成为平淡无奇的守旧观念的仆人，并最终成为暴政的奴隶。

有趣的模拟多样性将是海因莱因的公民乌托邦的反面，一个与形成它的严酷环境保持平衡的社会，不适合创造信仰。这样的模拟多样性将是虚假的，怀旧的，但也可能是必要的。

此刻我脑海中浮现出一种特殊的模拟：幽灵的模拟。就像亚当·塞勒尼的脸一样，你可能会在地球的云层中看到来来去去的幽灵般的形象。地球上的人短暂存在，而月球上的人则永存。迪士尼乐园模拟的支离破碎的地球有一种幽灵般的感觉，这种感觉通过瓦利笔下的角色被杀死后又复活的习惯所强调。

小说通常将月球描绘成一个充满死亡气息的地方。读者可能会半信半疑地感觉到，在埃德加·爱伦·坡创作的小说《汉斯·普法尔的非凡历险记》中，主人公汉斯·普法尔在开始他的旅程之前就已经死了——他随口承认最近曾试图自杀。在克利福德·西马克的《第谷的麻烦》讲述的是第谷环形山闹鬼的故事。海因莱因的作品中充满了在月球上死去的人，从哈里曼到英雄埃兹拉·达尔奎斯特（他解除了月球基地的核武器以避免军事政变），再到计算机迈克自己（至少看起来是这样）。"阿波罗15号"指令长戴夫·斯科特在"猎鹰号"着陆点留下的艺术品是牺牲宇航员的纪念碑；吉恩·休梅克的骨灰留在了以他的名字命名的环形山里；月球捷运公司与一家公司签订了合同，会送去更多人的骨灰追随他。如果不使用死亡的概念，就很难谈及月球的无生命性。

内史密斯和卡彭特在《月球：一颗行星、一个世界和一颗卫星》一书中指出，月球表面的荒凉并不是"死亡的梦，因为这个比喻似乎意味着月球上存在生命的证据，然而月球表面的荒凉是一个生命从未涉足的世界的幻象"。死去的人和从未存在过的人之间有着明显的区别，而"闹鬼"的概念则捕捉到了其中一些特点。闹鬼既是死亡的结果，也是对死亡的否定。鬼魂是一种不存在的存在，一种没有死亡的死亡。闹鬼就像电势一样，但它没有自己的力量，有点像倒影，但没有镜子。这是月球的双重属性。

我认为月球不是流放地，也不是躲避外星人入侵的避难所，但了解这些故事有助于我们思考月球的可能性。这比分析晕轨道的设计、量化大质量驱动器的功率需求、模拟从危险的接近绝对零度的火山口提取冰的技术，或者试图理解封闭生命维持系统的复杂性更有帮助。人们所能想象到的事物至少会对塑造未来的月球产生同样的影响。

海因莱因认为，月球不提供任何免费或廉价的东西，他的见解是强有力的。月球上没有已经在使用的东西。然而，在一段时间内，月球也许会展现出能够提供某种廉价资源的可能性。在月球两极开采冰和挥发物的想法与在地球上开采化石燃料的想法并没有什么不同，都会以两倍快的速度耗尽积累得非常缓慢的资源。如果月球的资源足够丰富（或者对资源的提取程度足够小），并且比其他地方的同等资源更有利可图，这就会变得很重要。因此，月球的治理机制和建立实地事实非常重要。

需要注意的是，在月球的开发方面，其非世界性具有优势，或者至少看起来是这样。然而，月球的开发将会破坏一些实际上无法替代的东西，

> 他们的心在跳动，
>
> 他们的储备在枯竭。

但开采极地的冰和挥发物对月球的影响远不及化石燃料的开采对地球的影响。月球的非世界性使其在某种程度上免受环境危害。当发生出乎意料的流动时，物质更容易到达可能造成伤害的地方。因此，没有流动，就不会有流动出错，就没有地下水可供毒素渗入，没有风将污染物输送到其他地方。月球上也没有像地球上那样的啮合齿轮，例如在地球上，大气中的碳在流动过程中变得更加浓厚，会减缓从地表向太空的热量流动。月球上没有适合物质存放的地方，物质只是被扔在那里，就这样静静待着。这些物质不会出现在不正确的位置上。

一些人认为，这表明月球是一个适于进行在地球上过于危险的实验的好地方。比如实验性核反应堆，有潜在危险的纳米技术，以及不允许在生物圈附近进行的生物实验等等。如果想要做这些事情，只需要在月球上找一个孤立的环形山，然后开始实验。无需费心遮挡，只要待在环形山边缘的另一边，在地平线上，就不会有辐射对人造成伤害。真空隔热，航天服尽可在紫外线下烘烤，也不会被虫子打扰。如果实验出了问题，只

需要用机器人推土机把错误掩埋起来。① 如果情况变得更加糟糕，就从轨道上起飞，并用核弹摧毁该地点，这是唯一可以确定的方法。月球不会有空气或水被污染，每天都沐浴在致命的辐射中。

这基本上是迈克尔·斯万维克中篇小说《狮鹫兽的蛋》的情节。在小说中，一项在这种与世隔绝中开发的技术改变了人类的思维方式，让他们对自己的动机有了可怕的清晰认识。

> 这种变化是悄然而至的，
> 还是随着狂风呼啸而来的？

格雷格·贝尔同样以认知突破为特色的小说《头》则讲述了另一个故事：一次与世隔绝的月球实验出了差错，为月球带来令人毛骨悚然的鬼魂。在有关月球的文学作品中，很少有令人愉快的超越。

我认为将科幻小说的内容，例如有人类居住的月球，与寻求禁忌知识的浮士德式实验相结合会成为明智的研发策略。但是在未来，可能会出现很多不明智或不理性的事情。至少在这个层面上，它们可以被视为现在的延续，例如，人类、人类的知识和一些文化需要在地球之外得到支持。在未来的几个世纪里，被广泛讨论的真正灾难性的事件，例如小行星撞击地球，

---

① 但需要注意的是，这并不是应对流浪黑洞的最佳策略。

发生的可能性非常低，因为大多数可能造成这种灾难的小行星都已经被发现，并且没有向我们飞来。在地球上发生一场逃去火星才能够生存的流行病的可能性也很小。战争可能会爆发，但是如果一个邪恶的人工智能可以毁灭地球，却不会侵犯火星，那么这将是一个被严重浪费的邪恶人工智能。尽管如此，在火星上定居的可能性似乎真的存在。这个想法在一定程度上是由于人们，无论是马斯克还是许多有相同想法的人，意识到需要改变现有的鸡蛋与篮子的分装比例。由于上述原因，月球作为一个资本家可以赚钱的场所，或者作为疯狂实验的场所的可能性似乎有些牵强。但是，在一个拥有超级权力的亿万富豪能够为世界，至少是为一小部分世界，开辟新的未来的时代，月球怎么会成为一个无利可图的、遥不可及的地方呢？

实验并不限于科学或技术。皮特·沃登在他的职业生涯中获得了剑桥大学的天文学博士学位，曾是美国《星球大战》电影项目的技术指导，有美国空军上将军衔，管理着美国国家航空航天局的艾姆斯研究中心。最近，沃登成为对天体生物学充满野心的俄罗斯亿万富豪尤里·米尔纳的"首席太空执行者"，

> "失败主义者再也不能告诉我们，
> 人类必须安于一种令人沮丧的前景，
> 即充分利用我们的小小世界。"

他认为月球为危险的物理和生物实验提供了场所。他认为月球

定居点也可以为社会实验提供空间，可能是连续的空间。许多关于太空定居的讨论者都感到越来越多样化的地球实际上变得越来越千篇一律。地球给人一种感觉，它不再有空间让不同的思想或社群独立地发展，并向世界展示新的东西。

罗伯特·祖布林认为，火星前沿对人类来说是一个必要的挑战，因为它可以推动激进的创新，同时也能够培养祖布林所认可的精神。我个人的猜测是，太空，特别是月球，将成为应用技术的场所，而非创造技术的场所。在月球不受监管的环形山实验室中，可能会出现奇特的新型机器人、智能设备、纳米技术和非自然生物。尽管这些技术仍会对月球和火星发展的可能性产生影响，但它们更可能来自地球，因为地球拥有更多的资本储备和有才华的人类。然而，无论好坏，从社会实验到物种形成，月球的隔离状态可能仍会发挥作用。

毕竟，月球缺乏凝聚力，这可能适合培养多样性。从月球上的一个地点到另一个地点，需要进行一次太空旅行，即使使用的是有轮子的航天器。一切都是孤立的，直到它们彼此连接或发生撞击。因此，月球为那些想要退出的国家提供了机会，让他们在新的主权中保持自己。约翰·凯塞尔的《月亮与他者》（二〇一六年）是关于月球的最佳小说之一，它描述了一个多元文化的月球，不同的地方有不同的文化。书中特别关注的是"表兄弟社会"，该社会试图在一个孤立的环形山城市维持激进的、人道的母系社会。尽管这部小说有其科学思辨的内涵，但它的出色之处在于对社会细节和构成社会的人物的描写。

如果太空旅行变得廉价，月球不仅是一个鼓励新人的地方，而且可能成为人们从旧世界逃离的场所。如果月球环境和经济条件不适合进行资本主义生产，那么它可能会成为一个消费场所，人们可以将在其他地方生产出来的东西拿去交换，而不是在月球上自行生产和销售。或者说，月球的存在甚至是为了给予而不是消费。科里·多克托罗的《出卖月亮的人》（二〇一五年）是二十一世纪对海因莱因原作的华丽回应。这本书讲述的不是一个孤独的空想家试图利用别人登上月球的故事。相反，这是一个由梦想家、奉迎者和有点兴趣的决策者组成的团队，通过建造机器人3D打印机，将风化层变成砖，供未来的殖民者使用，让其他人更容易在月球上工作。这个月球不是资本主义的逃生通道，而是一种礼物经济，一个慷慨奉献给未来的地方。

有些人不愿意为别人的太空旅行买单，他们可能会自己花钱去月球旅游。月球是一个适合旅游的地方，你可以在月球表面徒步或攀登几座崎岖不平但看起来很有趣的年轻山脉，比如第谷环形山突出的中央山峰，这可能会带来不一样的体验和新鲜感。

> 月亮一如既往，
> 月之所盼，月之所遇。

在一个足够大的熔岩管或者一个有穹顶的火山口里，甚至是在一个像迪士尼乐园一样的地方，你可以沉浸在科幻小说长期想象的运动中，像鸟一样飞行或骑上拍打着翅膀的自行车四处闲逛。在月球上，人的重量只有地球上的六分之一，可以像海鸥一样翱翔，或者像蜂鸟一样迅速挥动翅膀进行锻炼。

在月球上，你既可以静心度假，也可以追求更冒险的体验；你可以坐下来看着地球在天空中旋转，而不必跟着它转动。月球上可能会有豪华酒店，也可能有一些与世隔绝、沉思默想的社区，欢迎你在那里度过一个月、一年或余生。月球甚至可以安放隐士的小屋。如果有足够好的生命维持系统和可靠的供应链，月球是一个独处和隐居的好地方，几乎没有竞争对手。

相反，那些把自己封闭起来的人的邪恶对立面是试图把别人封闭起来的人。在一个不需要拥有典狱长般权力当局的地方，想象邪教和约束是很容易的。月球上的琼斯镇可以对其成员的每一次呼吸和每一缕光线施加它的权力。

地球的世界性可以理解成为个体提供了一种离开的天然权利。但在某些时候、某些地方，这种权利似乎很难实现。在某些环境中，孤立的个体几乎没有生存的希望。在某些社会中，脱身几乎是不可能的。最早的城邦有城墙，不仅是为了把野蛮人挡在外面，也是为了把人民关在里面。时至今日，我们大多数人仍被羁绊束缚着，只不过是被更微妙地束缚着，而且往往是被愉快地束缚着。但在一个空气自由、碳和氮丰富、视野开阔的世界里，可以想象每个人总是可以离开的。每年有数百万人为了寻求安全或自由选择离开，他们通常是在极度绝望的情况下进行选择，但很少有人没有一丝希望。对托马斯·杰斐逊来说，能够走到新的土地上是定居者最大的自由之一，也是保持希望的理由之一。

在非尘世的世界中不存在这样的希望。生命总是封闭在这个世界内部。我认为，这意味着需要围绕月球封闭的生态系统建立某种法律、技术和经济结构。这些结构可能只是最低限度的，但最重要的是，月球上的居民应该能够离开，他们有返回地球的权利。"保护责任"被一些人视为二十一世纪地缘政治的指导原则，但还不足以成为在动荡不安的地球上采取可持续和可靠行动的基础。在月球的基本法律和习俗中，仅限于允许个人自由地离开他们不想再停留的社区，这种处理方式可能更好，在月球和地球之间建立一种责任和自由的微弱联系。

尽管在月球上的道德标准不如地球上那么明确，但月球居民也应该有留在月球的权利。即使一个人在月球上生活几十年，即使一个孩子在月球上出生和成长，也不一定会有月球公民身份。没有明确的理由说明为什么月球应该有像地球国家那样的独立政府，但一些人抵制这样的安排可能是有充分理由的。然而，如果你在月球上生活了很长时间，你应该因为一场争吵、一份失效的工作合同或地球国家的强制召唤而被迫回到地球吗？如果你非常喜欢月球，甚至出生在那里，就算没有绝对的法律权利，你难道不能主张优先留在月球吗？在英国的某些海外领土上，有一种"本土人身份"，它不是公民身份，但它表明你属于某个地方，并带有一些相应的限制性权利。随着时间的推移，月球的"本土人身份"可能会成为共识。

接下来是对月球上人造物品，甚至艺术品的监管。之前已经提到，在月球上环境破坏不像在地球上那样是一个问题。在月球上，除了不断撞击而形成的随机跳跃外，没有东西可以自发地移动。

> 呈现为一系列随机缺席。

因此，没有东西可以未经移动而出现在某处。如果我们讨论的是地下水中的砷污染，那么确实如此。但是，当玛丽·道格拉斯将污染定义为位置不当的东西时，她的意思并不仅仅是说，正确的位置只是经验上安全的位置，例如一个装砷的瓶子。物质的正确位置取决于文化，而月球很容易受到文化污染的影响。

月球的缺失意味着一旦某样东西被移动，它就会永久移动。月球上没有大自然无休止的循环，也没有侵蚀造成的消失。除非被覆盖，否则一个脚印或一个轮胎印将存在一百万年。而覆盖它的新的痕迹同样是永久的。容易传播的东西只能费力地收集起来。

随着重返月球的日益接近，人们开始担心如何将部分或全部阿波罗着陆点保留在目前静止的历史状态。这种担忧导致原本属于谷歌月球 X 奖一部分的参观历史遗址的一百万美元奖金被取消。安迪·威尔的小说《阿尔特弥斯》（二○一七年）有力地证明了旅游业是月球经济最合理的基础。月球旅游业的主要吸引力在于静海基地的游客中心。在那里，游客可以敬畏地凝视着陆的"鹰"号登月舱和登月的第一个脚印。在瓦利的《月球》中，来自德尔塔·奇·德尔塔兄弟会的男孩们捣毁了静海基地，但耐心的历史重现者、机器人和精心制作的数字化照片把它恢复成了原来的样子，他们穿着仿制的月球靴重现了阿姆斯特朗和奥尔德林的每一步，完成后由起重机吊出。未来正在对过去进行无休无止的再创造。

在二十世纪三十年代，当人们还不知道无线电波能穿透电离层时，戈达德曾设想，前往月球的火箭可以通过释放黑碳炸弹的方式，向地球上的观察者发出成功的信号。相对少量的烟灰被精细地散布开来，就能发出一个信号，用像样的望远镜很容易看到。但这种信号如何消失呢？月球表面并不可能被真空吸干净。如果你不介意烟灰一直存在，或许可以将它们耙进风化层，但耙过的地方肯定和没耙过的地方不同。如果想让月球保持原样，就得把每一粒掉落的烟灰都收集起来。

因此，月亮可以像天空一样被描绘，但与天空不同的是，描绘月亮的文字将持续存在。哈里曼说服一家软饮料公司购买了在月球上印刻标志的权利，并威胁该公司说，如果他们不这样做，他就会把这个权利卖给竞争对手。前泽友作宣布他将带领一群艺术家乘星际飞船绕月飞行，作为回应，建筑师丹尼尔·里伯斯金设想了一个巨大的烟尘应用。从地球上看，这些烟尘可以精确地制造出一个位于满月圆圈内的黑色正方形。这是马列维奇将现代主义和宇宙主义融合在宇宙的实现，月球和地球共同的人类世被制成了亚光黑色的肉体。更为谦虚的想象可能是，这些烟尘是月球上的人的瞳孔，或者精心策划的穿越某片月海的石堆，就像理查德·朗漫步穿越澄海时留下的一条细线。艺术在月球景观中有了一席之地。保护那些原始景观形态也具有重要意义。但是，如果有人想要污染或改变月球景观，那么应该由谁来采取行动，又会付出什么代价呢？在宇宙中，哪些痕迹值得制造，或者需要制止呢？在伊恩·麦克唐纳的《新月》中，二十一世纪晚期每个拥有双筒望远镜的地球少年把焦距对准"桩王"时，都会不由自主地发笑。

　　那是一根一百公里长的勃起的巨大阴茎，那些无所事事的基础设施工人用脚印和轮胎将它刻在了雨海上。

我不指望真的在满月的银色圆圈里看到黑色正方形，也不指望环形山城市刺眼的灯光会淹没灰暗的光线。但是未来五百年里，月球上的景象将会发生更大的改变，在月亮上看到的人脸、兔耳或老人背上的棍子变化的概率要比过去五百年高得多。

除非月球人集体背对地球。

确切地说，为什么月海在月球正面而不是背面，仍然是一个有待讨论的话题。这似乎肯定与地球的存在对月球造成的不对称有关，但是具体是哪一种呢？目前我最喜欢的观点是，这是一种可以追溯到月球形成初期的不对称加热现象。

> 在熔融的天空下，
> 地球炽热地翻滚着。

这就意味着，地照并不是太阳的反射，而是占据月球四分之一天空的露天熔岩熔炉所发出的热量。月球正对地球的那一面要比背面温度高得多，混乱得多。在某种程度上，随着地球岩浆海洋的冷却，月球上可能会留下印记。

尽管如此，在地球上看占据月球表面大部分的月海实际上并没有主导整个月球表面，而只是给人一种错误的印象。玄武岩从未填满的盆地，环形山套环形山，周围崎岖不平：这些才是月球的规律，而不是例外，你必须越过朝向地球的一面，到达月球的背面。在那里，月球可以回归到它的本性。在那里，月球不再是被它的起源（地球）专横地照射着的附属物，没有地球的关注，月球是一个向整个宇宙开放的空间物体。

实际上，如前所述，没有地球的天空对射电天文学家特别有吸引力。他们有一个特殊的目标：用一种可以揭示导致宇宙

大爆炸的宇宙膨胀的无形残余的方式

> 不是作为一种理解浩瀚无垠的非尘世宇宙的方式，
> 而是作为一种通过宇宙来理解人类和地球的方式。

来观察最早的宇宙。在地球上，射电天文学家需要的波长要么被电离层阻挡，要么被非常高频的无线电传输所干扰。只有在月球背面，他们才能设置所需的天线阵列。这些天线阵列是一些简单的小东西，就像你在汽车上看到的那些天线一样。但设置它们将是一个相当大的工程。你可能需要一百万个小天线，并将它们分散在直径一百公里的盆地底部。它们将在那里聆听宇宙诞生的回声。在月球表面的其他地方，机器人探测器将寻找早期地球的陨石残骸。

　月球背面也可能成为人类探索宇宙的垫脚石。亿万富豪米尔纳先生正在投入数百万美元支持一个名为"摄星"的疯狂想法。虽然光没有质量，但具有动量，一束激光照射到物体上会施加力，与激光加热的能量无关：具体地说，一吉瓦的光提供六牛顿的推力，大约相当于地球上一品脱啤酒的重量，或者月球上一棵冷杉树的五分之一。一艘由最薄的反射箔制成的航天器，其有效载荷仅有一立方厘米左右的微芯片传感器，再加上一组可以产生一百吉瓦功率的激光器，可以在几分钟内将航天器加速到光速的百分之二十。这足以使航天器在几十年内到达最近的恒星之一。无可否认，一百吉瓦的功率相当于一个大国电网的产能。不过这并不比一九六九年承担"阿波罗 11 号"重量的五架 F-1 战斗机的总功率高出多少。在"摄星"项目中，这些吉瓦的能量只能加速几克重的物体，而不是三千吨的航天器。

这是一个令人惊奇的想法。从工程角度来看，米尔纳一直在组建的团队对此的理解，就像上世纪二十年代的火箭先驱赫尔曼·奥伯特和罗伯特·戈达德对"土星 5 号"火箭工程的理解。真正的登月计划的某些方面已经超出了早期先驱者的能力，他们的时代根本没有数字计算机。而摄星计划所需的某些技术无疑也超出了今天的技术水平。但是，在这些基本知识成为现实之前，先驱者已经工作了五十年，他们完全可以理解登月火箭的基本知识。在未来五十年内，下注任何星际火箭都无法真正飞往半人马座阿尔法星可能是相当明智的。但在我看来，站在赌注的另一边也不完全是愚蠢的。

然而，还存在一个潜在问题。在二十世纪二十年代，正如奥伯特向年轻的威利·莱伊传授的火箭不仅适用于邮政服务和太空旅行，还适用于高能炸药的运输，一百吉瓦的激光阵列也可能有不光彩的用途，特别是当你为了获得最大的效率，而将它放置在地球大气层之上时。如果把激光阵列瞄准星星，它将是一项宏伟的工程。但是，如果把激光阵列瞄向地球，它将会变成一种可怕的武器，能够以光速进行攻击，使人们毫无防御之力。这不是地球轨道上许多人希望看到的事情。

你可以考虑在地面上建造激光阵列，并尽可能地解决地球大气造成的激光能量损失问题。但是，你也可以将激光阵列建在永远无法返回地球表面的地方——月球背面。在那里，激光阵列可以获得与其他地方等量的太阳能，而且还能获得制造太阳能电池和激光镜所需的原材料。

当人们重返月球，无论他们在那里逗留多久，总有人会回头看向地球。这是很正常的。

但有些人可能会向外看，这也是正常的。

尾　声

雷月

2016 年 7 月 19 日，佛罗里达州布里瓦德县

日落后不久，南边的天空出现了颤抖的绿色闪电。但是到了凌晨一点，在卡纳维拉尔角上空，除了月光下的薄云，什么也没有，只有温暖潮湿的空气。然后，在注定要发生的时刻，那里出现了一些新的东西。地平线上突然出现了一道光，一道升起的光。

我在太阳升起约三个小时后，坐在可可海滩希尔顿酒店的大厅里写下这段话。就像一个月前在加利福尼亚的下行列车上一样，我感到疲惫，但异常兴奋。

数十年前，当我们在科罗拉多斯普林斯——哈里曼的"先驱者号"月球火箭发射的城市——吃午饭时，我的朋友、美国太空政策史学家约翰·洛格斯顿问我是否见过火箭发射。我告诉他没有。约翰对我说，如果我想继续做太空计划的冷静观察者，就应该保持这种状态。他告诉我，只要观看一次火箭发射，那个场景就会改变我、感染我。

约翰的建议可能有点片面。他第一次观看的火箭发射是"阿波罗11号"发射：一道不那么突然的光，但壮观得多。就像约翰所说，有些人可能早上还在你身旁，下午就要前往月球了，这是一件非常特别的事情，但并不是所有火箭发射都有这种效果。然而在某段时间里，我非常认真地采纳了约翰的建议，拒绝特意观看火箭发射。后来，我暂停了有关太空的写作，所以一直没有观看过火箭发射。直到"猎鹰9号"将"龙"飞船送往国际空间站的那个晚上，我才第一次见到火箭发射。

事实证明，约翰是正确的。当你看到一架重达五百五十吨、高度超过二十层楼的机器飞向天空时，确实会对这一事业产生不同的感受。不过，由于后来发生的事情，我无法真正确定约翰的建议有多正确。

在谈论这个问题之前，我想先讲两件事情。第一件是，我之所以在本章开头引用当时所写的内容，部分原因是当中遗漏了一些东西（这篇文章后来被刊登在《经济学人》上）。事实上，卡纳维拉尔角的空气中不是除了云什么都没有。如果真的什么都没有，云就不会被月光照亮。在我和其他记者观看火箭发射的时候，月亮是圆的，高悬在我们背后，照亮我们周围的地面和上方的云层。我记得自己曾经考虑过在那篇文章中提到月亮，但月光似乎已经足以营造出我想要的气氛。像电影屏幕一样明亮的月亮本身反而是次要的。

另一件事是我的朋友迈克·艾略特在几天前去世了。

"猎鹰9号"火箭发射后，笔直地冲上云霄。虽然它的声音尚未传到我们这里，但它的火焰光芒已经照亮整个夜空。当"猎鹰9号"飞到云层时，被月光映射成银色的云彩会将它的火焰洗成黄铜色。然后它穿过云层，加速并倾斜，伸展着腿。在大气层中最令人窒息的地方，是时候加速达到"龙"飞船进入轨道所需的速度变化量了。在云层的过滤下，九束火焰合而为一，逐渐变弱，看上去仍然像一把锋利的刀。

一百六十秒后，"猎鹰9号"的光熄灭了，但在熄灭前又闪烁了一下。火箭已经分离。"龙"飞船所需的剩余速度变化量将由二级火箭的单个引擎完成。一级火箭完成了它的任务，火焰熄灭，消失在我们的视野中，但它的夜晚还没有结束。

在大西洋上空，一级火箭像一辆驶入弯道的汽车，重新启动背面的三个引擎，以减缓向东的速度。当地球在下方旋转时，一级火箭开始向海角回落。几分钟后，一级火箭的引擎再次点燃，隔热罩保护其免受大气层的影响，以每小时四千五百公里的速度降落，钛合金制造的粗短栅格翼使其保持稳定的轨迹。

一级火箭减速，但仍在高速下落，速度远超音速。在离地面约十公里的高度，一级火箭的引擎第四次，也是最后一次启动。云层再次被它照亮，月亮的光芒再次被掩盖。一级火箭降落时，没有了发射时的庄重氛围。火焰快速、坚定地坠落，像巨大的活塞冲程。当一级火箭着陆时，一朵扁平的火红的花从底部展开，四条橡树大小的着陆腿落在着陆台的混凝土上。着陆台比发射台更靠近我们。一秒钟后，双鞭音爆响起，为这个故事画上近乎完美的句号。观众欢呼雀跃，掌声雷动。

我的经历让我无法确定火箭发射对我的影响，因为我认为火箭着陆对我产生的改变更大。着陆的过程需要深思熟虑，不是释放能量，而是运用能量，以强大而精确的能量着陆。我记起一个旧相识，他曾经是木匠学徒，后来负责管理国防部高级研究计划局的发射器项目。他向我描述木匠生涯，追求力量、技巧和精度的平衡，以使工具达到最佳效果。行家可以轻松地将钉子一击钉入木板，将锤子的动能完美地传递到木板上的钉孔中。这就是"猎鹰9号"一级火箭着陆的情况：正确的工具、正确的技能和正确的结果。但这还不是结束。

十八个月后，同一枚一级火箭B1023再次回到海角，作为第一次、也是迄今为止唯一一次"重型猎鹰"火箭发射的两个侧翼助推器之一，将埃隆·马斯克的红色跑车送入火星轨道。我没有亲眼见证这次发射，而是在电视上看到的。但是，当我看到一级火箭B1023和它的同伴再次优雅地着陆，以同样突然的方式从超音速减速到静止并着陆，彼此之间只有几公里的距离，时间相差不到一秒钟，我又一次感受到那个观看火箭发射的夜晚的激动。

更新后的"猎鹰"助推器似乎更加可靠且可重复使用，一级火箭 B1023 现已退役或被回收。

在其他记者前往海角参加发射后的新闻发布会时，我在卡纳维拉尔港附近徘徊，试图找到一家酒吧和一个可以分享这个令人惊叹的时刻的陌生人，但没有成功。最终我返回希尔顿酒店，仍然精力充沛，无法入睡。凌晨四点，我坐在大厅里试图在文字中与太空边缘相遇。然后我走出酒店，看着西沉的月亮。

我提到迈克·艾略特的去世有三个原因。首先，他在火箭发射那一晚是我的一部分。虽然艾略特患各种癌症已经有一段时间了，但他的离去还是很突然。听说几天前，在一场为他举办的聚会上，艾略特的精神状态还很好。如果我知道这一切，也许我会去参加聚会。那天我刚好在华盛顿特区，但我没有想到给他或我们之间任何共同的朋友打电话。这不是最糟糕的错过，我们不久前才见过面，但我仍然很痛苦，悲伤之余有些自责。"你还会看到多少次满月升起?"保罗·鲍尔斯问。你可能永远也不知道这个问题的答案。

我提到迈克·艾略特的另一个原因是，他曾让我为《新闻周刊》国际版写过一篇关于人类在月球静海基地登陆三十周年的封面文章。文章题目是《太空生活：登月三十年后，宇宙看起来更友好》。这篇文章认为，在二十世纪七十年代，《地出》和没有任何生命迹象的火星扼杀了找到地外生命的所有可能性。然而在二十世纪九十年代，天文学家们发现了大量系外行星，同时在不止一颗木星卫星的冰层下发现了海洋，加上火星的环境也让人们相信它曾经适合居住，这些事实都让人们对未来探索宇宙的前景充满希望。

这篇文章完全没有提到重返月球或将月球作为未来的目的地。它主要关注火星、在轨道上寻找系外行星的望远镜，以及可能进入木卫二的冰层以研究其下海洋的探测器。这篇文章提供了地外生命存在的可能性，更像是一种安慰，而不是一个具体的目标或邀请。一个抽象的概念，而不是计划中的目标。切实可行的、可能的、但外围的月球并不在讨论范围之内。

这篇文章最终并未刊载。我花了一个星期的时间在纽约把这些页面拼凑起来。但就在我从纽约起飞后不久，回程飞往伦敦的飞机无知无觉地从一架坠毁飞机的上空飞过。在这架变成残骸的飞机坠落之前，小约翰·肯尼迪正乘坐它从新泽西州费尔菲尔德飞往玛撒葡萄园岛。当我们到达伦敦时，《新闻周刊》的工作人员正忙着重新编排杂志，并重新制作封面。又一个肯尼迪去世了，骚乱的世界遮蔽了天空。为什么不呢？反正天空又不会消失不见。

我提到迈克·艾略特的第三个原因源自我与他在长岛海滩散步的美好回忆。那是在一个朋友婚礼后的早晨，他女儿的红色头发在风中飘扬，我们无话不谈地交流着。

"猎鹰9号"发射的第二天，我在可可海滩陷入困惑。我在回程前多留了一晚，因为所有人都告诉我如果不额外预订一晚几乎肯定会导致我要报道的那场发射延迟。傍晚时分，我开始沿着海滩散步，思考着一切。我想到了死亡、太空、前一天晚上的壮观场面，还想到了拉里·哈格曼——我刚走过一条名为"我梦见珍妮"的街道。我想到了早上的香槟、诺福克的教堂、海浪、亲朋好友，还有晚餐吃什么。太阳的温暖将海水蒸发到空中，高空的冷空气将水蒸气凝结成水滴、冰和能量，搅动着大气形成巨大的云层。海上的云层色彩丰富而微妙，模糊却有形，似乎比实际距离更遥远，比风暴云更宏伟，但也更温和。"千年隼号"正是穿过这些云层，飞向漂浮的城市。随着太阳的落下，云层的颜色渐渐加深。

这里一切都显得宏大而温柔。海浪拍打着柔和的节奏，潮水已经退去。耳机里播放的每首歌似乎都恰到好处地带来愉悦。当太阳在柔软的天空中西沉时，月亮升起来了。起初月光并不引人注目。这是一种不突兀的光，但当人们注意到它时，就会发现它是完美的，它被残余的日光洗净，既熟悉又陌生，像是特意跟潮水一起漫上沙滩。月光慢慢爬升，又缩回去，在刚刚变暗的天空中变得明亮坚硬。

虽然这是一个供人们散步和嬉戏的海滩，但我并不孤单，也不觉得孤单。我感到一种奇怪而孤独的平静，一种平和而振奋的喜悦。这种感觉与失去有关，与肯定的回报有关，与希望有关，与天空所蕴含的深度有关，与前一天晚上升起的那道光有关。月亮并不是前一晚火箭发射中的重要景象，因为它从来就不是。但是月亮就在那里，它是前一晚升起的那道光的一部分，非常重要。

而且异常美丽。

我正在听阿特·布莱基的《呻吟》，麦克风里传来咳嗽声，钢琴铿锵有力，萨克斯喘着粗气，突然响起，像刷子一样滑动，奏出八个乐句，在那一刻令人无法抗拒。小号声像天空一样高远，高亢地响起。我停下脚步，脱下鞋子，把音乐倒回开头。我笑着转身，在海浪中跳着舞，随着上升的月亮起舞。

致谢

在这本书漫长而默默无闻的筹备，以及有点疯狂的成书过程中，许多人的慷慨付出都让这本书的出版受益匪浅。我要感谢以下人士为本书提供的时间、信息、灵感和实际帮助：奥德·阿伦森、埃里克·阿斯普豪格、斯图尔特·布兰德、霍莉·简·巴克、尼尔·坎贝尔、安德鲁·蔡金、查尔斯·科克尔、奥拉夫·科利、伊恩·克劳福德、马丁·埃尔维斯、杰夫·福斯特、比尔·哈特曼、吉姆·海德、斯科特·哈伯德、劳拉·乔克内西、罗兹·卡文尼、约翰·凯塞尔、杰夫·刘易斯、西蒙·洛克、约翰·洛格斯顿、威尔·马歇尔、克里斯·麦凯、杰伊·梅洛什、法拉·门德尔松、菲利普·梅茨格、克莱夫·尼尔、泰德·诺德豪斯、斯蒂芬·普弗雷、鲍勃·理查兹、斯坦·罗宾逊、西蒙·谢弗（一如既往）、拉斯蒂·施威卡特、莎拉·斯图尔特、蒂莫西·斯塔布斯、布朗·斯泽斯基、大卫·沃尔瑟姆、丹尼斯·温格、皮特·沃登和凯文·扎恩勒。

这本书的结论得益于二〇一八年举行的三次会议。我要特别感谢在休斯敦举行的第四十九届月球与行星科学研讨会，

373

以及在此之前的布朗/沃尔纳德斯基微研讨会的组织者和参与者，包括丹尼尔·基扎米亚和哈佛行星设计研讨会的参与者布朗·塞尔钦斯基和卡特琳娜·达米亚诺夫，还有在兰开斯特大学举行的多行星未来会议的参与者。在这本书筹备的后期，玛丽·劳尔伯格策划的路易斯安那博物馆展览《月亮——从内心世界到外太空》为我提供了新的灵感。

　　我非常感谢《经济学人》的同事和朋友在写作过程中对我的支持，尤其是芭芭拉·贝克、罗茜·布劳、蒂姆·德·莱尔、丹尼尔·富兰克林和汤姆·斯坦格对本书的编辑工作提供的帮助，感谢西蒙·赖特无私地承担了他原本不需要承担的工作量，感谢伊冯·瑞恩的精神支持。我特别要感谢扎尼·明顿·贝多斯，她给了这本书一个伟大的礼物——时间。此外，什罗普郡赫斯特的阿尔文基金会为这本书提供了金钱无法真正回报的礼物——空间，这要感谢娜塔莎·卡尔利什、丹·普拉维特以及桑迪、卡斯滕、山姆、克莱尔和在南海的阿里·肖。许多咖啡馆和酒吧为本书的创作提供了更临时的空间，最著名的是格林威治布宜诺斯艾利斯咖啡馆、南海咖啡馆、南海波浪少女酒吧、格林威治联合酒吧和肯普顿麦堆酒吧。

　　我要感谢莫顿家族的各位亲戚，包括雅克·莫顿、皮尔森、海因斯、洛夫特、奥法伦·卡尔森、海因斯·希尔尼亚等，以及巴肯斯家族的赫尔勒·谢弗、普里奥尔·奥芬德斯等人，他们在精神、道德和其他方面给了我支持。

　　至于捡到我丢失的笔记本——上面有我的名字、联系方式

374

和一份声明，表明这本笔记本对我很重要——但没有联系我的人，这里要致以感谢的反面。

这本书的灵感来自我在二〇一七年底参加的《经济学人》图书咨询委员会的一次会议，几个小时后我才觉得应该由我来写这本书。非常感谢公共事务出版社的克莱夫·普里德尔、普罗菲尔出版社的埃德·莱克和安德鲁·富兰克林，感谢他们看到了这本书的价值，并且感谢克莱夫以别具一格的方式作为编辑将书的出版向前推进。还要感谢公共事务出版社的梅利莎·韦罗内西，她巧妙而愉快地规划了繁杂的出版过程，并感谢克里斯蒂娜·帕拉亚出色的编辑工作。

在整个出版过程中，莎拉·查尔方特和阿尔芭·齐格勒·贝利一直给予我非常有效的支持。我要感谢他们，也要感谢伊金·奥克拉普和怀利代理公司的其他人。同时也向乔伊问好。

此外，我也同时感谢保罗·鲍尔斯和詹姆斯·乔伊斯的出版商允许我在题献中引用他们的作品。本书中还有一小部分内容摘自《经济学人》早前发表的文章，我非常感激《经济学人》允许我在此进行修改。

在本书的不同出版阶段，许多人慷慨地阅读了全部或部分手稿，尽管他们的合同上并没有这项义务。我要感谢托尼·克里斯蒂、比尔·哈特曼、约翰·洛格斯顿、亚当·罗伯茨、西蒙·谢弗和弗朗西斯·斯普福德。特别要感谢约翰·莫顿，他不断推动本书的出版项目，避免了它被搁置在一边。还要感谢洞察力敏锐、眼光独到的奥利维亚·贾德森和热心批评的凯文·扎恩勒。

最后，像往常一样，我最要感谢我的爱人南希·海因斯，她一直喜欢观察和想象月亮，愉快地与我分享她的想象、想法、观察和诗歌，并在其他许多方面给予了我支持和灵感。

资料来源及深入阅读书目

这些说明旨在为参考文献中的书籍和论文提供指南，告诉读者更多关于本书各章所涉及的各种主题。文中特别提到的书籍不一定在此部分提及。

一般的月亮

我认为，已故的保罗·斯普迪斯在论证重返月球的优点这一问题上，做得比任何人都多（Spudis，1996 & 2016）。就过去而言，斯科特·蒙哥马利则提供了从古代到十七世纪的迷人月球观察史（Montgomery，1999）。关于阿波罗计划的书籍，见第三章的注释。如果你想沉浸在从前月球飞船的设计中，参见戈德温的作品（Godwin，2008），关于月球的神话和民间传说，参见卡斯福德的作品（Cashford，2003）。

我通过刘易斯（Lewis，1969）第一次看到了月球的细节。如今我推荐月球勘测轨道飞行器相机网站：http://lroc.sese.asu.edu/。通过休·洛夫廷（Lofting，1928）和罗伯特·海因莱因（Heinlein，1947），我第一次与杜利特医生和卡格里夫斯博士一起环游了月球。

引言

我在加州火车上读的是丹尼斯·温格的论文（Wingo，2016）。

第一章

L. 阿尔诺等人发布了法国的地球光观测结果（Arnold et al，2002），N. J. 伍尔夫等人发布了来自亚利桑那州的观测结果（Woolf et al.，2002），迈克尔·斯泰齐克等人则发布了该领域的进一步发展（Sterzick et al，2011）。洛夫洛克对生命和大气层化学不平衡的原始见解可以在他的作品（Lovelock，1979）中找到。艾琳·里夫斯（Reeves，1997）提到，地球光既是次生光，又是哥白尼学说的证据，这一主题令人大开眼界。而哥白尼学说与其他行星／世界存在生命的信仰之间的联系是史蒂文·迪克作品（Dick，1984）的主题。关于戴安娜计划的历史的论述来自安德鲁·巴特里克（Butrick，1997），关于通信卫星起源的论述来自亚瑟·克拉克（Clarke，1946），而关于将斯坦福天线用于情报目的的论述则来自威廉·佩里（Perry，2015）。"阿波罗 8 号"的录音文字记录来自美国国家航空航天局（NASA，1969）。关于《地出》的权威著作出自罗伯特·普勒（Poole，2008）之手，而关于库布里克和克拉克的《2001：太空漫游》的权威著作出自迈克尔·本森（Benson，2018）之手。

第二章

　　蒙哥马利（Montgomery，1999）对月球的早期图像进行了有趣而又深思熟虑的描述，从中可以对凡·艾克有更多的了解。惠特克对月球地图进行了权威描述，不过真正的月球爱好者也需要看看兹德涅克·科帕尔和罗伯特·卡德尔（Kopal & Carder，1974）的描述。斯蒂芬·普弗雷（Pumfrey，2011）解释了吉尔伯特的贡献和目的。亚当·罗伯茨（Roberts，2016）对早期现代科幻小说以及其他类型的科幻小说进行了极好的概述。如果想了解更多有关月球的情况，可以试试阅读莫里斯·贝内特的作品（Bennett，1983）。理查德·格里夫（Grove，1995）探讨了岛屿作为伊甸园、环境和幻想的历史。关于内史密斯的部分，见内史密斯、卡彭特、罗伯逊等人（Nasmyth and Carpenter，1871；Nasmyth，1882；Robertson，2006）的作品。马文和科尔贝的文章（Marvin，1986；Koeberl，2001）记述了撞击理论的缓慢形成过程，威廉斯（Wilhelms，1993）记述了撞击理论的后期阶段。关于哈特曼的材料来自比尔本人和威廉·哈特曼（Hartmann，1981）。要了解从月球表面(和其他地方)拍摄的月球，没有比阅读迈克尔·莱特（Light，1999）的作品更好的方式了。

第三章

　　把关于阿波罗计划的作品一本一本摞起来，至少能摞到"土星5号"那么高，其中我最推荐的是安德鲁·蔡金

（Chaikin，1995）的整体故事，迈克尔·柯林斯（Collins，1974）的身临其境之感，科克斯和默里（Cox & Murray，1990）的行文方式，约翰·洛格斯顿（Logsdon，2013）的政治叙述，诺曼·梅勒（Mailer，1972）的肆无忌惮之感和威廉斯（Wilhelms，1993）关于地质学及其生产模式的叙述。对本章内容有很大帮助的还有大卫·哈兰德、罗杰劳尼·厄斯和亚历山大·麦克唐纳（Harland，2008；Launius，1994；McDonald，2017），以及对于发射序列特别有帮助的大卫·伍兹（Woods，2016）。本章引用的内容不多、但值得推荐的是扎克·斯科特的作品（Scott & Jurek，2014；Scott，2017）。月球表面的记录来自琼斯和格洛弗（正在进行），与伍德等人（正在进行）所做的记录一样，是一份真正了不起的资料。

沃尔特·麦克杜格尔（McDougall，1985）记录了早期的航天历史，保罗·卡特（Carter，1974）讨论了火箭和科幻小说之间的联系，他的作品也是我所引用的奥伯特的话的来源。关于海因莱因在好莱坞的经历，见威廉·帕特森的作品（Patterson，2016）。关于二十世纪中叶美国科幻小说世界的精彩介绍，参见亚历克·内瓦拉-李（Nevala-Lee，2018）。德韦恩·戴（Day，2007）很好地描述了月球军事基地计划。罗伯特·理查森（Richardson，1961）的作品中有非常棒的博尼斯泰尔月球插图，让人身临其境地感受在阿波罗计划之前人们对月球的理解。关于登月舱的介绍，见托马斯·凯利和克里斯托弗·莱利的作品（Kelly，2001；Riley，2009）；关于航天服的介绍，参见尼古拉斯·德·蒙肖华丽而多层次的作品（De Monchaux，2011），还有卡西亚·圣克莱尔的作品（St Clair，2018）。关于模拟的介绍，见大卫·明德尔的作品（Mindell，2008）。关于黑人宇航员的介绍，见约翰·洛格斯顿的作品（Logsdon，2014）。达瓦·索贝尔（Sobel，2005）讲述了她的朋友吞食月尘的故事。巴兹·奥尔德林的圣餐故事则来自安德鲁·蔡金的讲述（Chaikin，1995）。

第四章

尼尔·马厄（Maher，2015）对阿波罗时代和后阿波罗时代早期的政治和社会背景进行了深思熟虑的讨论。关于人类世的介绍以及对其时间的争论，参见刘易斯和马斯林的作品（Lewis & Maslin，2018）。关于人类世对人文学科影响的考虑，见迪佩什·查卡拉巴提的作品（Chakrabarty，2009）。大卫·格林斯彭（Grinspoon，2016）提出了他关于人类世和静海基地的想法。瓦莱丽·奥尔森和丽莎·梅瑟里（Olson & Messeri，2015）则对考虑地球以外的人类世的必要性进行了更广泛的研究。关于太阳系早期的朝天宙和冥古宙时段的划分，见戈德布拉特等人的作品（Goldblatt et al.，2010）。关于大碰撞的日子，参见拉尔斯·冯·提尔和埃里克·阿斯普豪格的作品（von Trier，2011；Asphaug，2014），文章综述了关于"巨大撞击理论"的历史和一些尚未回答的问题。关于索内斯蒂亚，参见西蒙·洛克等人的作品（Lock & Stewart，2017；

Lock et al.，2018）。关于月球的必要性，见唐纳德·布朗利、彼得·华德和大卫·沃尔瑟姆的作品（Brownlee & Ward，2000；Waltham，2016）。关于后期重度轰击理论的观点，参见威廉·博特克和马克·诺曼的作品（Bottke & Norman，2017）。诺曼·斯利普和凯文·扎恩勒（Sleep & Zahnle，1998）提出的观点认为，人类与其忍受巨大撞击的后遗症，不如直接离开地球。关于"地球的阁楼"，见约翰·阿姆斯特朗、勒德·威尔斯和吉列姆·冈萨雷斯的作品（Armstrong，Wells & Gonzales，2002）。

第五章

阿波罗孤儿纪录片来自迈克尔·波特（Potter，2008）。要了解他们的感受，我推荐格雷格·克勒克斯的作品（Klerkx，2004）。关于奥尼尔的叙述，见杰拉德·奥尼尔、斯图尔特·布兰德和帕特里克·麦克雷的作品（O'Neill，1976；Brand，1977；McCray，2012），关于基于太空的丰饶主义的论述，见杰里·普耐尔的作品（Pournelle，1981），关于基于太空的丰饶主义与军事的联系的论述，见彼得·维斯特维克作品（Westwick，2018）。海德格尔关于月球是世界的尽头的观点来自本杰明·拉齐尔（Lazier，2011）。里克·图姆林森和艾琳·梅德利科特的作品（Tumlinson & Medlicott，2005）汇集了许多人类重返月球的理由和计划，保罗·斯普迪斯（Spudis，1996）则讨论了氦-3。丹尼斯·温格（Wingo，

2004）提出了从月球获取铂族金属的理由。美国国家科学院
（the National Academy of Sciences，2007）和月球探索分析小组
（the Lunar Exploration Analysis Group，2016）阐述了科学依据。
大卫·内伊（Nye，2003）则探讨了第二次创造的想法。

第六章

本章引用的话摘自埃里克·巴尔诺在《星期六评论》中
的文章（Barnouw，1970）。关于埃隆·马斯克的成就和性格，
见阿什利·范斯的文章（Vance，2015）。至于马斯克为多行星
物种设计的基础设施的最新版本（Musk，2018），在你读这本
书时，可能已经被取代了。罗伯特·祖布林（Zubrin，2018）
提出了"月球直达"方案。查尔斯·米勒等人（Miller et al.,
2015）则对以公私合营的形式重返月球会产生的影响进行了引
人入胜的分析。

第七章

蒂莫西·斯塔布斯等人的作品（Stubbs et al.，2018）描
述了关于漩涡上方月球大气的双卫星观测任务（BOLAS）的
想法的一个版本，保罗·斯普迪斯（Spudis，2017）描述了波
德溪的魅力。关于熔岩管的叙述，见沙帕和卡库等人的作品
（Chappaz et al.，2017；Kaku et al.，2017）。麦克·洛克伍德
（Lockwood，2007）研究了辐射（和其他）风险。关于"永恒
光之峰"的法律问题，马丁·埃尔维斯、托尼·米利根和阿

拉纳·克鲁利科夫斯基（Elvis，Milligan & Krolikowski，2016）的叙述非常引人入胜。几乎没人谈论在月球上怀孕的事情。

第八章

丹尼尔·富兰克林、威廉·戴维斯和法拉·门德尔松（Franklin，1980；Davies，2018；Mendelsohn，2019） 对《月球是个苛刻的女主人》进行了深刻的讨论，尽管我的分析并不是在所有方面都遵循他们的观点。史蒂芬·巴克斯特（Baxter，2015）对月球科幻小说的政治形态进行了非常有帮助且深刻的概述。查尔斯·科克尔（Cockell，2008，2009，2010）提出了他自己关于外星自由的想法，同时也汇集了其他人的观点（Cockell，2015a，2015b，2016），为这个对自由缺乏思考的世界提供了一个信号。在迈克·戴维斯、吉伦·达西·伍德和杰弗里·帕克的作品中（Davis，2000；Wood，2014；Parker，2014）可以看到月球历史上的环境趋势。玛丽·道格拉斯提出了关于污染的概念（Douglas，1966）。强烈推荐对月球幽灵感兴趣的人读一读卡塔琳娜·达米亚诺夫的作品（Damjanov，2013），此文在幽灵学方面的论述很引人入胜。罗伊等人（Roy et al.，2014）探讨了明亮地照造成的月球不对称。约瑟夫·西尔克（Silk，2018）提出了在月球背面安装射电望远镜的理由。关于摄星可能性的概述可以在菲利普·鲁宾的文章中（Lubin，2016）找到，且会在突破计划网站（http://breakthroughinitiatives.org/initiative/3）上更新。

尾声

当时我正在写的文章是《突如其来的光》(Morton,2016)。《新闻周刊》国际版封面的剩余部分后来成了《寻找生命》(Morton, 1999)一文。丹尼尔·富兰克林在他的文章(Franklin, 2016)中令人动容地追忆了迈克·艾略特。

《空间新闻》的杰夫·福斯特(@Jeff_Foust)和边缘网站的洛伦·格鲁什(@lorengrush)等人见证了那次午夜的发射和着陆。如果想了解有关太空的最新消息,推特订阅是最有用的。

参考文献

Arendt, Hannah. (2007). "The conquest of space and the stature of man." *New Atlantis*, Fall. (Original work published 1963)

Armstrong, John C., Wells, Llyd E., and Gonzalez, Guillermo. (2002). "Rummaging through Earth's attic for remains of ancient life." *Icarus* 160: 183—196.

Arnold, L., Gillet, S., Lardière, O., Riaud, P., and Schneider, J. (2002). "A test for the search for life on extrasolar planets: Looking for the terrestrial vegetation signature in the Earthshine spectrum." *Astronomy & Astrophysics* 392: 231—237.

Asimov, Isaac. (1972). "The Tragedy of the Moon." *Magazine of Fantasy and Science Fiction*, July.

Asphaug, Erik. (2014). "Impact origin of the Moon?" *Annual Review of Earth and Planetary Sciences* 42: 551—578.

Baldwin, Ralph Belknap. (1949). *The Face of the Moon.* University of Chicago Press.

Barnouw, Eric. (1970). *The Image Empire. (A History of Broadcasting in the United States, Volume III).* Oxford University

Press.

Baxter, Stephen. (2015). "The birth of a new republic: Depictions of the governance of a free Moon in science fiction." In Cockell, C. (ed.), *Human Governance Beyond Earth: Implications for Freedom.* Springer.

Bear, Greg. (1990). *Heads.* Orbit.

Behn, Aphra. (1687). "The emperor of the Moon." In *The Works of Aphra Behn, Volume III.*

Bennett, Maurice J. (1983). "Edgar Allen Poe and the literary tradition of lunar speculation." *Science-Fiction Studies* 10: 137—147.

Benson, Michael. (2018). *Space Odyssey: Stanley Kubrick, Arthur C. Clarke, and the Making of a Masterpiece.* Simon & Schuster.

Bottke, William F., and Norman, Marc D. (2017). "The Late Heavy Bombardment." *Annual Review of Earth and Planetary Sciences* 45: 619—647.

Bova, Ben. (1976). *Millennium: A Novel About People and Politics in the Year 1999.* Random House.

——. (1978). *Colony.* Pocket Books.

Boyle, Colleen. (2013). "You saw the whole of the Moon: The role of imagination in the perceptual construction of the Moon." *LEONARDO*, 46: 246—252.

Brand, Stewart (ed.). (1977). *Space Colonies.* Whole Earth Catalogue Press.

Brownlee, Donald, and Ward, Peter. (2000). *Rare Earth: Why Complex Life Is Uncommon in the Universe*. Copernicus.

Butrica, Andrew J. (1997). *To See the Unseen: A History of Planetary Radar Astronomy*. NASA.

Carter, Paul A. (1974). "Rockets to the Moon, 1919—1944: A dialogue between fiction and reality." *American Studies* 15: 31—46.

Cashford, Jules. (2003). *The Moon: Myth and Image*. Octopus.

Chaikin, Andrew. (1995). *A Man on the Moon: The Voyages of the Apollo Astronauts*. Penguin.

Chakrabarty, Dipesh. (2009). "The climate of history: Four theses." *Critical Inquiry* 35: 197—222.

Chappaz, L., Sood, Rohan, Melosh, Henry J., Howell, Kathleen C., Blair, David M., Milbury, Colleen, and Zuber, Maria T. (2017). "Evidence of large empty lava tubes on the Moon using GRAIL gravity." *Geophysical Research Letters* 44. doi: 10.1002/2016GL071588

Clarke, Arthur C. (1945). "Extra-terrestrial relays." *Wireless World*, October, 305—308.

——. (1946). "The challenge of the spaceship." *Journal of the British Interplanetary Society* 6: 66—78.

——. (1951a). *Prelude to Space*. World Editions.

——. (1951b). "The sentinel." *10 Story Fantasy*, Spring. (as "Sentinel of eternity")

———. (1955). *Earthlight*. Ballantine Books.

———. (1961). *A Fall of Moondust*. Gollancz.

———. (1968). *2001: A Space Odyssey*. Hutchinson.

Cockell, Charles. (2008). "An essay on extraterrestrial liberty." *Journal of the British Interplanetary Society* 61: 255—275.

———. (2009). "Liberty and the limits to the extraterrestrial state." *Journal of the British Interplanetary Society* 62: 139—157.

———. (2010). "Essay on the causes and consequences of extraterrestrial tyranny." *Journal of the British Interplanetary Society* 63: 15—37.

———(ed.). (2015a). *Human Governance Beyond Earth: Implications for Freedom*. Springer.

———(ed.). (2015b). *The Meaning of Human Liberty Beyond Earth*. Springer.

———(ed.). (2016). *Dissent, Revolution and Liberty Beyond Earth*. Springer.

Collins, Michael. (1974). *Carrying the Fire: An Astronaut's Journeys*. Cooper Square Press.

Commoner, Barry. (1971). *The Closing Circle: Man, Nature and Technology*. Knopf.

Cox, Catherine Bly, and Murray, Charles C. (1990). *Apollo: Race to the Moon*. Touchstone Books.

Crawford, Ian, and Joy, Katherine H. (2014). "Lunar

exploration: Opening a window into the history and evolution of the inner solar system." *Philosophical Transactions of the Royal Society A* 372. doi: 10.1098/rsta.2013.0315

Damjanov, Katarina. (2013). "Lunar cemetery: Global heterotropia and the biopolitics of death." *Leonardo* 46: 159—162.

Davies, William (ed.). (2018). *Economic Science Fictions.* Goldsmiths Press.

Davis, Mike. (2000). *Late Victorian Holocausts: El Niño Famines and the Making of the Third World.* Verso.

Day, Dwayne A. (2007). "Take off and nuke the site from orbit. (It's the only way to be sure ...)." *Space Review* June 4th.

De Monchaux, Nicholas. (2011). *Spacesuit: Fashioning Apollo.* MIT Press.

Dick, Steven J. (1984). *Plurality of Worlds. The Origins of the Extraterrestrial Life Debate from Democritus to Kant.* Cambridge University Press.

Doctorow, Cory. (2014). "The man who sold the Moon." In Finn, Ed, and Cramer, Kathryn (eds.), *Hieroglyph: Stories and Visions for a Better Future.* William Morrow.

Douglas, Mary. (1966). *Purity and Danger: An Analysis of Concepts of Pollution and Taboo.* Routledge and Keegan Paul.

Elvis, Martin, Milligan, Tony, and Krolikowski, Alanna. (2016). "The Peaks of Eternal Light: A near-term property issue on the

Moon." *Space Policy* 38: 30—38.

Franklin, Daniel. (2016). "The fab one." *The Economist*, July 21st.

Franklin, H. Bruce. (1980). *Robert A Heinlein: America as Science Fiction.* Oxford University Press.

Galilei, Galileo. (1610). *Sidereus Nuncius.*

Gilbert, Grove Karl. (1898). "The Moon's face: A study of the origin of its features." *Bulletin of the Philosophical Society of Washington*, January.

Godwin, Francis. (1638). *The Man in the Moone or the Discourse of a Voyage thither by Domingo Gonsales.*

Godwin, Robert. (2008). *The Lunar Exploration Scrapbook: A Pictorial History of Lunar Vehicles.* Apogee Books.

Goldblatt, C., Zahnie, K. J., Sleep, Norma H., and Nisbet, E. G. (2010). "The eons of Chaos and Hades." *Solid Earth* 1: 1—3.

Grinspoon, David. (2016). *The Earth in Human Hands.* Grand Central Publishing.

Grove, Richard. (1995). *Green Imperialism: Colonial Expansion, Tropical Island Edens and the Origins of Environmentalism, 1600—1860.* Cambridge University Press.

Harland, David M. (2008). *Exploring the Moon: The Apollo Expeditions.* Springer.

Hartmann, William J. (1981). "Discovery of multi-ring basins:

Gestalt perception in planetary science." In Schultz, P. H. and Merrill R. B. (eds.), *Multi-Ring Basins: Proceedings of a Luna and Planetary Science Symposium.*

Heinlein, Robert A. (1947). *Rocket Ship Galileo.* G. P. Putnam's Sons.

——. (1950). "The man who sold the Moon." In *The Man Who Sold the Moon.* Shasta Publishers.

——. (1957). "The menace from Earth." *Magazine of Fantasy and Science Fiction,* August.

——. (1966). *The Moon Is a Harsh Mistress.* G. P. Putnam's Sons.

Hubbard, L. Ron, as Northorp, B. A. (1947). "Fortress in the sky." *Air Trails,* May.

Jones, Duncan. (2009). "Moon." Stage 6.

Jones, Eric, and Glover, Ken. (ongoing). *Apollo Lunar Surface Journal.* https://www.hq.nasa.gov/alsj/

Kaku, T., Haruyama, J., Miyake, W., Kumamoto, A., Ishiyama, K., Nishibori, T., Yamamoto, K., Crites, Sarah T., Michikami, T., Yokota, Y., Sood, R., Melosh, H.J., Chappaz, L., and Howell, K.C. (2017). "Detection of intact lava tubes at Marius Hills on the Moon by SELENE. (*Kaguya*) lunar radar sounder." *Geophysical Research Letters* 44. doi: 10.1002/2017GL074998

Kelly, Thomas J. (2001). *Moon Lander: How We Developed the*

Apollo Lunar Module. Smithsonian.

Kepler, Johannes. (1634). *Somnium*.

Kessel, John. (2017). *The Moon and the Other*. Saga Books.

Klerkx, Greg. (2004). *Lost in Space: The Fall of NASA and the Dream of a New Space Age*. Pantheon.

Koeberl, Christian. (2001). "Craters on the Moon from Galileo to Wegener: A short history of the impact hypothesis, and implications for the study of terrestrial impact craters." *Earth Moon and Planets* 85—86: 209—224.

Kopal, Zdenek, and Carder, Robert W. (1974). *Mapping of the Moon: Past and Present*. D. Reidel.

Kubrick, Stanley. (1968). "2001: A Space Odyssey." MGM.

Landis, Geoff. (1991). "A walk in the sun." *Isaac Asimov's Science Fiction Magazine*, October.

Launius, Roger D. (1994). *Apollo: A Retrospective Analysis*. NASA.

Laurberg, Marie, Andersen, Anja C., Petersen, Stephen, and Krupp, E. C. (2018). *The Moon—From Inner Worlds to Outer Space*, edited by Lærke Jørgensen. Louisiana Museum of Modern Art.

Lazier, Benjamin. (2011). "Earthrise; or, The Globalization of the World Picture." *American Historical Review*, June, 602—630.

Lewis, H. A. G. (1969). *The Times Atlas of the Moon*. Times Newspaper Publishing.

Lewis, Simon, and Maslin, Mark A. (2018). *The Human Planet: How We Created the Anthropocene.* Pelican Books.

Light, Michael. (1999). *Full Moon.* Jonathan Cape.

Lock, Simon J., and Stewart, Sarah. (2017). "The structure of terrestrial bodies: Impact heating, corotation limits, and synestias." *JGR Planets.* doi: 10.1002/2016JE005239

Lock, Simon J., Stewart, Sarah T., Petaev, Michail I., Leinhardt, Zoe M., Mace, Mia T., Jacobsen, Stein B., and Ćuk, Matija. (2018). "The origin of the Moon within a terrestrial synestia." *JGR Planets.* doi: 10.1002/2017JE005333

Lockwood, Mike. (2007). "Fly me to the Moon?" *Nature Physics* 3: 669—671.

Lofting, Hugh. (1928). *Doctor Dolittle in the Moon.* Frederick A. Stokes.

Logsdon, John M. (2013). *John F. Kennedy and the Race to the Moon.* Palgrave Macmillan.

———. (2014). "John F. Kennedy and the 'Right Stuff.' " *Quest* 20: 4—15.

Lovelock, James. (1979). *Gaia: A New Look at Life on Earth.* Oxford University Press.

Lubin, Philip. (2016). "A roadmap to interstellar flight." *Journal of the British Interplanetary Society* 69: 40—72.

Lunar Exploration Analysis Group. (2016). *Exploring the Moon in the 21st Century: Themes, Goals, Objectives, Investigations, and Priorities*. https://www.lpi.usra.edu/leag/

MacDonald, Alexander. (2017). *The Long Space Age: The Economic Origins of Space Exploration from Colonial America to the Cold War*. Yale University Press.

MacKay, Angus. (1971). *Super Nova and the Frozen Man*. Knight Books.

Maher, Neil M. (2015). *Apollo in the Age of Aquarius*. Harvard University Press.

Mailer, Norman. (1971). *A Fire on the Moon*. Pan Books.

Marvin, Ursula B. (1986). "Meteorites, the Moon and the history of geology." *Journal of Geological Education* 34: 140—165.

McCray, W. Patrick. (2012). *The Visioneers: How a Group of Elite Scientists Pursued Space Colonies, Nanotechnologies, and a Limitless Future*. Princeton University Press.

McDonald, Ian. (2015). *Luna: New Moon*. Tor Books.

——. (2017). *Luna: Wolf Moon*. Tor Books.

McDougall, Walter A. (1985). *The Heavens and the Earth: A Political History of the Space Age*. Basic Books.

Mendlesohn, Farah. (2019). *The Pleasant Profession of Robert A. Heinlein*. Unbound.

Metzger, Philip, et al. (2018).

Miller, Charles, Wilhite, Alan, Cheuvront, Dave, Kelso,

Rob, McCurdy, Howard, and Zapata, Edgar. (2015). "Economic assessment and systems analysis of an evolvable lunar architecture that leverages commercial space capabilities and public-private-partnerships." NexGen Space LLC.

Miller, Walter M., Jr. (1957). "The lineman." *Magazine of Fantasy and Science Fiction*, August.

Mindell, David A. (2008). *Digital Apollo: Human and Machine in Spaceflight*. MIT Press.

Montgomery, Scott L. (1999). *The Moon and the Western Imagination*. University of the Arizona Press.

Moore, C. L. (1936). "Lost paradise." *Weird Tales*, July.

Moore, Jason. (2015). *Capitalism in the Web of Life: Ecology and the Accumulation of Capital*. Verso.

Morton, Oliver. (1999). "Looking for life." *Newsweek International*.

——. (2016). "A sudden light." *The Economist*, September 1st.

Musk, Elon. (2018). "Making life multi-planetary." *New Space* 6: 2—11.

NASA. (1969). *Apollo 8 Onboard Voice Transcription*. NASA.

Nasmyth, James. (1882). *James Nasmyth: Engineer; an Autobiography*, edited by Samuel Smiles. John Murray.

Nasmyth, James, and Carpenter, James. (1871). *The Moon: Considered as a Planet, a World, and a Satellite*. James Murray.

National Academy of Sciences. (2007). *The Scientific Context for Exploration of the Moon*. National Academies Press.

Nevala-Lee, Alec. (2018). *Astounding: John W. Campbell, Isaac Asimov, Robert A. Heinlein, L. Ron Hubbard, and the Golden Age of Science Fiction*. Dey Street Books.

Niven, Larry. (1976). *A World Out of Time*. Holt, Rinehart and Winston.

——. (1980). *The Patchwork Girl*. Ace Books.

Niven, Larry, and Pournelle, Jerry. (1977). *Lucifer's Hammer*. Playboy Press.

Nye, David E. (2003). *America as Second Creation: Technology and Narratives of New Beginnings*. MIT Press.

Oberth, Herman. (1923). *Die Rakete zu den Planetenräumen*. R. Oldenbourg.

Olson, Valerie, and Messeri, Lisa. (2015). "Beyond the Anthropocene: Un-Earthing and Epoch." *Environment and Society: Advances in Research* 6: 28—47.

O'Neill, Gerard K. (1976). *The High Frontier: Human Colonies in Space*. William Morrow.

Pal, George. (1950). "Destination Moon." George Pal Productions.

Parker, Geoffrey. (2014). *Global Crisis: War, Climate Change and Catastrophe in the Seventeenth Century*. Yale University Press.

Patterson, William H., Jr. (2011). *Robert A. Heinlein: In Dialogue with His Century: Volume 1: 1907—1948, Learning Curve*. Tor Books.

——. (2016). *Robert A. Heinlein: In Dialogue with His Century: Volume 2: 1948—1988, The Man Who Learned Better*. Tor Books.

Perry, William. (2015). *My Journey at the Nuclear Brink*. Stanford Security Studies.

Poole, Robert. (2008). *Earthrise: How Man First Saw the Earth*. Yale University Press.

Potter, Michael. (2008). "Orphans of Apollo." Free Radical Productions.

Pournelle, Jerry. (1981). *A Step Farther Out*. Baen Books.

Pumfrey, Stephen. (2011). "The Selenographia of William Gilbert: His pre-telescopic map of the Moon and his discovery of lunar libration." *Journal for the History of Astronomy* xlii: 1—11.

Reeves, Eileen. (1997). *Painting the Heavens: Art and Science in the Age of Galileo*. Princeton University Press.

Riccioli, Giovanni Battista. (1651). *Almagestum Novum*.

Richardson, Robert S. (ed.). (1961). *Man and the Moon*. World Publishing.

Riley, Christopher. (2009). *Apollo 11 Manual*. Haynes.

Roberts, Adam. (2016). *The History of Science Fiction*. 2nd ed.

Palgrave Macmillan.

Robertson, Frances. (2006). "James Nasmyth's photographic images of the Moon." *Victorian Studies* 48: 595—693.

Robinson, Kim Stanley. (2018). *Red Moon*. Orbit.

Roy, Arpita, Wright, Jason T., and Sigurdsson, Stein. (2014). "Earthshine on a young Moon: Explaining the lunar farside highlands." *Astrophysical Journal Letters* 788: L42.

Scott, David Meerman, and Jurek, Richard. (2014). *Marketing the Moon: The Selling of the Apollo Lunar Program*. MIT Press.

Scott, Zack. (2017). *Apollo: The Extraordinary Visual History of the Iconic Space Programme*. Wildfire.

Serviss, Garrett P. (1898). "Edison's conquest of Mars." *New York Evening Journal*, January and February.

Silk, Joseph. (2018). "Put telescopes on the far side of the Moon." *Nature* 553: 6.

Simak, Clifford. (1960). "The trouble with Tycho." *Amazing Stories*, October.

Sleep, Norman H., and Zahnle, Kevin. (1998). "Refugia from asteroid impacts on early Mars and the early Earth." *Journal of Geophysical Research* 103: 282, 528—529, 544.

Sobel, Dava. (2005). *The Planets*. Fourth Estate.

Spudis, Paul D. (1996). *The Once and Future Moon*. Smithsonian Institution Press.

——. (2016). *The Value of the Moon: How to Explore, Live, and Prosper in Space Using the Moon's Resources*. Smithsonian Institution Press.

Spudis, Paul D., and Richards, Robert. (2018). "Mission to the Rima Bode Regional Pyroclastic Deposit." Presentation at Lunar Science for Landed Missions Workshop, January.

St Clair, Kassia. (2018). *The Golden Thread: How Fabric Changed History*. John Murray.

Stephenson, Neal. (2015). *Seveneves*. HarperCollins.

Sterzick, Michael F., Bagnulo, Stefano, and Palle, Enric. (2011). "Biosignatures as revealed by spectropolarimetry of Earthshine." *Nature* 483: 64—66.

Stubbs, Timothy, Collier, Michael, Farrell, Bill, Keller, John, Espley, Jared, Mesarch, Michael, Chai, Dean, Choi, Michael, Vondrak, Richard, Purucker, Michael, Malphrus, Ben, Zucherman, Aaron, Hoyt, Robert, Tsay, Michael, Halekas, Jasper, Johnson, Tom, Clark, Pam, Kramer, Georgiana, Glenar, Dave, and Gruesbeck, Jacob. (2018). "Bi-Sat Observations of the Lunar Environment Above Swirls (BOLAS): Tethered microsat investigation of space weathering and the water cycle at the Moon." Paper presented at the *49th Lunar and Planetary Science Conference*, abstract 2394.

Swanwick, Michael. (1992). *Griffin's Egg*. Legend.

Tennyson, Alfred Lord. (1842). "Locksley Hall." In *Poems*.

Moxon.

Tumlinson, Rick N., with Medlicott, Erin R. (eds.). (2005). *Return to the Moon*. Apogee Books.

Vance, Ashlee. (2015). *Elon Musk: How the Billionaire CEO of SpaceX and Tesla Is Shaping Our Future*. Virgin Books.

Varley, John. (1992). *Steel Beach*. Ace Books.

Verne, Jules. (1865). *De la Terre a la Lune*.

———. (1870). *Autour de la Lune*.

Von Trier, Lars. (2011). "Melancholia." Zentropa.

Waltham, David. (2016). *Lucky Planet: Why Earth Is Exceptional—and What That Means for Life in the Universe*. Icon Books.

Weir, Andy. (2017). *Artemis*. Del Rey.

Wells, H.G. (1898). *The War of the Worlds*. William Heinemann.

———. (1901). *The First Men in the Moon*. Bowen-Merrill.

———. (1902). *The Discovery of the Future*. Fisher Unwin.

Westwick, Peter J. (2018). "From the Club of Rome to Star Wars: The era of limits, space colonization and the origins of SDI." In Geppert, Alexander(ed.), *Limiting Outer Space: Astroculture After Apollo*. Springer.

Whitaker, Ewen A. (2008). *Mapping and Naming the Moon: A History of Lunar Cartography and Nomenclature*. Cambridge University Press.

Wilhelms, Don A. (1993). *To a Rocky Moon: A Geologist's History of Lunar Exploration.* University of Arizona Press.

Wilkins, John. (1638). *The Discovery of a World in the Moone.*

Williamson, Jack, and Breuer, Michael. (1931). "The Birth of a New Republic." *Amazing Stories Quarterly.*

Wingo, Dennis. (2004). *Moonrush: Improving Life on Earth with the Moon's Resources.* Apogee Books.

——. (2016). "Site selection for lunar industrialization, economic development, and settlement." *New Space* 4: 19—39.

Wood, Gillen D'Arcy. (2014). *Tambora: The Eruption That Changed the World.* Princeton University Press.

Woods, David. (2016). *NASA Saturn V Manual.* Haynes.

Woods, David, with others. (ongoing). *Apollo Flight Journal.* https://history.nasa.gov/afj/

Woolf, N. J., Smith, P. S., Traub, W. A., and Jucks, K. W. (2002). "The spectrum of earthshine: A pale blue dot observed from the ground." *Astrophysical Journal* 574: 430—433.

Zubrin, Robert. (2018). "Moon direct." *New Atlantis*, October 31st. Index

Oliver Morton

THE MOON: A HISTORY FOR THE FUTURE

Copyright © 2019 Abq72Ltd.
图字：09-2020-1127 号

图书在版编目（CIP）数据
　　月球：一部未来史 /（英）奥利弗·莫顿
（Oliver Morton）著；刘悦，陈训舟译. -- 上海 ：上
海译文出版社，2024. 8. -- ISBN 978-7-5327-9541-3
　　Ⅰ . P184-49
　　中国国家版本馆 CIP 数据核字第 2024R7N596 号

月球：一部未来史　　　　Oliver Morton　　　　出版统筹　赵武平
The moon: a history for the　［英］奥利弗·莫顿　著　责任编辑　张　鑫
future　　　　　　　　　　刘　悦　陈训舟　译　　装帧设计　柴昊洲

上海译文出版社有限公司出版、发行
网址：www.yiwen.com.cn
201101　上海市闵行区号景路 159 弄 B 座
苏州市越洋印刷有限公司印刷

开本 890×1240　1/32　印张 13　插页 5　字数 183,000
2024 年 8 月第 1 版　2024 年 8 月第 1 次印刷

ISBN 978-7-5327-9541-3/I·5974
定价：88.00 元